Actualités Françaises

Actualités Françaises

A Complete Course for Advanced Students

Part One

D O Nott

Senior French Master
Manchester Grammar School

J E Trickey

formerly Head of Modern Languages
Stockport School

HODDER AND STOUGHTON
LONDON SYDNEY AUCKLAND TORONTO

Part 1

Student's Book

Audio Course (4 × 125 mm tapes or 4 cassettes)

Tape Booklet

Part 2

Student's Book

Audio Course (2 × 145 mm tapes or 3 cassettes)

Tape Booklet

ISBN 0 340 20921 6

First published 1971
Second edition 1976
Fifth impression 1985

Printed in Great Britain for
Hodder and Stoughton Educational,
a division of Hodder and Stoughton Ltd, London,
by St Edmundsbury Press, Bury St Edmunds, Suffolk

Preface

This is Part 1 of a two-part course in advanced French language studies. The course is suitable for use with school or college students who have reached G.C.E. 'O' level standard, or its equivalent, in any traditional or alternative syllabus, and is designed to meet the requirements of both the traditional 'A' level language syllabuses and the new approaches now being adopted by some examining boards. For those aiming to reach G.C.E. 'A' level standard in two years, Part 1 provides approximately four terms' work; Part 2 is designed to be introduced during the second year, thus offering a wider choice of topics for study than if Part 1 is used alone. Part 1 on its own could well form the basis of a post-'O' level 'continuation course' for Sixth Formers who will not be examined in French at 'A' level.

Part 1 contains thirty-four units, each based on a passage of contemporary French; the units are grouped under seven main themes, and illustrated by photographs, diagrams and simple statistical tables. Each passage is accompanied by a vocabulary of words and phrases, questions in French for comprehension and discussion, hints and plans for essay work, grammar notes illustrated by examples from the passages, drills and exercises. A comprehensive grammatical index is given at the end of the book. To test assimilation of vocabulary and grammar, passages for English-French translation, corresponding to each unit, are provided at the end of the book.

Audio material (tapes or cassettes)

The audio material consists of:

(1) A reading of seven of the passages, one from each chapter (marked ⬢ in this book).
(2) Ten dialogues, each closely following the vocabulary and idiom of one of the reading passages, for practice in reading aloud and rôle playing.
(3) Twenty passages for listening comprehension. (Vocabulary and questions for these are given at the end of this book, together with a suggested essay title.) These passages, in dialogue or *reportage* form, are on topics related to those covered in this book.
(4) Grammar drills (marked ⬢ in this book).
(5) The French text of fifteen passages for retranslation. (The English version of these is printed at the end of this book.)

The **Tape Booklet** contains the text of the Dialogues, the listening Comprehension passages, and the Retranslations, together with suggestions for the use of the recorded material.

Using this course

The course is flexible in that teachers and students are not obliged to devote the same amount of time and attention to each and every unit, but it is important to establish, in the first few weeks, a method of work which will help the class to get the most out of the course for themselves. There cannot be many teachers of French at this level who feel they have adequate class time to cover the necessary ground: one aim of this course is to remove the bulk of reading, preparation, learning and writing from the classroom, releasing valuable time for listening work, discussion in French and explanation of grammar and idiom.

The **reading passages** should all be studied and prepared in conjunction with the **grammar** sections and **exercises**, as appropriate; the grammar and selected vocabulary of each unit should be learnt and tested. The **comprehension** questions (section A) for each unit should be prepared at home; class time will be given to this and to oral **discussion** (sections B and C), if an **essay** is to be set on the unit. As a rough guide, perhaps one half or two thirds of the units could be chosen for discussion and essay work.

Depending on whether the discussion and essay work is covered, the time spent on each unit will vary from less than a week to nearly a fortnight. If the course is being introduced for the first time, the early units may require longer than this.

Suggested teaching sequence

The material in each unit is designed to be exploited along two lines: vocabulary, idiom, grammar and translation; comprehension, discussion and essay work. Our suggested cycle of work is therefore in two parts, which can be taken consecutively or concurrently, depending on when a tape-recorder, the language laboratory, the French assistant, and so on, are available.

(A) Grammar and Exercises

(1) The students are set to make a close study at home of the reading passage, with reference to

v

vocabulary, idiom and grammar. They should then come to the lesson prepared to ask questions about points on which they need further explanations.

(2) The grammar sections are gone over in class. If the point is new to the students, further examples may be given, to be copied down in their grammar note-books.

(3) After it has been explained, each new or revised grammar point is then practised, using the Drills and Exercises. Many of these are best prepared ('rehearsed') beforehand, so that they may be practised at a reasonable pace. The recorded Drills are designed for use in the language laboratory, but they are equally appropriate for oral use in class.

(4) The students are set to learn the new vocabulary and idioms (or selected items) and the grammar, and then to write, unseen and under test conditions (preferably at home or in the library, rather than in class), the Test passage for translation into French for that particular unit.

This, or some other form of test, is an essential part of the cycle of study of each unit. It is important, also, to keep to the sequence: teaching; practice; testing, in each unit.

(5) The fifteen retranslation passages, using an English translation in conjunction with a recording of the original French version of a passage (not related to the topics in the units), provide an audio-lingual approach to prose composition. They may be introduced during the second term of the course; guidance on their use is given in the Introduction to the Tape Booklet.

(B) Discussion and Essay work

(1) The students are set to prepare the reading passage in conjunction with the comprehension questions (section A in each unit), perhaps noting down their answers before coming to the lesson.

The classwork outlined in (2) and (3) below can be covered in cooperation with the French assistant; depending on the timetable and the size of the group, it may be appropriate to: conduct the discussion jointly with the assistant; divide the class into two separate groups, one with the teacher, one with the assistant; entrust part or all of the discussion work to the assistant.

(2) The topic can be introduced by means of simple questions within the everyday experience of the class (e.g. Transport: journeys to school and work; Education: how their own curriculum is

organised). Parts of the passage may be read aloud, and some sentences or phrases translated, as a check on comprehension; the questions in section A are gone through in groups of two or three, as each paragraph is covered. Further words and phrases may be given during this work and the discussions, to be copied down in vocabulary note-books.

(3) Class discussion of the topic can develop directly out of work on section A: this is more important than attempting to work through to the end of the comprehension questions. Other questions for discussion are provided with the reading passages (sections B and C in each unit); in such oral work the students have an opportunity to use the vocabulary and phrases of the passage to express their own ideas.

(4) When an essay topic in a unit is marked ❂, one of the listening passages can be worked through at this point, either in the language laboratory or with a tape recorder in the classroom; the class should have studied the vocabulary list and the questions beforehand.

(5) The work outlined above is most effective if it is done as preparation for an essay, chosen and set in advance. Preparation, classwork and notes will have provided the class with ample material and ideas from which to select and compose their own essay; the outlines given in sections B and C of each unit are intended as a guide only, and need not be slavishly followed by each member of the class when composing an essay.

(6) The aim of this approach to essay-writing is to eliminate the laborious translation into French of ideas thought up in English. If the class is encouraged to use and adapt the language of the passages studied, each essay will provide practice in writing idiomatic French. As the students' control over their material increases, they should become more skilful in selecting the words and phrases they need, and integrating them into their own work.

Translation from French

Oral translation of short extracts or sentences from the reading passages can be practised from an early stage. For written translation, certain paragraphs of these passages can be set. In addition, passages for translation can be taken from the works of literature which the class is currently studying: this provides an important link between language and literature work.

Vocabulary

The vocabulary given alongside the reading passages is intended as an aid to comprehension and as a guide for learning, testing and revision. Here, as elsewhere, the teacher will wish to select for himself the words and phrases he considers worth learning by the class. The translations offered are for the words in their context, and as such are no substitute for the use of a good dictionary (e.g. Harrap's *New Shorter French and English Dictionary*).

We recommend that all students keep their own vocabulary note-book, divided up either alphabetically, or by the topics together with headings such as description, movement, emotion and so on. Entries in this note-book should include phrases as well as individual words; careful study of the **further vocabulary** section in each unit will help to develop in the student an analytic and comparative approach to language and a gradual awareness of differences in idiom and usage between French and English.

Grammar

The **grammatical index** provides a means of reference to grammar points covered in the book. It can also serve as a guide to the headings in the students' own grammar note-books, which we strongly recommend they keep. In our presentation of grammar, we have sought to combine the obvious need to teach grammar from real examples in context, with recognition of the fact that learning a language is a cumulative process. Using a course book or a reference grammar does not diminish the value of a few minutes spent, when giving back essays for example, showing how use of a particular construction would enable the student to make a point, or express an idea, more effectively. In a well-kept grammar note-book, examples of particular points are accumulated over a period of time, so that when revision work is done, grammar is kept in context: examples are learnt, rather than simply rules.

French *civilisation*

Taken together, Parts 1 and 2 of the course cover fifteen aspects of contemporary France, and as such they can serve as a starting-point for topic and project work. Further material in French on individual topics is available in booklet form in series such as *Découvrons la France*, published by Hodder and Stoughton, and *Civilisation*, published by Hachette.

Newspapers and periodicals

Every group of advanced students should have the chance to become familiar with a selection of French newspapers and magazines, and read regularly articles on subjects which interest them. One way of ensuring this is for the school or college library to take out subscriptions; the magazines can be read in the library when new, and then be taken home by students (and teachers) when the next issue has arrived. If photocopying facilities are available, on or off the premises, an article giving the latest developments, or a different viewpoint, on the topic currently being studied, can be given to the whole class to read.

An exhaustive list of publications, with addresses for subscriptions, is published by UNEEPF (Union nationale des éditeurs exportateurs de publications françaises), 55, Avenue des Champs-Elysées, 75008 PARIS. Subscriptions to French publications are also handled — *moyennant supplément* — by Hachette, 4 Regent Place, London W1R 6BH.

Among the main weekly magazines are:

Paris-Match
Le Point
L'Express
Le Nouvel Observateur
L'Humanité-Dimanche

The daily newspapers *Le Figaro* and *Le Monde* both publish weekly selections for subscribers abroad; *Le Monde* publishes a monthly supplement on education, and the weekend edition of *Le Figaro* contains a literary supplement.

Further reading

Alongside the close study of the passages in the book, and the reading of articles on related topics, it is essential that the student be given a programme of extensive reading of selected French novels and plays. The choice of books must ultimately depend on the tastes and interests of each student; ideally, they will be works of contemporary literature which can be read rapidly enough to maintain interest. A minimum of two such books a term could be set as a target, with a written assignment on one of them: a summary in French of the plot, the characters, and so on, or, later, a critical review, preferably in French.

In our experience, it is not enough to rely on exhortation and the resources of public, school or college libraries; it is better to build up a departmental book stock of individual copies or small sets, which can be made directly available to students as and when required. 'A' level examining boards include an increasing number of contemporary works among the prescribed texts for the literature paper, and these can form the nucleus of the collection for this further reading programme.

Many of the works listed below are available in the *Livre de Poche* or *Folio* series, or in editions by English publishers, with introduction and notes.

Reading list

(1) Youth

Bosco	*Barboche*
	L'Enfant et la rivière
Colette	*Le Blé en herbe*
	La Maison de Claudine
Mauriac	*Le Mystère Frontenac*
	Le Sagouin
Pagnol	*La Gloire de mon père*
	Le Château de ma mère
Sagan	*Bonjour tristesse*
	Un certain sourire
Troyat	*La Tête sur les épaules*

(2) Adventure

Arnaud	*Le Salaire de la peur*
Aveline	*Voiture 7 place 15*
Boulle	*Le Pont de la rivière Kwai*
Frison-Roche	*Premier de cordée*
Hougron	*Je reviendrai à Kandara*
Saint-Exupéry	*Vol de nuit*
Troyat	*La Neige en deuil*
Simenon	......

(3) Society

Chamson	*Les Hommes de la route*
	Roux le bandit
Dabit	*Hôtel du Nord*
Etcherelli	*Elise ou la vraie vie*
Guilloux	*La Maison du peuple*
Vailland	*325 000 francs*

(4) Humour

Pagnol	*Topaze*
Prévert	*Paroles* (poems)
Queneau	*Zazie dans le Métro*
Romains	*Knock*

(5) Others

Anouilh	*L'Alouette*
Aymé	*Le Passe-muraille*
Camus	*L'Etranger*
Gide	*Isabelle*
	La Symphonie pastorale
Giono	*Regain*
Sartre	*Les Jeux sont faits*
Troyat	*Le Mort saisit le vif*
Van der Meersch	*La Maison dans la dune*

Note to the Second Edition

This new edition follows the same basic principles as before; most of the original texts have been retained, and the page layout remains compatible with that of the First Edition. Within this framework, however, substantial revisions have been made, and the following list is intended as a guide for those who are already familiar with the course:

(1) The **statistical material** has been brought up to date, and several photographs have been replaced.

(2) Three of the **reading passages** (units 20, 28 and 34) have been replaced. All asterisks indicating extracts for French-English translation have been removed.

(3) The **vocabulary** given alongside the passages has been greatly augmented, particularly in the earlier units. The **Verb Constructions** and **Further Vocabulary** have also been revised and augmented.

(4) The **comprehension questions** (section A) have been almost entirely rewritten: there are now more questions in the earlier units, and throughout the aim has been to provide more direct questions calling for more precise answers.

(5) Many of the **grammar explanations** have been revised or rewritten; some points have been regrouped and consolidated.

(6) The **grammar drills** have been almost entirely rewritten; each answer is a response to a remark or question, and in most of them a situation is given at the beginning.

(7) The other **exercises** have been augmented, and in some cases rewritten.

(8) Some of the **Test passages** for translation into French have been rewritten so as to provide more practice in using Past Tenses.

(9) The **Audio Course** has been substantially revised and augmented: details of the changes are given in the Introduction to the Tape Booklet.

We are grateful to all the colleagues in schools and colleges who have offered helpful criticisms and suggestions; to Mme Simone Wyn Griffith, particularly for help in revising the comprehension questions and the grammar drills; to Mrs Elizabeth Nott for checking and typing the manuscript; and to our editors, Messrs P. J. Downes and E. A. Griffith.

D.O.N.
J.E.T.

Acknowledgements

Thanks are due to the following for kind permission to reprint the extracts included in Units 1 to 34:

(Unit) 1 from 'Le monde vu par une classe', Danièle Hunebelle, *Réalités*, 9/60; 2 from 'Les lycéens prennent l'accent pendant leurs vacances', Jean Gaillard, *Le Figaro littéraire* 22/1/68; 3 from 'Ecole ou communauté éducative?', B. Girod de l'Ain, *Le Monde hebdomadaire*, 30/3/67; 4 from 'Un étudiant d'université', G. J. P. Courtney, *Je vous présente*, Longmans Green & Co. Ltd, 1966; 5 from 'Messieurs les ronds-de-cuir', school magazine, Lycée Champollion, Grenoble; 6 from 'Quelle violence?', Françoise Giroud, *L'Express*, 5/2/68; 7 and 9 from *Pourquoi tous ces copains?*, J. M. Deramat, Librairie Charpentier, 1964; 8 from 'Pourquoi la famille redevient la cellule du monde moderne', Tanneguy de Quénétain, *Réalités*, 3/66; 10 from *Le Monde*, 25/8/65; 11 from 'Les Français et le sport', © Sofrès and *L'Express*, 12/2/68; 12 from *Le Monde*, 6/1/63; 13 from 'La neige à forfait', René Backmann, © *Le Nouvel Observateur*, 29/11/67; 14 from '60 heures à la dérive', Joan de Kat, *Le Figaro*, 25/6/68; 15 from an article by Janine Herbay in *La Vie française*, 24/7/64; 16 'Le psychiatre et le permis de conduire', Pierre Gaxotte, *Le Figaro*, 1966; 17 from 'Les tueurs du dimanche', Macaigne and Dubessy, *Le Figaro*, 22/4/68; 18 from 'On néglige le chemin de fer', Alfred Sauvy, *Le Figaro littéraire*, 29/4/68; 19 from 'Sauver les autobus', Robert Franc, *L'Express*, 23/10/67; 20 from 'Le tunnel sous la Manche', Albert du Roy, © *L'Express*, 20/1/75; 'Concorde: L'idée qu'on s'en fait', P. Viansson-Ponté, *Le Monde*, 14/2/75; 21 from 'Du bruit autour des aéroports', Pierre Voisin, *Le Figaro*, 30/11/66; 22 from 'Peut-on vivre hors les murs?', Colette Gouvion, *L'Express*, 18/10/62; 23 from 'Vivre à Sarcelles', Josette Alia, *Le Nouvel Observateur*, 13/12/67; 24 from an article by Pierre George in *Population*, 1/65; 25 from *325 000 Francs*, Roger Vailland, Editions Buchet-Chastel; 26 from 'Les Révoltés de la Rhodia', Chris Marker, © *Le Nouvel Observateur*, 22/3/67; 27 from 'Les Retombées de Mai', Jacqueline Dana, © *Le Nouvel Observateur*, 15/7/68; 28 from 'Les fous du travail', P. Séry, © *Le Nouvel Observateur*, 4/3/74; 29 from a televised interview with General de Gaulle by Michel Droit, editor of *Le Figaro littéraire*; 30 from 'Le travail des femmes en France' in *Notes et études documentaires*, La Documentation Française, 12/11/66; 31 from 'La Française retourne au foyer', Lucien Rioux, © *France Observateur*, 26/3/64; 32 from 'Ce qui va changer pour les femmes', Tanneguy de Quénétain, *Réalités*, 1/66; 33 from 'Trois parlementaires racontent leur vie de femme-député', Maurice Colinon, *Femmes d'aujourd'hui*, 17/4/68; 34 from 'Manifeste de la ligue du droit des femmes', © *Le Monde*, 8/3/74.

Thanks are also due for kind permission to reproduce the following items:

Tables and statistical material from *Les Cahiers Français* (pp. 23, 50, 57, 116, 160), *Notes et études documentaires* (p. 51), *La Documentation Française Illustrée* (p. 58); (p. 94) 'Trafic Marchandises', *L'Express*, 1966; (p. 123) 'La montagne', © 1964 by Productions Musicales Alleluia Gérard Meys, 10 rue Saint Florentin, Paris 1ᵉʳ P.M.A. 151 and (p. 172) 'On ne voit pas le temps passer', © 1965 by Productions Musicales Alleluia Gérard Meys, 10 rue Saint Florentin, Paris 1ᵉʳ P.M.A. 170; (p. 132) 'Les Usines' from *Les Villes Tentaculaires* by Emile Verhaeren, *Mercure de France*.

Cartoons: (p. 1) from *Le Grand Duduche* by Cabu, © Dargaud S.A. Paris, 1967; pp. 23, 49 and 99 by Desclozeaux, © *Le Nouvel Observateur*; (pp. 56 and 97) 'Le petit monsieur de Michel Claude' by Michel Claude, *Le Figaro littéraire*, 1968; (p. 84) 'L'histoire de l'automobile' by Sempé, *Idéréa*; (p. 147) 'L'automatisme' by Folon, © *Le Nouvel Observateur*, 1969.

Photographs: Agence Almasy (pp. 109, 179); Camera Press (pp. 26, 45, 101, 102); Photo Dalmas (p. 45 bottom); Documentation Française (pp. 155, 161, 175); Suzanne Fournier (p. 29); French Embassy (pp. 76 bottom, 111, 112, 115, 119); French Government Tourist Office (pp. 57, 65, 67, 71, 81, 95, 131); Photo Marc Garanger (p. 136); Institut Pédagogique National (p. 17); Keystone Press Agency Ltd. (pp. 4, 20, 72, 75, 76 top, 116, 174); London Express News and Features Services (pp. 51, 144); Niépce-Rapho (p. 50); SNARK International (p. 140); Roger Viollet (pp. 104, 129, 181); Giovanni Zampieri (p. 170).

Contents

I
L'Enseignement

L'humour de Cabu

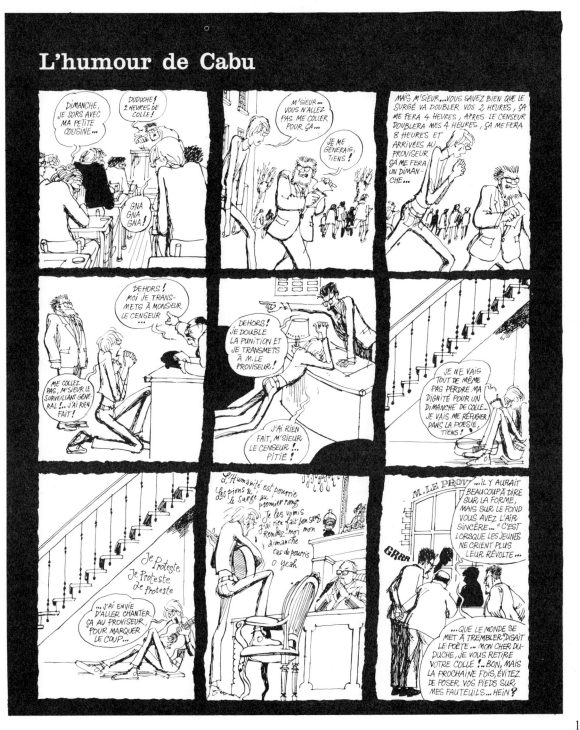

1
Interview avec quatre élèves d'un lycée parisien

Dites-moi, vous quatre, vous avez l'impression que cela sert à quelque chose, le lycée, ou bien vous perdez votre temps?

— Oh, les études, c'est indispensable.

— Tout seul, on n'aurait pas le courage de travailler...

— Oui, c'est utile, les études, mais j'estime qu'on nous bourre le crâne dans beaucoup de matières.

Par exemple?

— L'histoire.

— Le dessin, la musique, on perd son temps.

— Le latin...

Pourquoi êtes-vous contre le latin?

— Les langues mortes, à notre époque, ça ne veut rien dire.

— Tu exagères, Alain, ça fait un peu partie de la culture.

— Domergue dit ça pour se poser, parce que le professeur le dit. Mais ce serait plus utile de nous expliquer les spoutniks, que de traduire les vers de Virgile.

Vous trouvez qu'au lycée on devrait vous tenir au courant de l'actualité?

— Nous sommes à un âge où nous aimerions savoir ce qui se passe dans le monde.

— Dans un sens, le lycée est fait pour travailler et pas pour apprendre la politique. Mais dans un autre sens, si un élève qui vient de passer son bac n'a jamais fait de politique, il se retrouve tout seul dans la vie, en politique.

C'est ton avis, Jean-Michel?

— Les nouvelles sportives, les événements scientifiques, je trouve qu'on devrait en parler. Mais la politique...

— Peut-être la politique, on ne pourrait pas nous l'expliquer avec l'impartialité requise.

— On en fait déjà en éducation civique.

Qu'est-ce que tu en penses, Francis?

— Eh bien, cela rendrait la classe moins monotone. On a l'impression qu'on vit dans plusieurs univers, alors qu'ici on est prisonnier d'un monde indispensable pour les diplômes, mais qui n'a pas de rapport avec la vraie vie.

Qu'est-ce qui est le plus important pour vous au lycée, les professeurs ou les camarades?

— Ce qui nous pousse à venir au lycée, quand on y pense, ce sont les camarades, cela nous rend le lycée plus agréable, parce que sinon venir au lycée...

— Oui, mais comme on va au lycée pour apprendre, le plus important c'est les professeurs.

— Moi, je ne trouve pas; on n'a pas de rapports avec eux.

Que voulez-vous dire? Vous n'avez de rapports avec aucun de vos professeurs?

— C'est-à-dire que moi, je fais du sport, j'ai des rapports avec mon professeur de gymnastique.

— Avant, en 6ᵉ et 5ᵉ, et même en 4ᵉ, on était davantage liés avec le professeur surtout le professeur de lettres. Il s'intéressait davantage. Il était assez exceptionnel, il était...

Il vous connaissait mieux?

— Oui, il nous connaissait mieux. Nos professeurs actuels ne nous connaissent

---

ou bien: or
études (f.pl): schoolwork
indispensable: necessary
estimer: to think
matière (f): subject

dessin (m): art

langue (f): language
époque (f): times
vouloir dire: to mean
exagérer: to go too far
vers (m): line of poetry
trouver: to consider, think
actualité (f): current events
se passer: to happen

avis (m): opinion
nouvelles (f.pl): news

rendre: to make
alors que: whereas
diplôme (m): qualification
rapport (m): (1) relation

sinon: otherwise
comme: since

rapport (m): (2) contact

davantage: more
lié: friendly, on good terms

actuel: present

2

pas assez. Ils ne nous disent pas assez ce qu'ils pensent de nous au point de
vue des études. Ils ne nous considèrent pas assez en tant que garçon normal
dans la vie. Le professeur devrait nous parler en particulier. Il ne dit jamais
carrément ce qu'il pense de nous.

en tant que: as
normal: ordinary
en particulier: individually
carrément: directly

Comment le professeur doit-il aider ses élèves?

— Il doit s'intéresser à tout.

— En faisant de bons cours et en les aidant à travailler en donnant de bonnes
explications.

cours (m): lesson

— En s'intéressant aussi à leur avenir: il doit savoir ce que ses élèves veulent
faire plus tard.

avenir (m): future

Vos professeurs s'intéressent à votre avenir?

— Ils n'ont pas le temps.

— Je le regrette d'autant plus qu'à mon avis le professeur est à même de nous
guider, de nous donner des conseils utiles, plus que les parents ou les amis.

avis (m): opinion
conseils (m.pl): advice

Qu'est-ce qui vous paraît le plus important: l'explication du maître, la leçon,
l'interrogation écrite ou orale, les réponses du maître à vos questions?

— Oh, l'explication du maître. C'est sa raison d'être même.

raison d'être (f):
  justification
même (adj): very

— Les professeurs devraient apporter plus de documents; en langue vivante,
apporter des documents du pays; en géographie, des films.

documents (m. pl):
  (illustrative) material

— Le professeur est irremplaçable pour tout ce qui ne se trouve pas dans les
livres. Quand le cours devient intéressant en français, c'est que le professeur
s'éloigne de sujet.

c'est que: it's because
s'éloigner: to move away

Vous aimez qu'on s'éloigne du sujet?

— Oui. Ça permet d'ouvrir la discussion.

— On approfondjt beaucoup plus la question, on comprend mieux généralement le cours quand il y a une discussion.

approfondir: to go deeply
  into

— J'ai souvent des opinions qui ne sont pas celles des professeurs, et ce que
j'aime dans la discussion c'est qu'on peut les vérifier, voir si elles sont fausses.

vérifier: to check

Danièle Hunebelle, *Réalités*

Note

le bac: Le baccalauréat, examen qu'on passe à la fin de la classe terminale, donne le droit
  d'entrer à l'université.

Verb Constructions

servir à qch.: to be useful for sth.
s'intéresser à qch.: to be interested in sth.
penser à qch. (à qn.):
to think of (i.e. have in mind) sth. (s.o.)

penser de qch. (de qn.):
to think of (i.e. have an opinion about) sth. (s.o.)
pousser qn. à faire qch.: to encourage s.o. to do sth.
aider qn. à faire qch.: to help s.o. to do sth.

Further Vocabulary

on nous bourre le crâne: we're brainwashed
ça fait partie de la culture:
it's a part of (it belongs to) culture.
pour se poser: for effect
tenir au courant de...:
to inform about ..., keep up to date with ...
qui vient de passer son bac:
who's just taken the baccalauréat

le professeur de lettres:
the French teacher (in France); the English teacher (in Britain, U.S.A.), etc.
au point de vue des études:
as regards (our) work
d'autant plus que...:
all the more because ..., particularly since ...
(il) est à même de nous guider:
he's in a position to guide us

A Questions à préparer

1 Essayez de résumer en une phrase les réponses faites par ces élèves à la question : 'Est-ce que cela sert à quelque chose, le lycée?'
2 De quoi voudraient-ils qu'on parle en classe?
3 Quelles sont leurs opinions pour et contre l'étude de la politique en classe?
4 Pourquoi un des élèves se sent-il 'prisonnier'?
5 Qu'est-ce qui les pousse à venir au lycée?
6 Quel est le rôle du professeur?
7 Comment les professeurs pourraient-ils aider leurs élèves?
8 Pour ces lycéens, qu'est-ce qui est le plus important dans un cours?
9 Quels changements aimeraient-ils voir dans la présentation et l'organisation des cours?
10 A quoi sert la discussion en classe?

Devant le lycée Condorcet, à Paris.
'Ce qui nous pousse à venir au lycée, ce sont les camarades.'

❀ B Sujet de rédaction à discuter

Quels changements apporteriez-vous à votre programme scolaire?

(1) Qu'est-ce qui vous intéresse à l'école en particulier?
(2) En quelles matières est-ce qu'on vous bourre le crâne? Pourquoi? Est-ce nécessaire?
(3) Est-ce vrai que les langues mortes ne servent plus à rien?
(4) A quoi servent les études d'histoire?
(5) Quelles matières sont à votre avis les plus utiles?
(6) Est-ce que la spécialisation en 'Sixth Form' vous plaît ou est-ce que vous auriez préféré un programme plus général?
(7) Devrait-on vous tenir au courant de l'actualité?
(8) Y a-t-il des cours d'éducation civique dans votre lycée? A quoi servent-ils?

Plan proposé: 1er paragraphe: Le programme actuel. 2e: Ce que vous n'y aimez pas. 3e: Les changements que vous y apporteriez. 4e: L'importance de l'école pour vous, et de ces changements en particulier.

Grammar

Note: The sign — before an example indicates that it is taken from the reading passage.

1 Personal Pronouns

Use of *on*

(a) *On* is used only as the **subject** of a verb. Depending on the context, it can mean 'one', 'they', 'you', 'he/she' or 'we':
 — *on devrait vous tenir au courant:*
  they should keep you (one) informed.
 — *on n'aurait pas le courage...:*
  you wouldn't have . . .
 — *on était davantage liés avec...:*
  we were closer to . . .
 Note the agreement of the adjective here, despite the singular verb.

(b) The **object** form of *on* is generally *vous:*
 — *on devrait vous tenir au courant.*
 Note that the object is sometimes omitted altogether:
 — *Ça permet d'ouvrir la discussion:*
  That enables you (one) to . . .

(c) *On* has the same possessive adjectives and reflexive pronouns as *il* and *elle:*
 — *on perd son temps.*
 — *Vous aimez qu'on s'éloigne du sujet?*

(d) The passive voice is often avoided in French by the use of *on* with the active voice:
 — *on peut les vérifier:* they can be verified.
 — *on ne pourrait pas nous l'expliquer:*
  it couldn't be explained to us.
 N.B. This construction is obligatory when the verb in French has an indirect object. The indirect object cannot become the subject:
  On lui a dit de répondre:
  He was told to answer.
 — *on devrait en parler:*
  they ought to be talked about (mentioned).

(e) *L'on* is often used instead of *on* to avoid hiatus:
  si l'on comprenait bien...

2 Auxiliary Verbs   *devoir, pouvoir*

These verbs have a number of uses, some of which are peculiar to certain tenses. Examples are frequent in the reading passages and should be noted.

(a) *devoir*
 Present
 — *Comment le professeur doit-il aider ses élèves?:*
  How should the teacher . . .? (i.e. in general)
  Il doit venir demain:
  He is (due) to come tomorrow.
  Ce professeur doit être exceptionnel!:
  That teacher must be exceptional!
 Conditional
 — *Les professeurs devraient apporter...:*
  The teachers should bring . . . (i.e. ought to)
  Il aurait dû nous parler:
  He should have spoken to us (i.e. ought to have).
 The use of the conditional implies a moral obligation, whereas the present tense does not.
 Imperfect
  Il devait venir demain:
  He was (due) to come tomorrow.
  Les élèves devaient faire leurs devoirs tous les jours:
  The pupils had to do their homework . . .
  Ce professeur devait être exceptionnel!:
  That teacher must have been exceptional!
 Past historic
  Il dut répondre tout de suite:
  He had to answer straight away.
 Perfect
  Ils ont dû commencer déjà:
  They must have begun already.
 Pluperfect
  On m'a dit qu'il avait dû partir:
  I was told that he must have left.
 Note that there are three tenses of *devoir* correspond-

ing to 'must have'; in translating from English to French, one has first to decide what is the true tense of the English verb.

(b) *pouvoir*
 Present
 — *on peut les vérifier:* they can be checked.
  Cela peut servir: That may be useful.
  Puis-je vous aider?: Can I help you (i.e. may I)?
 Conditional
 — *on ne pourrait pas l'expliquer:*
  they couldn't explain it (i.e. wouldn't be able to)
  Il a dit qu'il pourrait le terminer:
  He said he might finish it (i.e. would be able to).
  Il n'aurait pas pu le comprendre sans les explications du professeur:
  He couldn't have understood it . . . (i.e. wouldn't have been able to).
 Imperfect
  On pouvait lui parler:
  We could talk to him (i.e. were able to).
  Il a dit qu'il pouvait le terminer:
  He said he could finish it (i.e. was able to).
 Past historic
  Il put ouvrir la porte:
  He managed to open the door.
 Perfect
  On a pu lui parler après:
  We were able to (we could) talk to him afterwards.
  Ils ont pu commencer déjà:
  They may have begun already.
 Pluperfect
  On m'a dit qu'ils avaient pu le terminer:
  I was told they had been able to finish it.
 Note that in translating 'could' into French one has first to decide what is the true tense of the English verb.

3 The Article

(a) **Used in French** where omitted in English:
  (i) with abstract nouns:
    — *l'histoire, le dessin, la musique, l'actualité, la politique, la vraie vie (real life), dans la vie (in life), etc.*
  (ii) with plural nouns, in a general statement about the category mentioned:
    — *les études, c'est indispensable:*
    school work is indispensable.
    — *plus que les parents ou les amis.*

(b) **Omitted in French:**
  (i) before an adjective preceding a noun:
    — *de bons cours; de bonnes explications.*
  (ii) after *en:*
    — *en géographie, en politique, en sixième.*
  (iii) when a person is placed in a particular category, trade or profession:
    — *on est prisonnier:* one is a prisoner.
    — *en tant que garçon normal:*
    as a normal boy

4 Comparisons

(a) The comparative of adjectives and adverbs is formed with the adverbs *plus, davantage* (more); *moins* (less); *si, aussi* (so, as). The second term is introduced by *que:*
  — *ce serait **plus** utile de nous expliquer les spoutniks **que** de traduire...*
  *Ce n'est pas **aussi** (or **si**) utile de traduire les vers de Virgile **que** de...*
  *Les jeunes pensent **moins** à travailler qu'à jouer.*

(b) In comparisons of quantity the comparatives are **plus de, moins de, autant de** (as much, as many), **tant de** (so much, so many):
  — *Les professeurs devraient apporter plus de documents...*
  Les professeurs nous donnent tant d'explications...!

(c) *meilleur — mieux*
  Note the following comparative and superlative forms:

Adjective: *bon — meilleur — le meilleur*
Adverb: *bien — mieux — le mieux*
Distinguish between adjective and adverb, comparative and superlative:
  Ses explications sont meilleures que les miennes.
  C'est le meilleur cours de la semaine!
  — *il nous connaissait mieux:*
  he knew us better.
  C'est lui qui nous connaît le mieux:
  ... who knows us best.
Note also:

Adjective: *mauvais — plus mauvais* (or *pire*) — *le plus mauvais* (or *le pire*)
Adverb: *mal — plus mal* (or *pis*) — *le plus mal* (or *le pis*)
Pire and *pis* are less common, and carry an intensive or emotional meaning.
Make up sentences containing and illustrating these points.

5 Prepositions

A section devoted to prepositions appears at the end of the grammar explanations in each unit. Its purpose is to illustrate the most important uses of various prepositions as they occur in each reading passage. A particular study of prepositions in French is important, as their use and meanings often differ from English. (For prepositions used as the complement of a verb, see the section **Verb Constructions** after each reading passage.)

à — *à notre époque:* in our times, nowadays
  — *à mon avis:* in my opinion
en — *en particulier:* individually

❧ Drills

(1) **Personal Pronouns** *On* instead of the passive.
Une lycéenne répond à des questions sur son lycée. C'est, on le verra, un lycée où tout marche très bien!
Exemple: Alors, maintenant, au lycée on encourage les discussions?
Réponse: Oui, en général, les discussions sont encouragées.
1 Et on établit de bons rapports avec les professeurs?
2 Et on vous tient au courant de l'actualité?
3 Mais est-ce qu'on vous explique les événements scientifiques?
4 Et on vous donne de bonnes explications?
5 Et on étudie des documents en classe?
6 Et on respecte vos opinions?

(2) **Personal Pronouns** *On* with verbs + indirect object.
Exemple: Alors vous travaillez toujours? On vous le conseille?
Réponse: Oui. On nous conseille de travailler.
1 Le professeur t'a donné cette explication. Il te l'avait promise?
2 Et vous ne faites plus de sport? On vous l'a interdit?
3 Mais vos amis font de la gymnastique. On le leur a permis?
4 Et ils ne fument plus? On le leur a défendu?
5 Tu es allé voir le médecin? On te l'avait conseillé?

(3) **Auxiliary Verb** *devoir:* 'should'
Un lycéen répond à certaines questions relatives à la vie de son lycée. Il pense qu'on devrait y apporter des changements.
Exemple: On m'a dit qu'on ne discute pas des nouvelles sportives au lycée.
Réponse: Non, c'est dommage, on devrait en discuter.
1 Et il paraît que vous ne faites pas de sport.
2 On m'a dit que les professeurs n'apportent guère de documents.
3 Et il paraît que vous ne faites pas de latin.
4 J'ai l'impression que les professeurs ne connaissent pas les élèves.
5 Il est évident qu'ils ne s'intéressent pas à leur avenir !

(4) **Auxiliary Verb** *devoir:* 'should have'
Exemple: Le professeur n'a pas apporté de notes.
Réponse: C'est vrai. Il aurait dû en apporter.
1 Cet élève n'a pas fait de latin.
2 Je n'ai pas lu les textes.
3 Je n'ai pas vu le film.
4 Tu n'as pas réussi à l'examen.
5 Tu n'as pas participé à la discussion.

(5) **Auxiliary Verb** *devoir:* 'must have'
Exemple: Le professeur est en retard. Il a oublié ses cahiers, peut-être.
Réponse: Oui, il a dû les oublier.
1 Il n'a pas fait son travail. Il a perdu ses livres, peut-être.
2 Tu n'as plus tes livres? Tu les as laissés au café, peut-être.
3 Le cours vient de finir? Le professeur a parlé plus que d'habitude, peut-être.
4 Les élèves sont contents? Ils ont été reçus, peut-être.
5 Le professeur vous salue. Il vous a reconnus, peut-être.

(6) **Auxiliary Verb** *pouvoir:* 'could'
Exemple: Te serait-il possible d'étudier le russe?
Réponse: Oui, je pourrais l'étudier.
1 Te serait-il possible d'apprendre le dessin?
2 Vous serait-il possible de parler aux professeurs?
3 Vous serait-il possible d'ouvrir la discussion?
4 Lui serait-il possible de conseiller les élèves?
5 Lui serait-il possible de vous expliquer les problèmes politiques?

(7) **Auxiliary Verb** *pouvoir:* 'could have'
Deux lycéens parlent de leur lycée. Ils ne se montrent pas très satisfaits de l'enseignement qu'ils y ont reçu.
Exemple: Malheureusement nos professeurs ne nous ont pas guidés.
Réponse: C'est vrai. Ils auraient pu nous guider.
1 Et ils ne nous ont pas donné de conseils utiles.
2 En somme, ils ne se sont pas intéressés à notre avenir.
3 Et puis nous n'avons pas étudié la politique.

4 Et nous n'avons pas parlé des événements scientifiques.
5 En somme, nous n'avons pas eu de bons rapports avec nos professeurs.

Exercises

(8) **Personal Pronouns** *on* Translate:
1 He was given useful advice. 2 They were told to translate ten lines of Virgil. 3 If one was all on one's own, one would work badly. 4 Discussions in class help one to understand the subject better. 5 You waste your time in some classes. 6 They said that you can check your answers. 7 In my opinion teachers shouldn't be allowed to discuss politics in class. 8 In the first form we had good relationships with the teachers; we were fairly happy.

(9) **Auxiliary Verb** *devoir* Translate:
1 It's my opinion that teachers should be more interested in their pupils' future. 2 We should have studied art at school. 3 The teacher is late again! He must have forgotten his books! 4 The pupils were saying that he must have forgotten them. 5 They usually go to school on Saturdays, but that day he had to stay at home. 6 They were to return to school the next day. 7 Life at that school must have been interesting.

(10) **Auxiliary Verb** *pouvoir* Translate:
1 His explanations may have been wrong: you never know! 2 He said the teacher's explanation might be the better one. 3 They said we could study politics in future, if we wished. 4 In the past you could always talk to the teachers about your problems. 5 I listened to him carefully, but when he spoke to me, I could not reply. 6 I could have replied if I had known the answer. 7 I couldn't have done it without your advice.

(11) **The Article** Translate:
1 Latin is less interesting than what we do in Geography. 2 If you have good teachers, you will also have interesting lessons. 3 Is school work in the Sixth Form related to real life? 4 Politics ought to be explained in schools. 5 As a teacher, one should keep oneself up to date with current affairs.

(12) **Comparisons** Translate:
1 Nowadays people are more interested in sputniks than in Virgil. 2 Explanations in class are less useful than those which are given individually. 3 The *baccalauréat* would be a better examination if one didn't have to study so many subjects. 4 If he always has the best mark in History, it's because it is the subject he likes best. 5 The most interesting thing in lessons is discussion with the teacher. 6 The worst thing in school is examinations.

ORGANISATION DE L'ENSEIGNEMENT SECONDAIRE

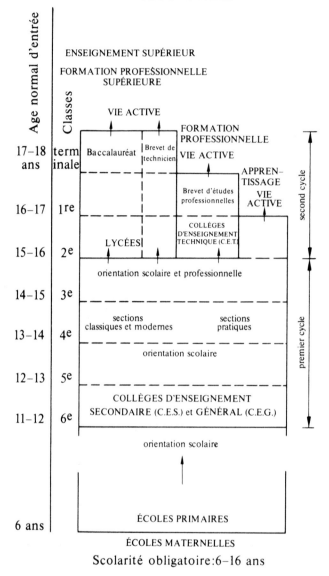

Scolarité obligatoire: 6–16 ans

Organisation de l'enseignement secondaire

Les collèges d'enseignement secondaire, (C.E.S.), créés depuis 1963, sont des établissements polyvalents et mixtes qui accueillent, de la 6e jusqu'à la 3e, tous les enfants de chaque classe d'âge. *Les collèges d'enseignement général,* (C.E.G.), qui desservent essentiellement les communes rurales, offrent un enseignement pratique ou général à ceux qui quitteront l'école dès la fin de la scolarité obligatoire.

enseignement (m): education
formation (f): training
professionnel: vocational
actif: working
brevet (m): certificate

Matières obligatoires en seconde, première et terminale: français, histoire, géographie, instruction civique, une langue vivante, mathématiques, instruction physique; sciences physiques (seconde et première); philosophie (terminale). Au baccalauréat, il faut présenter généralement huit ou neuf matières.

orientation (f): guidance
créer: to establish, set up
polyvalent: multi-purpose, comprehensive
accueillir: to take in
desservir: to serve
sciences (f) *physiques:* physics, chemistry
sciences naturelles: biology

Organisation des études dans les C.E.S. et C.E.G. (*premier cycle*) et les lycées (*second cycle*)

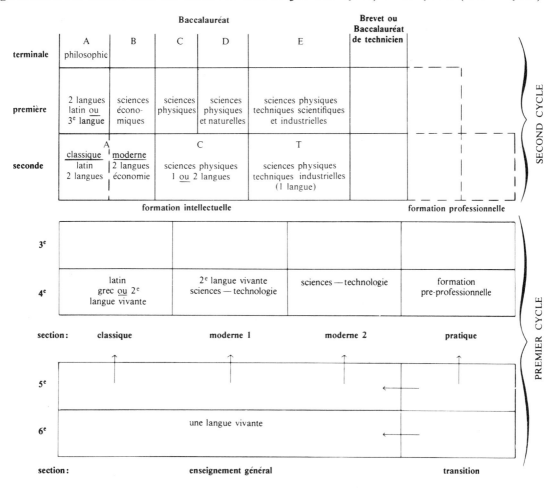

Les sections de transition offrent à un élève, dont les capacités intellectuelles se développent après l'entrée en sixième, la possibilité de passer dans une section générale et, éventuellement, au lycée.

Les langues vivantes: Sur 100 élèves qui étudient une langue vivante, plus de 80 font de l'anglais, 16 font de l'allemand et 3 font de l'espagnol. Pour 100 élèves qui étudient une deuxième langue vivante, les chiffres sont: allemand 37, espagnol 33, anglais 20, italien 8.

1 Quels élèves ont la possibilité d'étudier une langue vivante? Quand peuvent-ils commencer l'étude d'autres langues?

2 A quel niveau la spécialisation commence-t-elle pour le jeune Français? Les études sont-elles plus, ou moins, spécialisées en France qu'en Angleterre?

éventuellement: possibly
niveau (m): level

'Tronc commun' et 'options'. Une réforme votée en 1975 prévoit la suppression des différentes filières indiquées sur le tableau ci-dessus: tous les élèves de chaque niveau suivront le même enseignement:
— en 6ᵉ et 5ᵉ, 'tronc commun' intégral, y compris une langue vivante;
— en 4ᵉ et 3ᵉ, parmi les 'options': deuxième langue vivante, latin ou grec;
— en 2ᵉ et 1ᵉʳᵉ, 'tronc commun' pour les trois quarts des enseignements; le reste en 'options';
— en **classe terminale,** enseignement entièrement à options, choisies librement;
— **baccalauréat:** première partie à la fin de la première, sur toutes les matières du tronc commun; baccalauréat par options à la fin de la classe terminale. Il faut réussir quatre options au minimum.

tronc commun: common core
filière (f): stream
y compris: including
réussir: to pass

Vacances scolaires à l'étranger

Sur dix candidats au bac, cinq ont passé au moins un mois de vacances dans le pays où l'on parle la première langue de leur programme. Trois y ont passé au moins trois mois, à un an d'intervalle. A Paris et autour de Paris, le pourcentage des favorisés est légèrement supérieur.

au moins: at least
programme (m): curriculum

Il faut noter aussi que le nombre des jeunes partant à l'étranger pour les grandes (et les petites) vacances augmente régulièrement, et on observe un phénomène assez surprenant: l'abaissement de l'âge des voyageurs. Plusieurs organisations ont dû modifier leurs structures, rechercher des moniteurs et des monitrices qualifiés devant l'afflux des demandes concernant des enfants de huit et neuf ans et même de sept.

favorisés: the lucky ones
légèrement: slightly
augmenter: to increase
surprenant: surprising
abaissement (m): lowering
afflux (m): flood
même: even
pédagogue (m and f): teacher

Que pensent les pédagogues de ce phénomène surprenant? Ils sont, dans l'ensemble, favorables mais insistent tous sur la nécessité d'imposer aux enfants et aux jeunes gens éloignés du milieu familial un contrôle très rigoureux.

milieu (m): environment
contrôle (m): supervision
rigoureux: strict
encadrement (m): adult supervision

Il y a eu des erreurs graves. Les parents ont envoyé leurs enfants n'importe où à l'étranger, de n'importe quelle façon, sans prêter assez d'attention à l'encadrement, sans prendre les précautions nécessaires. Un enfant n'est pas un touriste. Résultat: des catastrophes psychologiques, même physiques. Dans le sud de l'Angleterre, de véritables bandes de jeunes Français en vacances ont pu se constituer et les pouvoirs publics britanniques se sont émus: 'interdit aux Français', pouvait-on lire, à une certaine époque, dans des établissements de la côte anglaise, dans des boutiques.

véritable: real
bande (f): gang
se constituer: to form
s'émouvoir: to be alarmed
interdire: to forbid
établissement (m): premises
côte (f): coast

Les organisations françaises ont pris conscience du danger et se sont adaptées à cette situation nouvelle. A quelques exceptions près, le contrôle est devenu plus rigoureux, organisateurs, professeurs, moniteurs ayant pris conscience de leurs responsabilités.

Un enfant doit tirer un profit considérable d'un séjour à l'étranger. Sa personnalité s'affirmera, dans un environnement nouveau. Son horizon intellectuel se développera. Curieusement, c'est dans la pratique de la langue que le bénéfice paraît le plus aléatoire, ou le plus difficile à contrôler:

s'affirmer: to assert itself
pratique (f): use
bénéfice (m): benefit, advantage
aléatoire: uncertain
lier: to link, tie
goût (m): liking

— A l'étranger, reconnaît une organisatrice, l'enfant attrapera certainement un certain accent, la musique de la langue, mais ses progrès sont liés directement à la fréquentation de cours de vacances spéciaux.

Une heure de cours par jour dans le milieu apporte à l'élève un goût nouveau de la langue. C'est comme apprendre à nager dans l'eau — et apprendre les mouvements avec une méthode.

Après trois séjours de vacances en Angleterre, en Allemagne, en Suisse, en Espagne ou en Italie, l'adolescent devient, en effet, un excellent nageur. Il sent la langue, son oreille est adaptée à sa musique, à ses structures. Le problème, pour l'éducateur, c'est alors de replacer cette connaissance touristique, ce langage de la vie quotidienne, dans un contexte réellement éducatif.

connaissance (f): knowledge
langage (m): language, speech
quotidien: daily
éducatif: educational
au loin: far away
esprit (m): mind
s'entourer: to choose one's company
expatrié: away from home
loin de: away from

'Attention aux voyages,' écrit Stendhal dans une lettre, 'l'esprit n'en rapporte pas toujours ce qu'il était allé chercher au loin.' Il ne suffit pas de voyager, de sauter une frontière. Encore faut-il arriver au bon endroit, savoir s'entourer — et savoir s'ouvrir. Un enfant expatrié peut devenir facilement un exilé s'il est livré à lui-même. Loin de chez lui, plus vivement encore que dans sa famille, il reflète ceux qui l'entourent.

Jean Gaillard, *Le Figaro littéraire*

Further Vocabulary

à un an d'intervalle: in successive years
(ils) insistent sur la nécessité de...:
they stress the need to (that it is essential to) . . .
sans prêter assez d'attention à...:
without giving enough thought to . . .
les pouvoirs publics: the authorities
(elles) ont pris conscience du danger:
they have realised (become aware of) the danger.
à quelques exceptions près: with a few exceptions
tirer un profit considérable d'un séjour...:
to gain enormously from a stay . . .

ses progrès sont liés... à la fréquentation de...:
his progress depends on whether he attends . . .
trois séjours de vacances: three holidays
attention aux voyages!: beware of travel!
il ne suffit pas de voyager:
it's not enough to travel (travelling is not enough).
sauter une frontière: to cross a frontier
au bon endroit: in the right place
livré à lui-même: left to his own devices
plus vivement encore: even more (so)

A Questions à préparer

1 Quel est le pourcentage des candidats au bac ayant passé au moins un mois de vacances à l'étranger?
2 Y a-t-il plus ou moins de jeunes qui partent pour l'étranger? Quel âge ont-ils?
3 Qu'est-ce que les organisations ont été obligées de faire?
4 D'après les pédagogues, que faut-il faire?
5 Quelles erreurs certains parents ont-ils commises?
6 Quelles ont été les conséquences de ces erreurs?
7 Pourquoi les pouvoirs publics se sont-ils émus? Qu'est-ce qu'ils ont fait?
8 Comment les organisations françaises ont-elles réagi devant cette situation?
9 Quel profit un enfant doit-il tirer d'un séjour à l'étranger?
10 Comment peut-il réussir à parler la langue?
11 Pourquoi ne suffit-il pas d'aller dans un pays étranger pour apprendre à connaître ce pays et sa langue?
12 Expliquez la différence entre un 'expatrié' et un 'exilé'.

B Sujet de rédaction à discuter

Les séjours de vacances à l'étranger.
(1) Avez-vous déjà fait un séjour à l'étranger? Aimeriez-vous en faire un? Iriez-vous seul ou en groupe? Pourquoi?
(2) Quel profit espéreriez-vous tirer d'un tel séjour?
(3) Est-ce que les jeunes de huit ans peuvent profiter d'un séjour de vacances à l'étranger? A votre avis, quel âge faut-il avoir au minimum pour en profiter?
(4) Les cours de vacances sont utiles pour la pratique de la langue. Mais quels sont les autres avantages à tirer de ces cours? (Ceux offerts par les Universités de Paris, de Grenoble et de Poitiers sont très populaires chez les jeunes de toutes nationalités.)

Plan proposé: (1) Pourquoi les séjours de vacances à l'étranger sont de plus en plus populaires. Les principales raisons qui poussent les gens à aller à l'étranger. (2) La manière de profiter au mieux de ces séjours. Quels préparatifs faut-il faire en particulier? (3) Les dangers qui existent. Comment éviter de s'ennuyer ou de devenir 'un exilé'. Comment être sûr d'arriver 'au bon endroit'. (4) 'La personnalité s'affirmera.' 'L'horizon intellectuel se développera.' — Justifiez ces remarques. Résumez les raisons pour lesquelles vous aimeriez faire un séjour à l'étranger.

Grammar

1 The Infinitive

(a) A verb used after any preposition except *en* is always in the infinitive. The present participle is often used in such cases in English:

— *sans prendre les précautions nécessaires:*
without taking . . .
— *la nécessité d'imposer...:*
the need for imposing . . .
— *Le problème,... c'est de replacer...:*
The problem . . . is placing . . .

But

— *en donnant de bonnes explications:*
by giving good explanations (passage 1)

(b) *à* and *de* + infinitive

à is used to link an adjective to an infinitive in constructions such as the following:

Son accent était agréable à entendre.
C'est une idée facile à comprendre.
— *le bénéfice paraît le plus difficile à contrôler.*

But *de* is used if the same sentence is constructed impersonally:

Il était impossible de trouver des moniteurs.
Il serait préférable de suivre des cours de vacances:
It would be better to . . .
C'était agréable d'entendre son accent.

In sentences of this type, *il est* is more frequent in written French; *c'est* is often used in spoken French.

2 Pronominal Verbs

(a) In many cases where the passive is used in English, the pronominal form (i.e. with *se*, etc.) is preferred in French:

— *Son horizon intellectuel se développera:*
. . . will be developed.
— *Sa personnalité s'affirmera:*
. . . will be expressed.

(b) Many verbs used intransitively in English take the pronominal form in French:

— *de véritables gangs ont pu se constituer:*
. . . have been able to form.
— *Les organisations françaises... se sont adaptées à...:*
. . . have adapted to . . .

Note that the English verb has the same form whether or not it has an object, but that the French verb will be pronominal if it has no object:

Les voitures s'arrêtent devant la gare.
On n'arrête pas le progrès.
La porte s'ouvre.
Il ouvre la porte.

3 The Article

The article is used before names of countries, continents, provinces, etc.:

— *dans le sud de l'Angleterre.*
La Bretagne fait partie de la France.

But it is **omitted:**

(a) after *en*:
en Angleterre, en Allemagne, en Suisse, etc.

(b) in adjective phrases:
les vins de France: French wines
(c) after *de*: 'from'
Il arrive de France: He is back from France.

Note that the article is used with masculine names of countries in adjective phrases: *les vins du Portugal*; and after *de* ('from'): *Il arrive du Japon.*

4 Word Order

When adverbs are placed for emphasis in front of the verb, inversion often occurs:

— *Encore faut-il arriver au bon endroit:*
You **still** have to arrive . . .

Note other examples of this inversion from your own reading.

5 Indefinites *n'importe*

N'importe means '(absolutely) any . . .' and can be followed by *qui, quoi, où, quel,* etc., *lequel,* etc., *comment:*

n'importe qui: anyone
n'importe quoi: anything
— *n'importe où:* anywhere

— *de n'importe quelle façon:*
any old how (in any way)
Quel livre? — N'importe lequel!:
Which book? Any one!
Comment le faire? — N'importe comment!:
How should I do it? Any way you like!

6 Prepositions

à, en, dans: in expressions of place, each can mean 'at', 'in', 'to', 'into'.

à serves to distinguish one point in space from another, whereas *dans* tends to emphasise the limits of the space named; *en* is usually used without the article and is less definite than *dans*.

— *à l'étranger:* abroad
— *dans le sud de l'Angleterre:*
 in the south of England
— *à Paris:* in Paris (and not in Rome, etc.)

	dans Paris: within the city of Paris, in the heart of Paris
	— *en Angleterre:* in England
	— *dans le pays:* within the country
à	— *dix candidats au bac:* ten candidates for the baccalauréat
en	— *en vacances:* on holiday
dans	— *dans l'ensemble:* on the whole
devant	— *devant l'afflux:* faced with the flood
par	— *par jour:* per day, a day
sur	— *sur dix candidats:* out of ten candidates

❥ Drills

(1) **The Infinitive** Constructions with *à* and *de*
On parle des vacances scolaires à l'étranger.
Exemple: Ces cours de vacances doivent être faciles à organiser?
Réponse: Pas du tout! Il est souvent difficile de les organiser.
1 Mais les problèmes, du moins, doivent être faciles à résoudre?
2 Mais les erreurs doivent être faciles à éviter?
3 Les bénéfices, du moins, doivent être faciles à mesurer?
4 Mais, après un séjour, les progrès ne sont-ils pas faciles à voir?
5 Mais enfin, les jeunes Français en vacances ne sont-ils pas faciles à surveiller?

(2) **The Infinitive** Constructions with *à* and *de*
Exemple: Est-il facile de faire ce travail?
Réponse: Oui. Ce travail est facile à faire.
1 Etait-il impossible de comprendre cette explication?
2 Sera-t-il difficile d'organiser ces cours?
3 Etait-il agréable d'entendre cet accent?
4 Est-il difficile d'améliorer ces aspects du séjour?
5 Etait-il impossible de lire cette affiche?

(3) **Indefinites** *n'importe*
Une mère anxieuse cherche à se renseigner sur des cours de vacances pour son fils. Irrité par ses questions, son interlocuteur répond... n'importe quoi!
Exemple: A qui faut-il s'adresser pour trouver la meilleure organisation?
Réponse: Mais, à n'importe qui!
1 Et de toutes ces organisations, laquelle faut-il choisir?
2 Et à quel âge faut-il commencer?
3 Où faut-il aller?
4 Comment faut-il y aller? par le train? en avion?
5 Quand faut-il y aller? A Pâques? en été?

6 Que faut-il faire pour préparer ces visites à l'étranger?
7 Et quelles précautions faut-il prendre?

Exercises

(4) **The Infinitive** Translate:
1 Parents used to send their children abroad, anywhere, anyhow, without giving enough thought to organisation. 2 Travel organisations stress that it is essential to exercise strict supervision over young tourists. 3 Crossing a frontier is not enough; it is important also to know the language and customs of the country. 4 It will soon be much easier for young people to go abroad, and the benefits won't be hard to see. 5 They said that anyone could learn a foreign language, but that the problem was one of finding opportunities for using it. 6 By attending holiday courses abroad you can meet foreigners.

(5) **Pronominal Verbs** Translate:
1 Since 1950, language courses for foreigners have been developed in most European countries. 2 This is a phenomenon which is easily explained. 3 Several organisations have been formed to develop these holidays. 4 The criticisms apply not only to the parents but also to the organisations. 5 The shops used to close when the young tourists arrived in town. 6 This development cannot be stopped.

(6) **The Article** Translate:
1 After returning from Germany, he spent a month in Switzerland. 2 She is back from the United States; she says she wouldn't like to live in America. 3 England is part of Europe. 4 Portuguese wines are good, but French wines are best. 5 I have spent several holidays in Europe: last year we went to Spain and this year we hope to go to Portugal.

13

Ecole ou communauté éducative?

Du temps de Jules Ferry, en 1880, l'école primaire était le centre de la vie locale. Dans le village, l'instituteur n'était pas seulement le maître de ses élèves, mais aussi le conseiller des adultes, un membre influent de la communauté. Depuis lors l'école s'est de plus en plus refermée sur elle-même. Ses instituteurs, ses professeurs, vivent trop souvent complètement en marge de la vie et des activités locales.

Qu'est-ce qui explique cette séparation, et comment peut-on faire de l'école le centre culturel de la communauté?

instituteur (m): (primary) schoolteacher
conseiller (m): adviser
depuis lors: since then
marge (f): fringe

La multiplicité des établissements

Avant la guerre, le rôle de l'État et des municipalités consistait presque exclusivement à fournir des maîtres et des locaux pour les enseignements scolaires et universitaires, à entretenir des musées et des théâtres peu nombreux. La nécessité pour les adultes, dans un monde où les métiers se transforment rapidement, de refaire des études, l'aspiration de couches toujours plus larges de la population — dont la durée de travail et la fatigue musculaire diminuent — à différentes activités de loisirs élargissent brutalement le champ de l'éducation, de la culture et du sport.

Pour y répondre on a jusqu'à présent, en France, multiplié les établissements distincts possédant leurs propres équipements: ici un nouveau collège d'enseignement secondaire (C.E.S.), là une maison des jeunes, plus loin une bibliothèque municipale, ailleurs des terrains de sport, etc. Politique extraordinairement coûteuse puisque chacun de ces établissements ne sera utilisé que pendant quelques heures par jour.

État (m): state
municipalité (f): local authority
fournir: to provide
local (m): premises
entretenir: to maintain
métier (m): job
couche (f): section
large: broad, wide
loisirs (m. pl): leisure-time
élargir: to broaden, widen
champ (m): field, scope
ailleurs: elsewhere
politique (f): policy
puisque: since

Un ensemble synthétique?

Il en résulte que les communes, qui doivent participer au financement de tous les équipements collectifs, ont des charges financières de plus en plus lourdes. L'une d'entre elles, celle de Yerres (Essonne), a décidé de tenter une expérience de synthétisation. (Cette localité est une commune-dortoir — dix-huit mille habitants et bientôt trente mille — de la vaste agglomération parisienne.)

'Lorsque nous avons pris le pouvoir, il y a deux ans,' déclara son maire, 'tout ce que l'on offrait aux habitants comme activité culturelle c'était une 'bibliothèque' logée dans le coin le plus sombre de la mairie. Le 'bibliothécaire', un manchot, payé 2F de l'heure, venait deux heures tous les samedis. Il avait vingt-cinq clients!

'Nous avons installé une bibliothèque dans un bâtiment préfabriqué, recruté une bibliothécaire à temps plein. Il y a neuf cents inscrits. Mais le local est déjà trop petit!'

Il s'agissait donc d'en construire un plus grand. Mais il fallait aussi une maison des jeunes, une salle de spectacle et un collège d'enseignement secondaire, des terrains de sport. Pour la première fois en France, avec la participation active de tous les ministres concernés, un ensemble intégré a été conçu. Il comprendra un collège d'enseignement secondaire de mille deux cents élèves, une salle de spectacle, une bibliothèque, une maison des jeunes et des équipements sportifs.

Tous ces bâtiments communiqueront entre eux. C'est ainsi que la cantine du C.E.S., conçue en 'libre service', pourra servir le soir pour les usagers de la maison des jeunes et pour les adultes venant suivre des cours du soir. Jeunes et adultes

collectif: communal
charge (f): expense
tenter: to try
expérience (f): experiment
dortoir (m): dormitory
agglomération (f): conurbation
pouvoir (m): power
bibliothécaire (m and f): librarian
manchot (m): one-armed man
s'inscrire: to enroll
salle (f) *de spectacle*: theatre
terrain (m): ground, area
ensemble (m): unit
conçu: designed, planned
comprendre: to include
usager (m): user

pourront avoir accès, après les heures de classe, aux salles scientifiques et de travaux pratiques du collège. Enfin la salle de spectacle, la bibliothèque et le gymnase pourront être aussi bien utilisés par les élèves que par les autres.

Pour respecter règlements et traditions, collège, maison des jeunes et bibliothèque ont des entrées séparées. Espérons que cette séparation se limitera aux accès, ce qui serait déjà une révolution en France.

accès (m): entry
travaux (m. pl) *pratiques*: handicraft

B. Girod de l'Ain, *Le Monde*

Notes

Jules Ferry: Nommé en 1879 ministre de l'Instruction publique, il instaura en 1881–2 un système d'enseignement élémentaire gratuit, obligatoire et neutre vis-à-vis de la religion.

une commune: une des 38 000 divisions territoriales administrées par un maire assisté du conseil municipal.

les Maisons des Jeunes: établissements où les jeunes peuvent se réunir pour jouer, lire, etc.

Verb Constructions

consister à faire qch.: to consist in doing sth.
il s'agit de faire qch.: it is a question of doing sth.
(il s'agissait donc...: so what was needed, was . . .)

Further Vocabulary

des théâtres peu nombreux: a few theatres
refaire des études: to do further study
la durée de travail: working hours

il en résulte que...: the result is that . . .
tout ce qu'on offrait comme activité: the only activity that was available

---

A Questions à préparer

1 'En 1880, l'école primaire était le centre de la vie locale.' Pourquoi?

2 Quel était le rôle de l'État dans l'enseignement d'avant-guerre?

3 Pourquoi est-ce que les adultes s'intéressent davantage maintenant (a) à l'éducation, (b) aux activités de loisirs?

4 Pour répondre aux nouveaux besoins qu'a-t-on fait, en France, jusqu'à présent?

5 Qu'est-ce que l'auteur trouve à critiquer dans cette politique?

6 Quelles sont (a) la population, (b) la situation géographique de Yerres?

7 Quelle est l'expérience tentée par Yerres?

8 Pourquoi est-ce que Yerres a été choisi pour construire cet ensemble intégré?

9 De quelle manière toute la communauté pourra-telle se servir de cet ensemble?

10 'Espérons que cette séparation se limitera aux accès'. Expliquez ce que l'auteur veut dire.

B Sujet de rédaction à discuter

Le rôle de l'école dans la communauté.

(1) Votre école est-elle déjà utilisée en dehors des heures de classe?

(2) Comment votre école pourrait-elle mieux servir: les anciens élèves... vos parents... vous-mêmes pendant les vacances; en somme, la communauté?

(3) Dans votre quartier où est-ce que les jeunes se rencontrent le plus souvent? (clubs de jeunes, cafés, dancings, écoles, églises, etc.) Quels avantages l'école pourrait-elle offrir sur ceux-ci?

(4) Quels problèmes y aurait-il si l'école ouvrait ses portes à la communauté? — d'ordre financier (entretien de l'équipement — équipement nouveau) — d'ordre humain (le personnel — enseignants, surveillants, concierges, etc.) — d'ordre technique (responsabilité de l'organisation).

Plan proposé: (a) Question (1) La situation actuelle. (b) Questions (2), (3), (c) Question (4) Les problèmes. Donnez votre opinion: êtes-vous pour ou contre? Pourquoi?

UNIT 3

Grammar

---

1 The Passive

(a) The passive is formed by the use of *être* and the past participle:
— *chacun de ces établissements sera utilisé:*
each one ... will be used.
The past participle must agree with the subject:
— *(ils) pourront être... utilisés:*
(they) may be ... used.

(b) The passive is often avoided by using *on* and the active voice:

— *tout ce que l'on offrait aux habitants:*
all that the inhabitants were offered. (see 1.1*d*)
Instead of the passive the pronominal form may be used:
— *Espérons que cette séparation se limitera aux accès:*
... will be restricted to the entrances. (see 2.2*a*)
Knowing which construction to use will depend on a careful study and comparison of examples as they occur in the French you read.

---

2 Comparisons

(*a*) **Comparative:**
(i) ***aussi bien... que:*** as well as
— *(ils) pourront être aussi bien utilisés par... que par....*
(they) may be used by ... as well as by ...
(ii) ***un plus grand, de plus grands:***
a larger one, larger ones
— *il s'agissait d'en construire un plus grand (de plus grands):*
it was a matter of building a larger one (larger ones).
Similarly with other adjectives:
J'en ai vu de meilleurs:
I have seen better ones.
(iii) ***de plus en plus; de moins en moins:***
more and more; less and less
— *les communes ont des charges de plus en plus lourdes:*
... heavier and heavier expenses.

— *les métiers se transforment de plus en plus vite:*
... more and more rapidly.
Les métiers se transforment de plus en plus:
... more and more.
Il va de mieux en mieux:
He's getting better and better.
Toujours plus is the equivalent of *de plus en plus:*
— *l'aspiration de couches toujours plus larges de la population:*
the aspiration of wider and wider sections of the population.

(*b*) **Superlative:**
— *le coin le plus sombre de la mairie:*
the darkest corner **in** the town hall.
The superlative is followed by 'in' or 'of' in English, but always by *de* in French.

---

3 Auxiliary Verb *falloir*

— *il fallait aussi une maison des jeunes:*
a youth centre was also needed.

Falloir followed by a direct object translates 'to need', 'to require'.

---

4 Prepositions

à — *une bibliothécaire à temps plein:*
a full-time woman librarian
de introduces many adjective phrases which in English are introduced by 'in':
— *une commune-dortoir... de la vaste agglomération parisienne:*
a dormitory suburb in the huge Paris conurbation
— *l'abaissement de l'âge:*
the reduction in the age (passage 2)

— *une expérience de synthétisation:*
an experiment in integration
de — *du temps de...:* in the days of ...
— *payé deux francs de l'heure:*
paid two francs for each hour's work (compare *par jour* in passage 2)
en — *conçue en libre service:*
designed as a self-service
jusque — *jusqu'à présent:* up to now

🎲 Drills

(1) The Passive

Une journaliste interroge le maire d'une commune-dortoir sur la première année de son administration.

Exemple: Qu'est-ce qui vous a surpris, monsieur le maire? La bibliothèque?

Réponse: Ah, oui. J'ai été surpris par la bibliothèque.

1 Qu'est-ce qui vous a ennuyé? Le manque de crédits?
2 Qu'est-ce qui vous a passionné? Le nouveau projet?
3 Qu'est-ce qui vous a déçu? Les règlements?
4 Qu'est-ce qui a intéressé les adultes? Les cours du soir?
5 Et les jeunes? Qu'est-ce qui les a amusés? La présence des adultes?

(2) **Comparisons** *de* after the superlative

Conversation entre un habitant de Yerres, fier de sa nouvelle ville, et son cousin de Paris, qui vient voir les nouveaux équipements collectifs où tout, semble-t-il, est beau et réussi!

Exemple: N'y a-t-il pas d'autres ensembles intégrés dans la région parisienne?

Réponse: Si, mais cet ensemble est le plus réussi de la région!

1 Il doit y avoir d'autres théâtres modernes en France?
2 N'y a-t-il pas d'autres bibliothèques dans la région?
3 Il doit y avoir d'autres musées dans le pays?
4 N'y a-t-il pas d'autres maisons des jeunes dans le pays?
5 Il doit y avoir d'autres cinémas dans la ville?

(3) **Auxiliary Verb** *falloir*

Suite de l'entretien avec le maire.

Exemple: Vous aviez besoin d'une nouvelle bibliothèque?

Réponse: Oui. Il nous fallait une nouvelle bibliothèque.

1 Et maintenant vous avez besoin d'une bibliothécaire à plein temps?
2 Vous aurez bientôt besoin d'un local plus grand?
3 A présent vous avez aussi besoin d'une maison des jeunes?
4 Et si la population augmente encore, vous aurez besoin de nouveaux terrains de sport?
5 Mais si vous aviez tout cela, vous auriez besoin d'une nouvelle mairie?

Exercises

(4) **The Passive** Translate:

1 Last year a new library was built in the town. 2 The school used to be closed in the holidays; but now it will be open. 3 All the inhabitants were allowed was a new playing field. 4 After long discussions the plans were changed. 5 The building has been completely modified: that is easily seen! 6 As a result, the quality of life has improved this year.

(5) **Comparisons** Translate:

1 The school will be open to adults as well as young people. 2 The policy of separate premises will become more and more costly and less and less educational. 3 Leisure activities will increasingly be organised on school premises. 4 The Yerres experiment will be followed by more important ones. 5 They will have to build larger and larger schools. 6 It is the most interesting educational experiment in the region. 7 The result is that working hours in France are the longest in Europe.

Au C.E.S. de Yerres, dans l'Essonne.
Comment peut-on faire de l'école le centre culturel de la communauté?

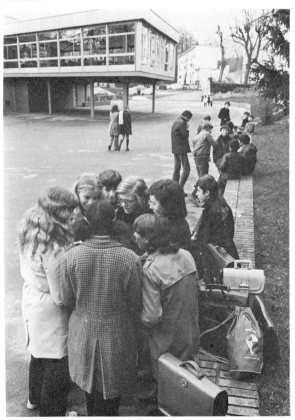

4

Un étudiant d'université

— Qu'est-ce qui vous a amené à choisir cette carrière?

— Mes parents ne savaient pas que je voulais aller à l'université. C'est le directeur de mon école qui m'a conseillé de faire une licence de lettres. A la fin de ma dernière année d'études secondaires (c'est-à-dire en classe de philosophie) le directeur de l'école m'a appelé et m'a demandé si je préférais faire une carrière dans les lettres ou enseigner avec le baccalauréat comme instituteur dans un village. Il m'a dit qu'il serait préférable pour moi d'entrer à l'université et de poursuivre mes études tout en travaillant à mi-temps pour subvenir à mes besoins. C'était pour moi la seule solution parce que mes parents ne pouvaient pas payer mes études supérieures.

— Est-ce que c'était dans votre famille une tradition d'entrer à l'université?

— Non. Pour mes parents, c'était une aventure plutôt qu'une promotion. Ils m'ont donné la permission quand même de mener une vie indépendante, malgré mon jeune âge — ce qu'ils n'ont pas permis à rna sœur qui est devenue institutrice.

— Pourquoi êtes-vous allé à l'Université de Lille?

— En France on va normalement à l'université de la région où l'on habite. L'Université de Lille couvre trois départements et je m'y suis inscrit parce que j'habite le Pas de Calais. Ceux du Nord et de la Somme viennent également à Lille. Pour entrer à l'Université il suffit d'avoir le baccalauréat. Il n'y a pas de limite d'âge et il n'y a pas d'autres critères d'entrée. On s'inscrit tout simplement à la Faculté des Lettres ou à la Faculté des Sciences, suivant ce que l'on a fait. On remplit des fiches — c'est tout.

— En quoi le régime universitaire est-il différent de celui d'une école ou d'un collège?

— Le régime des universités est beaucoup plus large que celui d'une école. En général, on n'a qu'une quinzaine d'heures de cours par semaine. J'appelle 'cours' des conférences dans des amphithéâtres qui sont généralement surpeuplés, car il ya a en France un manque de locaux. La plupart des cours sont polycopiés et mis en vente à la Faculté. On peut ainsi préparer un certificat sans avoir jamais assisté aux cours. Ce n'est pas la solution idéale, et ce n'est pas conseillé, mais c'est possible. Les cours polycopiés sont évidemment plus propres que les notes qu'on prend à la main et cela facilite les révisions. C'est un système très apprécié de tous les étudiants français.

— Est-ce que vous travaillez quelquefois en petits groupes?

— Pour ce qu'on appelle les cours 'magistraux' le professeur s'adresse directement aux étudiants (qui sont au nombre de 150 ou 200) en se servant peut-être d'un micro et les étudiants n'arrêtent pas de prendre des notes. Mais il existe aussi des groupes de 'T.P.' — c'est-à-dire de Travaux Pratiques — où les étudiants sont environ une trentaine et participent à la discussion. Le professeur aura donné un travail à préparer — par exemple une version ou un thème que l'étudiant est censé préparer chez lui. Il vient ensuite au cours pour discuter sa traduction avec le professeur — on est interrogé un à la fois. Il faut dire cependant qu'il peut y avoir une grande différence de niveau entre les étudiants.

— Vous poursuivez vos études pendant combien de temps?

— On peut choisir une seule matière pour faire la licence qui comporte quatre certificats en tout. J'ai choisi l'anglais. En principe on peut faire sa licence en trois ans — c'est le minimum — mais en pratique on met toujours au moins quatre ans.

---

amener: to induce

directeur (m): headmaster
conseiller: to advise

enseigner: to teach

poursuivre: to continue
tout en...: while at the same time . . .

quand même: all the same
malgré: in spite of
institutrice (f): (primary school) teacher
département (m): county
également: also

critère (m): condition
suivant: according to
fiche (f): form
régime (m): regulations

large: liberal

conférence (f): lecture
surpeuplé: overcrowded
manque: (m) shortage

polycopié: cyclostyled
propre: neat
faciliter: to make easier

professeur (m): lecturer

version (f): translation from foreign language
thème (m): translation into foreign language
censé: supposed
niveau (m): standard
comporter: to include, comprise

— Que faites-vous pour gagner de l'argent?

— Je donne des cours dans une école privée — une dizaine d'heures par semaine. Certains de mes amis corrigent des copies d'élèves. Les étudiantes font souvent du baby-sitting pour les parents qui veulent sortir — ce qui est assez bien payé — on y gagne 10F pour la soirée dans certain cas. Beaucoup de mes camarades sont aussi 'pions' — c'est-à-dire surveillants d'externat ou d'internat dans des collèges. Ils ont un horaire d'environ vingt à vingt-cinq heures de surveillance par semaine, ils sont logés et nourris par l'école et ils reçoivent en plus un petit salaire qui leur sert d'argent de poche.

— Les étudiants travaillent aussi pendant les vacances?

— Oui, bien sûr. Je connais un étudiant qui, pendant les grandes vacances, servait de guide au Mont-Saint-Michel. L'argent qu'il gagnait en deux mois lui permettait de couvrir ses frais pour toute l'année universitaire, et le tout en pourboires! Beaucoup d'étudiants travaillent aussi comme garçons de café dans les stations balnéaires. Ils sont même quelquefois obligés de payer le café qui les emploie, tant le montant des pourboires est élevé. Ce sont là, évidemment, des cas exceptionnels. Il faut ajouter qu'à chaque rentrée universitaire ceux qui travaillent trop pendant les vacances sont épuisés!

G. P. Courtney: Je vous présente

copie (f): exercise

surveillant (m): supervisor
externat (m): day-school
internat (m): boarding-school

frais (m.pl): expenses
pourboire (m): tip
station balnéaire (f): seaside resort, spa
évidemment: of course
épuisé: exhausted

Notes

la Faculté des Lettres, etc.: Depuis 1970, les facultés sont regroupées dans des *Unités d'enseignement et de recherche*.

certificats: Ce système n'existe plus; pour avoir la licence, il faut désormais accumuler un certain nombre d'*Unités de valeur*. Le travail fait au cours de l'année et l'examen de fin d'année sont tous les deux pris en compte.

Verb Constructions

préférer faire qch.: to prefer to do sth.
être censé faire qch.: to be supposed to do sth.
arrêter de faire qch.: to stop doing sth.
être obligé de faire qch.: to be forced to do sth.
amener qn. à faire qch.: to induce s.o. to do sth.
conseiller à qn. de faire qch.: to advise s.o. to do sth.
permettre à qn. de faire qch.: to allow s.o. to do sth.
assister à (un cours): to attend, be present at (a lecture)
habiter (un département): to live in (a county)

payer qn.: to pay s.o.
payer qch.: to pay for sth.
servir de (guide): to act as (a guide)
(qui leur sert d'argent de poche): which is useful to them as pocket money)
se servir de qch.: to use sth.
subvenir aux besoins de qn.: to meet, look after, the needs of s.o.

Further Vocabulary

faire une licence de lettres:
to study for a degree in French
faire une carrière dans les lettres:
to follow a career on the arts side
ma dernière année d'études secondaires:
my last year at secondary school
les études supérieures: higher education
il serait préférable pour moi d'entrer à l'université:
it would be better for me to go to university
mener une vie indépendante: to be independent
il suffit d'avoir le baccalauréat:
all you need is the baccalauréat
en quoi... est-il différent de...?:
how does it differ from . . .?

préparer un certificat:
to study for an exam (counting towards a degree)
les cours 'magistraux': lectures
qui sont au nombre de 150 ou 200:
·who number between 150 and 200
les étudiants sont environ une trentaine:
there are about thirty students
on met au moins quatre ans:
one takes at least four years
tant le montant est élevé:
because the amount is so large
la rentrée universitaire:
the start of the university year

UNIT 4

A Questions à préparer

1 A quel moment cet étudiant a-t-il pris la décision d'aller à l'université?
2 Quel choix le directeur de son école lui avait-il offert?
3 Pourquoi devait-il travailler à mi-temps?
4 Qu'ont pensé ses parents de sa décision?
5 Pourquoi sa sœur n'est-elle pas allée à l'université?
6 Pourquoi va-t-on en France à une université plutôt qu'à une autre? Quels sont les critères d'entrée? En quoi le système anglais est-il différent?
7 Quel est le régime des universités?
8 Pourquoi la plupart des cours sont-ils polycopiés et mis en vente?
9 Pourquoi les groupes de T.P. ne sont-ils pas faciles à conduire?
10 Que font les étudiants pour gagner de l'argent?
11 Quels sont les inconvénients du travail des étudiants pendant les vacances?

B Sujet de rédaction à discuter

Un étudiant ne devrait pas travailler pendant les vacances. Discutez.

(1) Mettez-vous à la place de celui qui parle. Selon lui, comment un étudiant devrait-il passer ses vacances? Quelle idée se fait-il de l'étudiant? Quel devrait être son souci majeur? Comment est-ce qu'il envisage l'aide offerte par l'État?

(2) Que pourrait-on dire en faveur de ce point de vue? Comment l'université diffère-t-elle de l'école? Combien de mois par an passe-t-on à l'université? Comment le travail rémunéré peut-il nuire aux études?

(3) Que pourrait-on dire contre? Quels avantages, à part l'argent, peut-on tirer de cette sorte de travail? Comment pourrait-on mettre à profit l'argent qu'on y gagne?

(4) Résumez les arguments. Donnez votre point de vue.

Paris: candidats au baccalauréat devant la Maison des Examens.
Pour entrer à l'Université il suffit d'avoir le baccalauréat.

Grammar

1 Demonstrative Pronouns

(a) ce

(i) *Ce* translates 'it' when referring back to a statement, a fact, an idea, as opposed to a particular noun:
— *ce n'est pas conseillé, mais c'est possible.*
— *C'est un système très apprécié...*
— *C'était pour moi la seule solution.*
— *c'était... une tradition d'entrer à l'université.*

(ii) *Là* and *ici* can be added for emphasis:
— *Ce sont là... des cas exceptionnels:*
Those are exceptional cases.
C'est là une question très importante:
That is a very important question.
C'est ici un problème intéressant:
This is an interesting problem.

(iii) *C'est* and *ce sont... qui (que)* are used to emphasise a word or phrase:
— *C'est le directeur qui m'a conseillé:*
It was the headmaster who . . .

Ce sont toujours les plus forts qui gagnent:
The strongest always win.
C'est moi qui te l'ai dit: **I** told you so.
The present tense (*c'est*, *ce sont*) is generally used, even if the main tense is different.

(b) ceci, cela: 'this', 'that'

Ceci and *cela* refer to facts, statements, ideas and phrases rather than single nouns. (*Cela* refers **back**, *ceci* refers **forward**.)
— *cela facilite les révisions:*
that makes revision easier.
Il faut noter ceci: les cours sont polycopiés:
You must note this: . . .

In **spoken** French **only**, *cela* may be shortened to *ça*.

Note that with *être*, *ce* is preferred:
— *c'est tout:* that's all.
— *c'est le minimum:* that's the minimum.

2 Relative Pronouns *ce qui, ce que*

Qui and *que* always refer back to a particular **noun**; *ce qui* and *ce que* refer to a **clause, phrase** or **idea**:

(a) translating 'what':
— *Pour ce qu'on appelle les cours 'magistraux'....*
As for what are called lectures . . .
— *nous aimerions savoir ce qui se passe:*
we would like to know what happens. (passage 1)

(b) with *tout* translating 'all that':
— *tout ce qui n'est pas dans les livres:*
all that isn't in the books. (passage 1)
on fait tout ce qu'on veut:
you do whatever you like.

(c) translating 'which':
— *Ils m'ont donné la permission... de mener une vie indépendante..., ce qu'ils n'ont pas permis à ma sœur:*
. . . which they didn't allow . . .
— *les étudiantes font... du baby-sitting..., ce qui est assez bien payé.*
In both cases, 'which' refers to the whole phrase, and not to the nouns *vie* and *baby-sitting*.

(c) celui, celle, ceux, celles

Celui, ceux, etc., translate 'that', 'those', etc., and refer to a particular noun:

(i) followed by a relative pronoun:
— *ceux qui travaillent trop....:*
those who work too hard . . .

(ii) followed by *de* to mark possession:
— *En quoi le régime universitaire est-il différent de celui d'une école?:*
How is the university system different from that of a school (a school's)?
— *Ceux du Nord...:*
Those from the Nord department . . .

(iii) followed by *-ci* or *-là:*
Des deux régimes celui-ci est plus large que celui-là:
Of the two systems this one (the latter) is more liberal than that one (the former).

3 Infinite

Noun + à + infinitive

— *Le professeur aura donné un travail à préparer:*
. . . a piece of work to be prepared.
une maison à vendre: a house for sale (to be sold)

Note the passive meaning of the infinitive in this adjectival construction, and note further examples from your reading.

4 Prepositions

à — *travaillant à mi-temps:*
  working part-time, half the time
  travail à temps partiel: part-time work
  — *on prend à la main:*
  one takes down by hand

de and *par* are both used after the past participle to introduce the agent or the instrument of the action.

de is more commonly found with verbs denoting an attitude of mind, verbs of the senses and verbs denoting a usual, expected relationship.
  — *apprécié de tous les étudiants:*
  appreciated by all the students

  — *logés et nourris par l'école:*
  given board and lodging by the school

de — *différent de celui d'une école:*
  different from a school's

en in expressions of time, means 'within', 'in the space of':
  — *en trois ans:* in the course of three years
  dans trois ans: at the end of three years

en forms many adverb phrases:
  — *mis en vente:* put on sale
  — *en pratique:* in practice
  — *en principe:* theoretically, as a rule
  — *en plus:* moreover, in addition

❀ Drills

(1) Demonstrative Pronouns *ce*

Un étudiant d'université explique le système universitaire français et répond à des questions que lui pose sa correspondante anglaise. C'est vous qui répondez à ses questions!

Exemple: Pour aller à l'université il faut avoir son bac.
Question: C'est vrai? Est-ce indispensable?
Réponse: Eh oui! Il est indispensable de l'avoir.

1 Dans les amphithéâtres on a du mal à trouver des places.
  — C'est vrai? Est-ce difficile?
2 Alors nous achetons des cours polycopiés.
  — C'est vrai? Est-ce nécessaire?
3 Et puis je donne des cours pendant les vacances.
  — C'est vrai? Est-ce utile?
4 Nous ne participons pas aux discussions.
  — C'est vrai? N'est-ce pas possible?
5 Ma sœur ne peut pas aller à l'université.
  — C'est vrai? Cela ne lui est pas permis?

(2) Verb Constructions *demander* (etc.) *à qn. de faire qch.*

Suite de la conversation entre l'étudiant et sa correspondante anglaise.

Exemple: Qu'est-ce que ton professeur t'a conseillé? de faire une licence de lettres?
Réponse: Oui, il m'a conseillé de faire une licence de lettres.

1 Et qu'est-ce que tu as promis à ton professeur? de travailler dur?
2 Qu'est-ce qu'il a conseillé à tes amis? de poursuivre leurs études?
3 Qu'est-ce que tu as proposé à tes parents? de travailler à mi-temps?
4 Et tes parents t'ont permis de mener une vie indépendante?
5 Mais ils ont défendu à ta sœur d'aller à l'université?

Exercises

(3) Verb Constructions *demander* (etc.) *à qn. de faire qch.* Translate:

1 The headmaster advised him to go to university. 2 He was allowed to lead an independent life. 3 The teacher told them to work during the holidays. 4 John's parents had told him not to work as a waiter. 5 He was forbidden to take notes in the lecture. 6 They were criticised for working too hard!

(4) The Infinitive (revision of verb constructions) Translate:

1 He preferred to teach in a private school. 2 They were supposed to prepare their work at home. 3 He was forced to earn money working in a café. 4 They used their notes to do the translation. 5 They will have been given an exercise, to be written for the following day. 6 The students never stopped writing: they had lots of notes to copy.

(5) Demonstrative and Relative Pronouns *cela, celui, ce qui, etc.* Translate:

1 We were forced to do that. 2 They are supposed to listen to what he is saying. 3 Those who have the baccalauréat can go to university. 4 The university system is different from that of a school: as a rule it is much more liberal. 5 They allowed him to ask what was happening. 6 They can work as supervisors or as waiters: the former are better paid but the latter earn more in tips. 7 You can find all you have to know in the cyclostyled lectures; which is very useful for all those who are unable to attend the lectures. 8 It was my father who encouraged me to go to university. 9 Those who want to cannot all take part in the discussions: that is the problem. 10 The lecture notes were cyclostyled: it was a practical solution and it made revision easier, but it wasn't recommended by all the lecturers. 11 'Isn't it easy, then, to discuss your work with the lecturers?' 'No, that's the difficulty: the groups are too large.' 12 'Some students earn a lot of money working as waiters? Is that true?' 'Yes, but they are exceptional cases. Most students earn very little.'

Les étudiants d'université

(en milliers)

(1) Evolution des effectifs

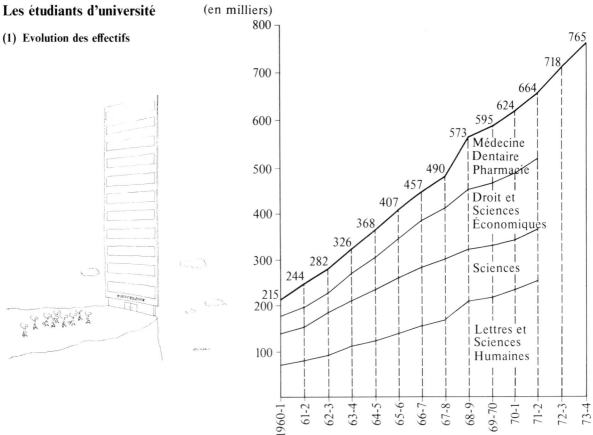

Note Il faut ajouter à ces chiffres: (a) quelques dizaines de milliers d'étudiants qui font des études pendant deux ans dans les Instituts universitaires de technologie, créés en 1966; (b) les élèves (quelques dizaines de milliers également) des Grandes Ecoles, dont le recrutement se fait par voie de concours, après deux ans de 'classes préparatoires' au lycée.

(2) Origine sociale des étudiants

Occupation du père	Population active (1968)	Pourcentage des étudiants (1964–5)	(1973–4)
Agriculteurs	15	6	7
Patrons de l'industrie et du commerce	10	15	12
Professions libérales et cadres supérieurs	5	30	30
Cadres moyens	10	18	15
Employés	15	8	9
Ouvriers	38	8	11
Personnel de service	5	1	1
Divers	2	7	8
Sans profession, indéterminés	—	7	7
	100%	100%	100%

(1) 1 Comment le nombre des étudiants dans les universités a-t-il évolué depuis 1960?

2 Dans quelles disciplines l'expansion a-t-elle été la plus rapide?

3 Quels sont les problèmes que pose cette augmentation des effectifs?

(2) 4 Quelle est l'origine sociale de la plupart des étudiants?

5 Pourquoi certaines classes sociales sont-elles sous-représentées à l'université?

6 L'évolution de la situation depuis 1964–5 vous semble-t-elle significative ou non?

évolution (f): development
effectifs (m.pl): numbers
droit (m): law
concours (m): competitive examination
cadres (m.pl) technical and managerial grades
employé (m): office worker
de service: domestic
discipline (f): subject
significatif: significant

23

'Messieurs les ronds-de-cuir'

rond-de-cuir (m):
bureaucrat, stick-in-the-
mud

⬡ La culture self-service

Je pousse la porte d'un bar de quartier: les gens sont là, attablés, venus pour
l'amour du café, de la belote, de la télévision qui, perchée à la place d'honneur
pour que tout le monde puisse la voir, débite un programme dit 'culturel': c'est
un jeu télévisé, il faut répondre à des questions pour de l'argent; les buveurs
de rouge se grattent pensivement la tête. 'Comment s'appelle le général qui...
etc...' Ces gens comprennent-ils à quel point de pareils spectacles sont une gro-
tesque parodie de la culture véritable? La culture est maintenant servie comme
dans un 'self-service': inutile de se déranger, ni de faire le moindre effort pour
l'acquérir. On nous sert nos loisirs à domicile, les émissions de radio s'appellent
'Dimanche dans un fauteuil' et autres noms qui en disent long sur l'état d'esprit
qui est actuellement celui de beaucoup.

Mais nous, direz-vous, nous n'avons rien à voir avec cela: nous, *nous* faisons
du sport, *nous* avons des initiatives, *nous* avons les pieds sur terre. Bref, nous
n'avons aucun rapport avec ces 'buveurs de rouge'.

attablé: sitting at a table

débiter: to spout

gratter: to scratch
pareil: such, this kind of
se déranger: to put oneself
  out
moindre: slightest, least
émission (f): programme
beaucoup: many people

bref: in short

Dix-huit ans, l'ambition de retraités

Cette différence n'est qu'apparente, elle est due à une simple différence d'âge,
mais non pas à quelque chose de fondamental. Quand on discute avec bon
nombre d'élèves des classes terminales, qu'est-ce qui se passe? Dès qu'on sort
d'un domaine étroitement circonscrit, activités scolaires, match de foot du
dimanche dernier et autres domaines dont nous aurions fait très rapidement
le tour, on se fait traiter d'affolé, on se fait accuser de 'faire de la politique',
ou de jouer les philosophes. Si on leur demande ce qu'ils feront plus tard, pourquoi ils essaient d'avoir leur bac, les réponses sont toujours les mêmes: 'je veux
être peinard, avoir *ma* petite maison, *ma* bagnole, etc....' Le schéma de leur vie
est clair et net: une place honnête dans une société qu'il est superflu de vouloir
remettre en question: l'anonymat des situations médiocres... Dix-huit ans,
l'ambition de retraités.

retraité (m): old age
  pensioner

dès que: as soon as
domaine (m): sphere, field
étroitement: narrowly
circonscrit: restricted
affolé: crazy

peinard (sl): undisturbed
bagnole (f) (sl): car
schéma (m): outline, plan
net: distinct
anonymat (m): anonymity
situation (f): job, post

Les ronds-de-cuir

La fausse culture moderne, la prétendue vulgarisation tend à faire de nous des
robots, oscillant du travail à la belote. Mais tout de même, nous qui avons
reçu un enseignement, incomplet, certes, mais suffisant à nous faire prendre conscience de quelques réalités, on peut dire que nous sommes responsables de notre
état. Certains ne voient dans l'enseignement qu'ils ont reçu qu'un instrument
commode pour remplir un poste tout fait pour eux. On lit sans cesse dans les
journaux qu'on manque d'ingénieurs, de médecins, et beaucoup s'imaginent que
toutes ces places vacantes sont des postes tout tièdes prêts à les recevoir. Il
n'existe qu'une seule profession où il en est ainsi: celle de rond-de-cuir. Là, point
besoin d'initiative personnelle, point besoin d'aller en avant ou de se poser des
questions: le samedi et le dimanche, au lieu de jouer aux flippers, on jouera
au billard et plus tard aux boules ou au golf, pour ceux qui auront eu de la
chance.

Je sais que tout le monde ne peut pas être une 'tête', être un nouveau Descartes
ou un nouvel Einstein. Le drame, car ceci en est un, c'est cette quantité de cœurs
stériles, cette absence de cœurs acceptant d'être ensemencés par la vie.

osciller: to waver, alternate
tout de même: after all, really
certes: admittedly
état (m): condition
commode: convenient
poste (m): job
tout fait: ready-made
place vacante: vacancy
tiède: warm
point besoin de: no need for
en avant: forward
avoir de la chance: to be
  lucky
une tête (sl): brainy,
  brilliant
drame (m) (sl): big problem
ensemencé: fertilised

belote   cards

On peut sourire à de telles idées; on en rira: les médiocres sont très, très nombreux parmi nous. Suffisant et plein de son pauvre soi-même, on ne se sentira pas concerné et l'on pensera: 'Me fatiguer l'existence pour réfléchir sur ma vie? Tu veux rire! Est-ce que cela changera quelque chose? Moi, j'ai les pieds sur terre!'...

Bonne réponse. Les brebis ont les pieds sur terre aussi, pourtant elles ne savent que bêler. 🎲

Le Polar (revue des élèves des classes terminales. Lycée Champollion, Grenoble)

les médiocres: second rate minds
suffisant: self-satisfied
tu veux rire: you're joking

brebis (f): sheep
pourtant: nevertheless, and yet
bêler: to bleat

Notes

belote: jeu de cartes très populaire en France.
buveurs de rouge: ceux qui boivent du vin rouge dans un café.
flippers: jeu de café — 'machine à sous' où il faut manipuler des leviers (flippers) et des billes.

Verb Constructions

jouer (*au billard, au golf*): to play (billiards, golf)
jouer (*les philosophes*): to play at being (the philosopher)
sourire à qch.: to smile at sth.
traiter qn. (*d'affolé*):
to call s.o. (crazy); treat s.o. (as if they were crazy)

on manque (*d'ingénieurs*):
there is a shortage (of engineers).
tendre à faire qch.: to tend to do sth.
suffire à faire qch.: to be adequate for doing sth.

Further Vocabulary

un programme dit culturel:
a so-called cultural programme
la prétendue vulgarisation:
so-called popularisation
qui en disent long sur....: which tell a lot about ...
état d'esprit: mental state, condition
nous n'avons rien à voir avec cela:
we have nothing to do with that.

dont nous aurions fait le tour:
which we'd have exhausted
qu'il est superflu de vouloir remettre en question:
which it is pointless trying to criticise
il en est ainsi: this is so (it is so).
il n'existe qu'une seule profession:
there is only one profession.
(*il reste...:* there is still . . ., there remains . . .)
Note these impersonal verbs, which in many cases are preferred to *il y a.*

A Questions à préparer

1 A qui l'auteur de cet article s'adresse-t-il?
2 Où se trouve-t-on? Qui sont ces gens? Que font-ils?
3 Quel est pour eux l'intérêt des jeux télévisés 'culturels'?
4 Que pensent la plupart des gens de cette espèce de culture?
5 Quelle différence les lycéens voient-ils entre les 'buveurs de rouge' et eux-mêmes?
6 Comment les camarades de lycée réagissent-ils quand on essaie de parler d'autre chose que le match de foot?
7 'Dix-huit ans, l'ambition de retraités.' Expliquez.
8 Quel est, à son avis, le rôle de l'enseignement, face à la 'fausse culture moderne'?
9 Quelle est l'erreur que font beaucoup de lycéens quand ils envisagent leur avenir professionnel?
10 Comment imaginez-vous la vie d'un 'rond-de-cuir'?
11 Quelle attitude l'auteur voudrait-il que ses camarades prennent vis-à-vis de leur avenir?

B Sujets de discussion

(1) Qu'est-ce que la 'culture véritable'? Et la 'fausse culture moderne'? L'auteur semble approuver la première et condamner la seconde: êtes-vous d'accord?
(2) Partagez-vous les sentiments de l'auteur vis-à-vis des ambitions de ses camarades?
(3) L'école, a-t-elle un rôle culturel, ou doit-elle simplement préparer les élèves à une carrière?

✪ C Sujet de rédaction à discuter

Comment considérez-vous que l'école vous prépare pour la vie?

(1) Quelle importance est accordée dans votre lycée aux activités extra-scolaires, aux 'clubs', aux 'cercles'? A quoi servent ces activités? Y participez-vous? Pourquoi (pas)?

(2) Qu'est-ce qui vous pousse à venir au lycée? Serait-il juste de dire que le lycée est une société en miniature? En quoi cette description est-elle vraie ou fausse? (Mettez les deux points de vue en classe: démocratie/autorité; adultes/jeunes; responsabilité envers les parents, la société, etc.)

(3) Les rapports entre élèves et professeurs dans votre lycée sont-ils bons ou mauvais? Pourquoi sont-ils ainsi? Que proposeriez-vous pour les améliorer, s'ils ne sont pas ce que vous souhaitez?

(4) Est-ce que les professeurs sont mieux équipés pour vous donner des conseils utiles que vos parents? Justifiez votre réponse.

Plan proposé: (1) Décrivez l'enseignement que vous avez reçu jusqu'ici. Quel profit espérez-vous tirer de l'école? (2) L'école vous aide à obtenir des diplômes mais est-ce qu'elle offre autre chose? Jusqu'à quel point est-elle une société en miniature? (3) A tout prendre est-ce que le système vous offre une préparation efficace pour la carrière dans laquelle vous espérez vous engager? Quels changements apporteriez-vous? (4) Résumez les arguments et donnez votre avis sur la question. Quels buts devrait se proposer un système d'enseignement moderne?

D Résumé

Ecrivez, en 300 mots, un résumé de cet article.

(1) Lisez l'article avec attention, en notant les points essentiels du raisonnement. En voici quelques-uns:

Sur une place de province.

(a) Les jeux télévisés — les buveurs de rouge — une parodie de la culture — aucun effort.

(b) Les lycéens — rien à voir, disent-ils — mais leurs horizons sont très limités — ambitions précises — situations médiocres.

(c) Des robots — mais nous sommes responsables — l'enseignement sert-il à trouver un poste? — l'attitude du 'rond-de-cuir' — pas besoin d'initiative.

(d) Les cœurs stériles — les pieds sur terre.

(2) Rédigez vos notes en français, mais sans employer mot pour mot les expressions du texte original.

(3) Récrivez vos notes en style direct, c'est-à-dire en évitant les formules telles que 'L'auteur dit que...', etc.

Grammar

1 The Subjunctive

(a) **Formation** General instructions on forming the subjunctive are given on page 203 and in the Verb Tables, p. 204.

(b) **Use** The subjunctive is used in various types of subordinate clauses, after certain verbs and conjunctions. Generally speaking, it is required when the stress is placed less on an idea or fact than on the writer's (or speaker's) **attitude.**

Awareness of when to use the subjunctive must be built up gradually, from a careful examination of sentences where it occurs.

(c) **Examples** (i) Conjunctions expressing **purpose** require the subjunctive:

— *la télévision ... perchée à la place d'honneur, **pour que** tout le monde puisse la voir:*
the television . . . set in the place of honour **so that** everyone can see it.

*J'insiste **pour que** vous regardiez ce programme:*
I insist **on** your watching this programme.

*Il a écrit l'article **afin qu'**on comprenne son point de vue:*
He wrote the article **so that** his viewpoint should be understood.

If the subject remains the same, a subjunctive construction is not used:

Il a perché la télévision là pour la regarder.
Il a écrit l'article pour faire comprendre son point de vue.

(ii) Conjunctions expressing **negative purpose** require the subjunctive (and *ne* in front of the verb):

Ils n'aiment pas discuter de peur qu'on ne les critique:
They don't like arguing for fear of being (lest they are, in case they are) criticised.

De crainte que is similar in meaning and use. Note again that if there is no change of subject, an infinitive construction is used:

Ils n'aiment pas discuter de peur d'être critiqués.

2 Tenses

Sequence of tenses in adjective and time clauses

— *on jouera au billard et plus tard aux boules ou au golf, pour ceux qui **auront eu** de la chance:*

they'll play billiards and later bowls or, for those who **have been** lucky, golf.

The tense in adjective clauses must be in sequence with the tense in the main clause:

(a) **referring to simultaneous actions**

Ceux qui ont de la chance jouent...:
Those who are lucky play . . .

Ceux qui ont eu de la chance ont joué...:
Those who were (have been) lucky (have) played . . .

Ceux qui avaient de la chance jouaient...:
Those who were lucky played (used to play) . . .

*Ceux qui **auront** de la chance joueront...:*
Those who **are** lucky will play . . .

(b) **referring to successive actions**

Celui qui a eu de la chance joue...:
Whoever has been lucky plays . . .

Celui qui avait eu de la chance jouait...'
Whoever had been lucky played . . .

*Celui qui **aura eu** de la chance jouera...:*
Whoever **has been** lucky will play . . .

This rule also applies to time clauses introduced by the conjunctions *quand, lorsque* (when); *dès que, aussitôt que* (as soon as); *après que* (after).

Je jouerai quand je serai prêt:
I shall play when I am ready.

Il a dit qu'il jouerait quand il serait prêt:
He said he would play when he was ready.

3 Auxiliary Verb

Uses of *faire*

(a) *faire de qn. (de qch.)... qn. (qch.):*
to make s.o. (sth.) (into) s.o. (sth.) else.

— *la vulgarisation tend à faire de nous des robots:*
'mass culture' tends to make us (into) robots.

(b) *se faire faire:*

— *on se fait accuser de faire de la politique:*
one is accused of being political.

The use of *se faire* + infinitive gives a passive meaning to the second verb:

Un petit bruit se fit entendre:
A small noise was heard.

(c) In the *faire* + infinitive construction, object pronouns are placed before the first verb:

— *suffisant à nous faire prendre conscience de...:*
sufficient to make us take note of . . . (make us aware of . . .).

4 Possession

(a) When describing the action or the state of parts or attributes of the body (belonging to the subject of the verb), the definite article is used:

Je lève la main: I raise my hand.

Il a fermé les yeux: He closed his eyes.

J'ai mal à la tête: I have a headache.

— *j'ai les pieds sur terre:*
I have my feet on the ground.

(b) When describing something done **to** parts or attributes of the body, the appropriate indirect object pronoun is added:

Je lui ai serré la main:
I shook his (her) hand.

Il me marche sur le pied:
He treads on my foot.

Cela m'a sauvé la vie: That saved my life.

— *les buveurs de rouge se grattent la tête:*
. . . scratch their heads.

Note the singular noun (*la tête*) in the above example.

— *Me fatiguer l'existence...:* ruin my life . . .

Ils se sont serré la main: They shook hands.

5 Stressed Pronouns

(a) To give emphasis, **two** pronouns are usually needed, one unstressed, one stressed:

— *Moi, j'ai les pieds sur terre:*
I have my feet on the ground.

Note, however, that it is not considered good style, particularly in written French, to begin a sentence with *Moi, je...*

(b) The stressed form *soi, soi-même* (more emphatic) is used after indefinite pronouns: *on, chacun, personne, tout le monde,* etc.:

— *plein de son pauvre soi-même, on...:*
full of one's wretched self, one . . .

chacun pour soi: each for himself

6 Prepositions

à — *à la place d'honneur:* in the place of honour
— *à domicile:* in one's own home
— *prêts à les recevoir:* ready to receive them

de — *responsables de notre état:*
responsible for our condition
— *point besoin d'initiative:* no need for initiative

💮 Drills

(1) The Subjunctive *pour que*

Un père et son fils ont lu l'article 'Messieurs les ronds-de-cuir', mais le fils se moque de l'article.

Exemple: Il a écrit cet article pour que les gens réfléchissent sur la vie.

Réponse: Pour qu'ils y réfléchissent! Mais ça ne changera rien!

1 En principe, c'est à vous, les étudiants qu'il s'adresse, pour que vous réfléchissiez un peu.
2 Et puis il s'est moqué des gens, pour que vous vous posiez des questions.
3 Mais il a parlé ainsi pour que vous soyez conscients de vos responsabilités.
4 D'ailleurs, s'il remet en question toute la culture moderne, c'est pour que vous la défendiez.
5 Enfin s'il vous a posé ces questions, c'est pour que vous y répondiez.

(2) Tenses Time Clauses

Exemple: Si l'on installe la télévision, les gens reviendront au café.

Réponse: Mais bien sûr qu'ils y reviendront dès qu'on installera la télévision.

1 Si on allume le poste, les gens y resteront pendant des heures.
2 Si l'on choisit un programme sérieux, les gens joueront à la belote.
3 Si on leur parle de la politique, les gens ne vous écouteront plus.
4 Si l'on exprime de telles idées, les gens se fâcheront.
5 Si on leur offre un bon salaire, les gens oublieront toutes leurs ambitions.

Exercises

(3) The Subjunctive Translate:

1 I insist on your coming with me. 2 He insisted I should see the programme. 3 He wrote the article so that they should understand the problem. 4 He stopped speaking in order that I should reply to his questions. 5 The students went into the café in order to watch a television programme. 6 He will not leave the café in case we should finish early. 7 I won't tell you the question in case you succeed in answering it. 8 He did not go to the café in case everyone saw him there.

(4) Tenses in Adjective Clauses

Exemple: Qui jouera?
Réponse: Celui qui aura de la chance.
Exemple: Qui aura joué?
Réponse: Celui qui aura eu de la chance.
1 Qui joue? 2 Qui a joué? 3 Qui jouait? 4 Qui avait joué? 5 Qui jouerait? 6 Qui aurait joué?

(5) Tenses in Time Clauses

Exemple: Il entrera dans le café. Puis il se mettra à table.
Réponse: Dès qu'il sera entré dans le café, il se mettra à table.
Exemple: Ils entendront la question. Puis ils se gratteront la tête.
Réponse: Quand ils auront entendu la question, ils se gratteront la tête.
1 Il acceptera son premier poste. Puis il ne réfléchira plus. 2 Il finira ses études. Puis il ne se sentira pas concerné. 3 Il quittera l'école. Puis il oubliera ses idées. 4 Ils recevront un salaire. Puis ils seront contents.

(6) Tenses in Adjective and Time Clauses Translate:
1 He said he would leave when his friends had seen the programme. 2 After he had finished working his friends used to come and see him. 3 As soon as you are in the café, find a seat! 4 I will give the prize to whoever knows the answer. 5 Whoever writes the most interesting article will win a prize. 6 He said he would speak to those who had seen the programme.

(7) Auxiliary Verb *faire* Translate:
1 Television has turned us into robots, alas! 2 They made the café the cultural centre of the region. 3 He got invited to the general's and was accused of playing politics. 4 In the café nothing was heard — except the television! 5 He made us come in to look at the television. 6 He showed us upstairs.

(8) Auxiliary Verb *se faire*

Exemple: Les gens vous accusent.
Réponse: On se fait accuser.
Exemple: Tout le monde vous a compris.
Réponse: On s'est fait comprendre.
1 Les gens vous prendront. 2 Tout le monde vous appelait. 3 Les gens vous traiteront d'affolé. 4 Tout le monde vous a accepté.

(9) Impersonal Verbs Replacement of *il y a*

Exemple: Il y a deux solutions. (exister)
Réponse: Il existe deux solutions.
Exemple: Il y a eu des difficultés. (se présenter)
Réponse: Il s'est présenté des difficultés.
1 Il y avait des incidents. (se passer) 2 Il y a eu un accident. (arriver) 3 Il y a eu un grave incident. (se produire) 4 Il y aura des problèmes. (se présenter) 5 Il y aura un accident. (arriver)

(10) Possession Translate:
1 He had his arms in the air. 2 She looked up. 3 They shook my hand. 4 We shook hands. 5 Don't scratch your heads, boys! 6 She had a headache. 7 That gave me a headache. 8 He has his feet on the ground. 9 The advice saved his life. 10 They washed their hands.

II
Les Jeunes

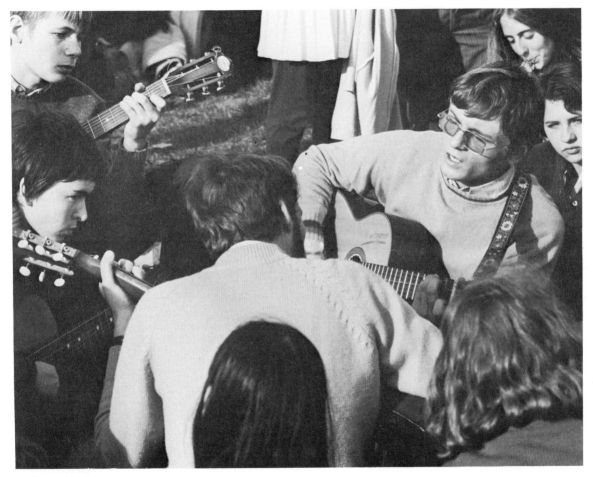

Des jeunes à Taizé.

6

Quelle violence?

Des lycéens manifestent

Quelques centaines de lycéens manifestent devant le lycée Condorcet; des étudiants obligent le doyen de la faculté de Nanterre à demander le secours de la police; l'agitation se généralise dans les établissements d'enseignement. Les lycéens en colère revendiquent 'un droit de regard sur ce qui les concerne'; ils protestent contre les méthodes et le contenu de l'enseignement dispensé; ils s'indignent contre la spécialisation précoce qui leur est imposée; ils réclament des relations nouvelles entre élèves et maîtres: ils exigent, enfin, le droit à l'activité politique et à la libre expression de leurs opinions.

On conçoit que les pouvoirs publics s'alarment à l'idée d'avoir à faire donner de la matraque sur d'aussi tendres têtes, et que des parents qui ont eu leur compte de violences depuis trente ans, se désolent de voir leurs enfants y céder à leur tour.

manifester: to demonstrate

doyen (m): dean
agitation (f): unrest
se généraliser: to spread
revendiquer: to demand
précoce: early
réclamer: to call for
exiger: to demand
concevoir: to imagine
matraque: (f): truncheon
compte (m): share
céder: to give in

Qu'est-ce que la violence?

Mais enfin, qu'est-ce que la violence? C'est le fruit de la révolte, le fruit de l'intérêt que l'on porte aux choses. Rien de plus poli et de plus doux qu'un être humain 'désintéressé'. A 16 ans, à 18, à 20, non seulement on s'intéresse, mais on découvre la réalité sociale et on est contraint de l'affronter. Les réactions, certes, sont différentes, selon la façon dont l'adolescent a accompli son développement psychique. Les uns acceptent plus ou moins le système de valeurs de leurs parents, mais veulent usurper aussi vite que possible les privilèges dont ceux-ci jouissent. Les autres refusent ce système et cherchent à en élaborer un autre. En tout cas il y a choc.

Ce dont on rêve aujourd'hui, dans le monde scolaire, c'est d'une adaptation aux conditions réelles de la vie. Détruire la société? Ces jeunes gens veulent plutôt y trouver une place, leur place. Aussi la ressemblance que voient certains entre l'agitation lycéenne et la délinquance juvénile semble-t-elle relever de la confusion mentale. C'est, d'une certaine manière, le contraire, puisque la première est volonté de participation à la vie sociale.

doux: mild
être (m): being
contraindre: to force
affronter: to face up to
certes: admittedly
psychique: mental and emotional
usurper: to take over
élaborer: to work out
plutôt: rather
aussi: therefore

volonté (f): desire, will

L'influence des moyens de communication

Reste la violence par laquelle l'une et l'autre se manifestent. Peut-on dire sérieusement qu'elle est stimulée par les spectacles qu'offrent le cinéma et la télévision? Dans tous les pays du monde, des hommes de science et de bonne volonté s'efforcent, depuis des années, de déterminer l'influence exercée sur les gens par les moyens modernes de communication.

Plus de cinq cents ouvrages ont été publiés à ce sujet. La conclusion, troublante, est que personne n'est en mesure de dire comment la représentation de la violence agit sur la jeunesse, si elle libère des passions qui seraient, autrement, contenues, ou si, au contraire, elle les catalyse.

Un éminent spécialiste a remarqué: 'Imaginez les commentaires que provoquerait une émission de télévision qui commencerait par un meurtre, continuerait par des suicides, se poursuivrait par des empoisonnements, suggérerait un inceste, et accumulerait sept cadavres sur l'écran? Eh bien, c'est *Hamlet...*'

Un autre a cru pouvoir noter qu'après avoir vu le pur héros s'attaquer au vilain, et en triompher, la réaction la plus courante du jeune spectateur est de s'attaquer à son propre vilain...

se manifester: to be revealed, expressed
spectacle (m): sight, show

ouvrage (m): work
troubler: to disturb
agir: to act, work
autrement: otherwise
contenir: to contain, hold in check
provoquer: to cause
meurtre (m): murder
cadavre (m): corpse
écran (m): screen
courant: usual, frequent

Orienter l'énergie des jeunes

Plusieurs spécialistes s'interrogent : la violence ne serait-elle pas comme l'électri-cité, ni bonne ni mauvaise, mais simplement énergie? Au lieu de souhaiter que la violence disparaisse du monde, et des écrans qui en sont le reflet, n'est-ce pas à l'orientation de cette source d'énergie qu'il conviendrait de s'employer? Orienter l'énergie, c'est très exactement ce qu'on appelle l'éducation.

s'interroger: to wonder
souhaiter: to wish

orientation (f): guidance

Françoise Giroud, *L'Express*

Courrier de *L'Express* (réponse d'un lecteur)

A propos de la violence. Je ne suis pas un jeune homme, mais je me souviens de l'école communale, où je me battais et d'où je revenais chaque jour avec plaies et bosses. Du lycée, où j'en faisais autant. Des bagarres du Quartier latin, dont je garde un nez définitivement cassé. De la Résistance, où j'ai dû tuer. La violence est une manifestation de la vitalité. Si je découvrais que mon fils en était dépourvu, je ne m'en féliciterais pas. Je m'en inquiéterais.

école communale: local primary school
bagarre (f): fight
manifestation (f): sign

Note

Nanterre: Depuis 1970, la faculté de Nanterre fait partie de Paris X, une des treize universités de la région parisienne.

Verb Constructions

demander qch. (à qn.): to ask (s.o.) for sth.
s'attaquer à qn. (à qch.): to attack s.o. (sth.)
imposer qch. à qn.: to impose sth. on s.o.
jouir (d'un privilège): to enjoy (a privilege)
relever de qch.: to be due to sth.
triompher de qn. (de qch.):
to triumph over, defeat, s.o. (sth.)
se féliciter de qch.: to be pleased at sth.
s'inquiéter de qch.: to be worried by sth.
s'indigner contre qch.: to be angry about sth.
commencer par (faire) qch.:
to begin with (by doing) sth.

continuer par (faire) qch.:
to continue with (by doing) sth.
se poursuivre par qch.: to continue with sth.
chercher à faire qch.: to seek, try to do, sth.
se désoler de faire qch.:
to be unhappy at doing sth.
s'efforcer de faire qch.: to try to do sth.
il conviendrait de faire qch.:
it would be better to do sth.
   (A more common expression is
il vaudrait mieux faire qch.:
it would be better to do sth.)
obliger qn. à faire qch.: to force s.o. to do sth.

Further Vocabulary

un droit de regard sur...:
the right to be informed about ...
l'intérêt que l'on porte aux choses:
the interest one takes in things
reste la violence par laquelle...:
there remains (to be considered) the violent way in which ...

déterminer l'influence exercée sur...:
to find out the effect on ...
personne n'est en mesure de...:
no one is in a position to ...
qui en sont le reflet: which reflect it
avec plaies et bosses: cut and bruised
j'en faisais autant: I did the same
mon fils en était dépourvu: my son had none

A Questions à préparer

1 Contre quoi les lycéens et les étudiants manifes-taient-ils?
2 Que voulaient-ils obtenir?
3 Pourquoi leur manifestation était-elle alarmante?
4 Comment expliquer cette violence de la part des jeunes?
5 Quelle est l'attitude des jeunes qui acceptent le système de valeurs de leurs parents?
6 Que veulent ceux qui refusent ce système?

7 Pourquoi l'auteur refuse-t-elle de voir une ressemblance entre l'agitation lycéenne et la délinquance juvénile?
8 Quelles seraient, selon certains, les causes de la violence manifestée par les jeunes?
9 Quel est l'avis des hommes de science sur cette explication?
10 Pourquoi est-il inutile de souhaiter que la violence disparaisse du monde?
11 Quel doit être, alors, le but de l'éducation?

B Sujet de rédaction à discuter

La violence est une manifestation de la vitalité.
Approuvez-vous ce point de vue?

(1) Notre siècle est-il plus violent que les précédents? Sommes-nous plus ou moins tolérants que nos ancêtres envers les diverses formes de violence?

(2) Quelle est, selon vous, l'influence des moyens de communication de masse sur les gens, en ce qui concerne la violence? Est-ce que, à votre avis, les spectacles du cinéma et de la télévision encouragent la violence? ou est-ce qu'ils n'ont aucun effet sur les gens?

(3) Diriez-vous que la violence soit nécessairement 'le fruit de la révolte, de l'intérêt qu'on porte aux choses'? Qu'auriez-vous à dire pour et contre cette hypothèse? L'auteur semble vouloir faire de la violence quelque chose de positif; est-ce toujours vrai?

(4) Quelles sont les causes fondamentales de la délinquance juvénile? Quel est le rôle de l'éducation dans tout cela?

Plan proposé: (1) La violence et la société: comparaison avec d'autres temps et d'autres sociétés. (2) La violence peut-elle être justifiée? dans quels cas? (3) Le côté négatif de la violence: la délinquance juvénile, le désordre social. (4) Dites votre opinion sur la question.

Grammar

1 The Subjunctive

(a) Required after verbs of wishing (*vouloir, souhaiter, aimer,* etc.) when there is a change of subject:

— *au lieu de souhaiter que la violence disparaisse du monde:*
instead of wishing for violence to disappear from the world.

Il ne veut pas que son fils soit timide:
He doesn't want his son to be timid.

But

Ils ont voulu protester contre les méthodes...:
They wanted to protest against the methods . . .

(b) Required in the *que* clause after all verbs expressing an emotion (surprise, joy, sorrow, fear, etc.):

Il n'est pas content que son fils soit timide:
He isn't pleased that his son is timid.

Je suis désolé que vous ne m'ayez pas compris:
I'm very sorry you didn't understand me.

On craint qu'ils ne fassent des bêtises:
It's feared that they may act stupidly.

Note the *ne* required after expressions of fear. (see 5.1*c*)

2 Tenses

depuis: 'for', 'since'

— *des hommes de science... s'efforcent depuis des années (depuis la guerre):*
scientists... have been trying for years (since the war).

The present tense with *depuis* describes an uncompleted action which has been continuing for some time or since a particular time.

The imperfect tense with *depuis* describes an action which was uncompleted at a particular time in the past:

Ils manifestaient depuis une heure lorsque la police arriva:
They had been demonstrating for an hour (or: since one o'clock) when the police arrived.

3 Relative Pronouns

(a) *lequel,* etc., is used instead of *qui* or *que*:

(i) after a preposition, when not referring to a person:

— *la violence par laquelle l'une et l'autre se manifestent:*
the violence by means of which both make themselves noticed.

(ii) after *parmi* and *entre* when referring to persons or things:

Les lycéens entre lesquels il y avait une discussion...:
The schoolboys among whom . . .

3 Relative Pronouns contd

(b) dont

(i) *Dont* stands for *de* + relative pronoun, and comes immediately after the noun it refers to:

— *les privilèges dont ceux-ci jouissent* (*jouir de qch.*):

the privileges they enjoy.

un système dont ils refusent les valeurs:

a system whose values they reject.

But if the object in the relative clause (here: *les valeurs*) is governed by a preposition, then *dont* cannot be used:

un système avec les valeurs duquel je ne suis pas d'accord:

... with whose values ...

A similar construction arises with compound prepositions such as *au cours de:*

une manifestation au cours de laquelle plusieurs étudiants furent blessés

(ii) Note particularly its use with *façon* and *manière:*

— *selon la façon dont l'adolescent a accompli son développement...:*

according to the way in which the adolescent ...

(iii) Note the form *ce dont:*

— *Ce dont on rêve aujourd'hui... c'est d'une adaptation...:*

What one dreams of today ...

This form is used when the verb governing *ce que* takes *de:*

Ce dont je me souviens...:

What I remember ...

4 Indefinite Pronouns

l'un... l'autre, les uns... les autres

(a) 'some (people) ... others':

— *Les uns acceptent plus ou moins... les autres refusent...:*

Some accept more or less ... others reject ...

(b) 'both':

— *la violence par laquelle l'une et l'autre se manifestent.*

(c) 'each other':

— *Ils se détestent les uns les autres* (*l'un l'autre*):

They hate each other.

Ils se parlent les uns aux autres (*l'un à l'autre*).

Ils ont peur les uns des autres (*l'un de l'autre*).

Note that in many cases the reciprocal meaning of the verb is clear enough anyway:

Les étudiants et les autorités se détestent.

5 Comparison

(a) plus de, moins de

Plus de cinq cents ouvrages...:

More than 500 works ...

Plus de, moins de translate 'more than', 'less than' before a number, unless a comparison is intended. Compare:

Il mange plus de cinq pommes.

Il mange plus que deux hommes.

(b) aussi, si: 'such'

— *faire donner de la matraque sur d'aussi tendres têtes:*

to have such tender heads clubbed.

'Such', used to intensify an adjective, is translated by *aussi* or *si:*

Je n'avais jamais vu des manifestations aussi violentes!

Cela leur a posé de si grands problèmes!

6 Prepositions

à — *à leur tour:* in their turn

— *à ce sujet:* about this, on this subject

de is used with *façon* or *manière* in phrases such as:

— *d'une certaine manière:* in one way

de cette façon: in this way

— *la façon dont l'adolescent...:*

the way in which the adolescent ...

en occurs in many adjective phrases:

— *les lycéens en colère:* angry schoolboys

— *en tout cas:* in any event

UNIT 6

Drills

(1) The Subjunctive After verbs expressing a wish.
A propos d'une manifestation de lycéens.

Exemple: Mais on fait venir les gendarmes! C'est le directeur qui a voulu ça?

Réponse: Hé oui! Le directeur a voulu qu'on les fasse venir.

1 Heureusement les gendarmes ne vont pas intervenir. C'est le ministre qui a conseillé cela?

2 Mais est-ce qu'on se battra malgré tout, car certains lycéens le veulent, n'est-ce pas?

3 Les chefs des lycéens iront voir le directeur? C'est lui qui a demandé cela?

4 Alors les méthodes seront changées? Les étudiants ont exigé cela?

5 Mais la violence disparaîtra-t-elle? Car tout le monde le souhaite, n'est-ce pas?

(2) The Subjunctive After verbs expressing emotion.
Un lycéen parle avec son père, après la manifestation.

Exemple: Eh bien voilà! Les gendarmes sont partis! Tu es content?

Réponse: Bien sûr, je suis content qu'ils soient partis.

1 Et personne n'a été blessé! Tu es étonné?

2 Alors, nous avons gagné! Cela t'ennuie?

3 Et l'agitation va se généraliser. C'est de cela que tu as peur, n'est-ce pas?

4 Et nous ferons peut-être des bêtises! C'est cela que tu crains?

5 Mais les temps ont changé, voyons! C'est cela que tu regrettes?

(3) Tenses *depuis, cela fait... que*
Les journalistes interrogent les manifestants.

Exemple: Depuis combien de jours manifestez-vous? un jour? deux jours?

Réponse: Cela fait deux jours que nous manifestons.

1 Depuis quand la police est-elle là? une heure? deux heures?

2 Depuis combien de temps vos chefs sont-ils avec le directeur? deux heures? trois heures?

3 Depuis quand attendez-vous une réponse à vos revendications? trois heures? quatre heures?

4 Depuis quand protestez-vous contre les méthodes de votre enseignement? quatre ans? cinq ans?

5 Depuis quand vous intéressez-vous à la politique? un an? six mois?

Exercises

(4) The Subjunctive Translate:
1 The students want the police to leave at once. 2 The professor is annoyed that the police have come. 3 They are sorry you were not able to come. 4 Parents would like their children to take their place in society. 5 The authorities are furious that the demonstrators have destroyed the building. 6 I am afraid the demonstrators have already set off.

(5) Tenses with *depuis* Translate:
1 The authorities have been trying for years to face up to this question. 2 When I arrived, they had been demonstrating since four o'clock. 3 The discussion has been going on since this morning. 4 They had known for several days that there would be violence. 5 The students have been demanding these rights for a long time! 6 We knew they had been talking ever since the arrival of the president.

(6) Relative Pronouns *lequel, etc; dont*

Exemple: Les lycéens revendiquent des droits. Ils sont prêts à se battre pour ces droits.

Réponse: Les lycéens revendiquent des droits pour lesquels ils sont prêts à se battre.

Exemple: L'auteur de l'article semble comprendre la jeunesse d'aujourd'hui. J'ai lu cet article.

Réponse: J'ai lu un article dont l'auteur semble comprendre la jeunesse d'aujourd'hui.

1 Il faut comprendre les problèmes sociaux. Les jeunes s'intéressent le plus à ces problèmes. 2 Voici un article. A la fin de cet article il y a des idées positives. 3 On critique les effets de la télévision sur les adolescents. Que faut-il penser de la télévision? 4 Les adultes jouissent de privilèges. Les jeunes critiquent ces privilèges. 5 On s'est attaqué aux étudiants. Il y avait eu une discussion entre ces étudiants. 6 Le héros a triomphé du vilain. Peut-on s'identifier à ce vilain?

(7) Relative Pronouns *lequel, etc; dont* Translate:
1 He asked the students to tell him the name of the lycée in front of which they had demonstrated. 2 This lycée, whose headmaster was accused of being political, was shut down for two months. 3 The students don't realise the advantages they enjoy over other young people. 4 What they need today is discipline. 5 He was very pleased at the way he was working.

(8) Indefinite Pronouns *l'un... l'autre* Translate:
1 The students are angry: some are demonstrating, others are fighting. 2 If they are to change the system, school and university students need each other. 3 The two groups have asked for each other's help and have decided to meet in front of the lycée. 4 The chief of police and the president of the university have a lot of respect for each other. 5 The policeman and the student were standing next to each other. 6 The groups of demonstrators called to each other. 7 We spoke to a student and to a lecturer: both rejected the police's explanation.

Le conflit des générations

Il ne faudrait pas croire que le problème du conflit des générations date d'aujourd'hui. Il est vraisemblable que de tous les temps les fils se sont plus ou moins dressés contre leurs pères. Cependant malgré l'ancienneté de ce problème il faut noter qu'il a pris à notre époque moderne une signification nouvelle et une acuité toute particulière.

vraisemblable: probable
se dresser: to rise up
ancienneté (f): age
acuité (f): acuteness

Les copains et leurs parents

Le domaine où l'on s'attend le plus naturellement à voir apparaître ce conflit des générations, c'est celui des relations entre les copains et leurs parents. Il est intéressant de constater qu'une enquête faite auprès des jeunes par l'émission 'Salut les copains' révèle que 96% des interrogés répondent: 'Nos parents ne nous comprennent pas' et que 4% seulement considèrent qu'il n'y a pas de différence, qu'il y a bonne entente entre leurs parents et eux. Il est plus illuminant encore de voir le commentaire fait par le publiciste A. Denner à propos de ces 4%: 'Du moment qu'ils ne sont pas en révolte ou en opposition avec leurs parents, ce ne sont pas des teenagers'.

domaine (m): field, area
s'attendre: to expect
constater: to note
enquête (f): survey
auprès de: among
entente (f): understanding
publiciste (m): journalist, broadcaster
du moment que: if, since

Ce qu'ils leur reprochent

Que disent les jeunes eux-mêmes (ou du moins ceux qui participent aux discussions organisées)? Bien entendu toutes les nuances sont exprimées: il y a ceux (4% ou davantage) qui s'entendent au mieux avec leurs parents et ne considèrent pas qu'il y ait là un problème. D'autres, cependant, réfutent l'autorité parentale pour les raisons déjà invoquées: 'Ils ne sont pas du tout dans le coup, voilà mon avis. Ils ont des idées dépassées sur la jeunesse et la jugent selon des principes qui étaient bons il y a deux siècles... Les problèmes ont changé, ils devraient le comprendre' (*Salut les copains*). 'Mon père ne connaît qu'une réponse: de mon temps...' (*Age tendre*). 'Je n'ai certes pas d'admiration, notamment pour mon père, avec qui je ne suis pas du tout d'accord. Je n'approuve ni sa façon de vivre, ni ses sentiments politiques... je ne lui reconnais aucune autorité pour me conseiller...' (*Nous les garçons et les filles*).

bien entendu: of course
nuance (f): shade of opinion
cependant: however
réfuter: to refuse, reject
invoquer: to mention
dans le coup (sl): with it
dépassé: out of date
siècle (m): century
notamment: in particular
être d'accord: to agree

Ce qu'ils reconnaissent

Mais est-ce une révolte totale? Non, il y a des limites. La correspondante de *N.G.F.* citée à l'instant termine par: 'Malgré cela, ce sont mes parents et je les aime bien quand même.' Ou bien, de façon plus désabusée (toujours *N.G.F.*): '... et je me dis que c'est quand même grâce à eux si je suis là, alors...' On reconnaît même que les parents ont une plus grande expérience: 'Les parents ont plus d'expérience que nous et ils devraient ressentir le besoin de l'échanger... d'aborder tous les problèmes sans exception' (*N.G.F.*), mais on leur demande de l'adapter, de faire preuve de compréhension ('l'échanger' et non 'l'imposer' avec force de loi).

citer: to quote
quand même: all the same
ou bien: or
désabusé: disillusioned
grâce à: thanks to
ressentir: to feel

Ce qu'ils attendent de leurs parents

Beaucoup de copains déplorent en fin de compte une difficulté de communication. Tel celui-ci à qui l'on demandait s'il avait le droit à la parole (*Age tendre*): '... j'adore expliquer... mais cela n'a jamais servi qu'à moi.' Des jeunes reprochent à leurs parents de ne pas savoir se mettre à leur place: 'Les miens je les aime

déplorer: to complain of
tel: as for example

bien, mais on dirait qu'ils n'ont jamais eu mon âge.' Beaucoup insistent sur la nécessité d'une plus grande confiance mutuelle: 'Certains professeurs se font cha-huter parce qu'ils nous prennent de haut... les plus sympathiques sont ceux qui nous font confiance: ils se font respecter. A la maison, c'est un peu pareil. Un peu plus de confiance et de compréhension de la part de nos parents et ça irait beaucoup mieux.' 'Ils devraient avoir une plus grande confiance en nous... garder ses distances n'est pas nécessaire pour conserver son autorité.' Autrement dit, nombreux aimeraient que leurs parents soient davantage des camarades, des 'copains', pour eux. Mais certains doutent que ce soit possible: 'Sûrement pas copains! Peut devenir copain celui qui a les mêmes goûts et les mêmes distrac-tions.'

confiance (f): trust
chahuter (sl): to rag
sympathique: pleasant, likeable
pareil: similar

nombreux: many (people)

goût (m): taste
distraction (f): amusement

Les avis sont évidemment partagés et dépendent avant tout du milieu familial dans lequel vit celui ou celle qui répond. Pourtant, on l'a vu, il y a des tendances générales et, pour citer de nouveau l'enquête faite par l'émission 'Salut les copains', il y aurait des expressions qui se retrouveraient dans toutes les réponses: 'liberté', 'besoin de liberté', 'on ne me rend pas assez libre'. Cela expli-querait peut-être que les copains cherchent à se libérer d'une autre façon, au moyen d'autres exutoires, comme la musique, le rythme, la mode, etc....

partager: to divide
pourtant: however, and yet
de nouveau: again
se retrouver: to be repeated

exutoire (m): outlet
mode (f): fashion

Comment ils éduqueront leurs enfants

Il y a une question qui a été posée, à ce propos, dans la plupart de ces tables rondes ou enquêtes: 'Comment éduquerez-vous vos enfants?' ou 'que feriez-vous à leur place?' Les copains laisseront-ils donc, plus tard, une plus grande liberté à leurs enfants? Bien entendu, la plupart se sont attribué, pour l'avenir, les qua-lités mêmes qu'ils trouvaient absentes chez leurs parents. Pourtant, sur ce point, leur conviction semble avoir des limites, comme en témoigne cette charmante réponse d'une jeune fille de 17 ans: 'Ils ont oublié leur jeunesse, j'espère ne pas oublier la mienne.'

table ronde: discussion
éduquer: to bring up

bien entendu: naturally

jeunesse (f): youth

J. M. Deramat: *Pourquoi tous ces copains?*

Notes

Salut les copains: (a) émission radiophonique inaugurée en 1959 et destinée à une clientèle très jeune; (b) magazine illustré, lancé en 1964, et consacré à la musique 'pop' et à ses jeunes interprètes. Ce magazine, qui prolongeait le succès de l'émission, fut bientôt suivi par *Mademoiselle âge tendre*, adressé aux jeunes filles, et *Nous les garçons et les filles.*
copain: camarade; *les copains*: les jeunes.

destiné: aimed at
clientèle (f): audience
consacré à: dealing with
interprète (m or f): singer
adressé à: written for

Further Vocabulary

Il ne faudrait pas croire: one shouldn't think
qui s'entendent au mieux avec...:
who are on the best possible terms with . . .
je ne lui reconnais aucune autorité:
I don't accept that he has any authority.
aborder tous les problèmes: to deal with every problem
faire preuve de compréhension: to show they understand
l'échanger et non l'imposer: sharing it and not imposing it
en fin de compte: when all's said and done
s'il avait le droit à la parole:
if he was allowed to say what he thought

on dirait qu'ils n'ont jamais eu mon âge:
you'd think they'd never been my age
ils nous prennent de haut: they patronize us.
ceux qui nous font confiance: those who trust us
garder ses distances n'est pas nécessaire:
it's not necessary to keep one's distance
autrement dit: in other words
peut devenir copain celui qui...:
the only person who can become a 'copain' is someone who . . .
le milieu familial: the home environment
comme en témoigne cette réponse:
as is indicated by this reply

Verb Constructions

approuver qch.: to approve of sth.
s'attribuer qch.: to credit o.s. with sth.
participer à qch.: to take part in sth.
servir à qn.: to be of use to s.o.
dépendre de qch. (de qn.): to depend on sth. (on s.o.)
s'attendre à (faire) qch.: to expect (to do) sth.

terminer par (faire) qch.: to finish with (by doing) sth.
sembler faire qch.: to seem to do sth.
reprocher à qn. de faire qch.:
to criticise s.o. for doing sth.
demander à qn. de faire qch.: to ask s.o. to do sth.

A Questions à préparer

1 Depuis quand le problème du conflit des générations existe-t-il?
2 Que pensent la majorité des jeunes, selon l'enquête faite par 'Salut les copains'?
3 Que dit M. Denner de la minorité? Pourquoi?
4 Qu'est-ce que les jeunes reprochent à leurs parents?
5 Mais que reconnaissent-ils à leurs parents?
6 Comment les parents et les professeurs peuvent-ils se faire respecter, selon les jeunes?
7 Pourquoi certains jeunes ne veulent-ils pas que leurs parents soient des camarades?
8 Quelle est l'idée qui se retrouve, dans toutes les réponses?
9 Comment cette idée est-elle souvent exprimée?
10 Comment mettront-ils leurs idées à exécution quand, à leur tour, ils seront parents?

B Sujet de rédaction à discuter

Les fils ressemblent plus à leur temps qu'à leurs pères (proverbe musulman). Discutez.
(1) Expliquez ce proverbe.
(2) Qu'est-ce qui exerce la plus grande influence sur vos idées: la famille? le milieu social? Estimez-vous que vos parents et vos professeurs soient suffisamment

prêts à partager leur expérience? Dans quels domaines ce dialogue est-il le plus nécessaire?
(3) 'Les problèmes ont changé.' — Quels problèmes? Avez-vous suffisamment de liberté personnelle? Acceptez-vous certaines limites à cette liberté? Pourquoi?
(4) Comment se caractérise l'époque actuelle? Enumérez les caractéristiques qui semblent être en faveur de la jeunesse. Quelles sont les principales qualités des jeunes et leurs principaux défauts? Dans quels métiers ou professions la jeunesse vous semble-t-elle être une qualité nécessaire, ou recommandée? Dans quels domaines de la vie sociale l'âge, l'expérience sont-ils prisés aujourd'hui? A juste titre, ou non?
(5) Essayez de résumer l'importance relative de l'influence exercée sur les adolescents (*a*) par les adultes — parents et professeurs, (*b*) par les moyens de communication de masse — la publicité, la mode, etc., et (*c*) par leurs contemporains.

Plan proposé: (1) Expliquez le proverbe. Quelle est, à votre avis, l'attitude des jeunes envers leurs parents? Êtes-vous de l'avis de M. Denner? (2) L'influence exercée sur les jeunes par les idées de l'époque, par le milieu. (3) Le rôle des parents. (4) Résumez les arguments. Dites votre point de vue.

Grammar

1 The Subjunctive

(*a*) Required after verbs expressing **doubt** or **denial:**
— *certains doutent que ce soit possible:*
some people doubt whether . . .
On nie qu'il y ait là un problème:
It is denied that there is a problem.
(*b*) Required after verbs of **saying** and **thinking** used negatively or interrogatively, i.e. when there is an idea of doubt or supposition:
— *Il ne faudrait pas croire que le problème... date d'aujourd'hui:*
One shouldn't think that the problem . . . is a new one.
— *il y a ceux qui... ne considèrent pas qu'il y ait là un problème:*
there are those who . . . don't think there is a problem.
(*c*) Required in expressions of **possibility,** since such

expressions imply doubt:
Il est possible qu'il y ait là un problème,
(*d*) Required after verbs expressing **understanding** of a fact or an **attitude** to a state of affairs:
— *Cela expliquerait... que les copains cherchent à se libérer:*
That would explain why (explain the fact that) . . .
— *on conçoit que les pouvoirs publics s'alarment....:*
one can well imagine why (it is understandable that) the authorities are getting alarmed . . . (passage 6)
Je comprends qu'il ait voulu quitter sa famille:
I can well understand why (i.e. it does not surprise me) . . .
When used with *pourquoi* or *comment* such verbs are followed by the indicative:
Je ne comprends pas comment cela s'est passé.

2 Tenses

The conditional

Note the following idiomatic uses:

(a) — *Ils devraient avoir une plus grande confiance en nous:*

They should have (they ought to have) greater confidence in us. (see 1.2*a*)

— *Il ne faudrait pas croire...:*

One shouldn't believe ...

The conditional of *falloir* has the same meaning as the conditional of *devoir*. It is often used to soften the imperative force of *il faut*:

Il faut partir: You must leave.

Il faudrait partir: I think you should leave.

(b) — *on dirait qu'ils n'ont jamais eu mon âge:* you'd think ...

(c) — *pour citer de nouveau l'enquête... il y aurait des expressions...:*

there are (there would seem to be) some expressions ...

The conditional tense is often used in French when passing on second-hand information. Its use implies that the writer does not accept responsibility for the information or opinions thus reported.

3 Negatives

(a) Position

(i) — *ils n'ont jamais eu mon âge:*

they've never been my age (never been young).

In compound tenses *pas, plus, jamais* and *rien* are placed before the past participle.

(ii) — *cela n'a jamais servi qu'à moi:*

I'm the only person it's ever been of use to.

Il n'a vu personne.

Que and *personne* follow the past participle in compound tenses.

(iii) In the construction *ne... que* the *que* precedes the phrase it modifies:

Ils ne réfutent l'autorité parentale que pour affirmer la leur:

They only reject their parents' authority in order to assert their own.

(iv) — *Des jeunes reprochent à leurs parents de ne pas savoir se mettre à leur place:*

... criticise their parents for not knowing ...

Ne pas, ne plus, ne jamais and *ne rien* are placed together before a present infinitive:

Ils leur reprochent de ne rien comprendre.

(b) *aucun, aucune*

— *je ne lui reconnais aucune autorité:*

I don't consider he has any authority.

Aucune question n'a été posée:

No question was asked.

Aucun is used only in the singular; *ne* is always used if there is a verb. As an **adjective,** *aucun* means 'no', 'not any', 'not a single'; as a **pronoun** it means 'none', 'not one':

Quelle autorité ont-ils? — Aucune!

Tous les interrogés ont compris la question, mais aucun n'y a répondu.

(c) *ne... ni... ni*

— *Je n'approuve ni sa façon de vivre ni ses sentiments politiques:*

I approve neither of his way of living nor of his political opinions.

In this construction the first *ni* may be replaced by another negative (*pas, plus, jamais,* etc.):

Je n'approuve pas sa façon de vivre ni ses sentiments politiques:

I don't approve of his way of living **or** of his political opinions.

The English 'or' after a negative verb in such constructions is translated by *ni.*

Note that 'either', 'neither', 'nor', used emphatically after a negative are translated by *non plus:*

Je n'approuve pas ses sentiments politiques, et je n'aime pas sa façon de vivre non plus:

I don't approve of his political opinions, nor do I like his way of life.

Ni moi non plus:

Neither do I (can I, shall I, etc.).

(d) *et non*

— *'l'échanger' et non 'l'imposer':*

to share (their experience) and not to impose it.

Ils cherchent des conseils et non pas des ordres.

'And not', followed by a noun, pronoun, adverb or infinitive, is translated by *et non* or *et non pas* (or, in spoken French, by *et pas*).

4 Indefinites *même*

(a) — *Que disent les jeunes eux-mêmes?*

When forming the emphatic pronouns 'myself', 'themselves', etc., *même* agrees.

(b) *les mêmes goûts et les mêmes distractions.*

As an adjective *même* agrees; placed before the noun it means 'the same ...', and after the noun, 'the very ...':

— *les qualités mêmes qu'ils trouvaient absentes...*

(c) — *On reconnaît même que les parents ont une plus grande expérience.*

As an adverb *même* is invariable and means 'even'.

(d) — *je les aime bien quand même.*

— *c'est quand même grâce à eux si je suis là.*

Note the expressions *quand même, tout de même:* 'nevertheless', 'all the same', 'even so'.

5 Demonstrative Pronouns   *ce* and *il*

(*a*) **Revise** the uses of *ce* (see 4.1a)

(*b*) *Il, elle* translate 'it' when referring back to a particular noun:

— *la violence... Peut-on dire... qu'elle est stimulée...?*
(passage 6)
— *malgré l'ancienneté de ce problème... il a pris...*

(*c*) *Il* is used impersonally with a number of verbs:

— *Il ne faudrait pas croire que:*
It mustn't be thought that ...
— *il suffit d'avoir le baccalauréat:*
all you need to have is ... (passage 4)

(*d*) *Il est* is frequently used in the following construction with adjective + *de* + infinitive + object:

— *Il est intéressant de constater que...*
— *Il est plus illuminant encore de voir le commentaire...*
— *il serait préférable pour moi d'entrer à l'université.*
(passage 4)
For other examples, see 2.1*b*.
Note also the construction *il est* + adjective + *que*:
— *Il est vraisemblable que...:*
It is probable that ...

6 Participles   Agreement of the Past Participle

In pronominal verbs, the past participle agrees with the **direct** object pronoun:

— *les fils se sont dressés contre leurs pères:*
sons have opposed their fathers.

But if the pronoun is the **indirect** object, there is no agreement:

— *la plupart se sont attribué les qualités mêmes....:*
most attributed to themselves the very qualities ...

7 Prepositions

à
— *au moyen de...:* by means of ...
— *citée à l'instant:* quoted above, just now
— *à propos de ces 4%:*
with regard to these 4%
— *à ce propos:* in this connection

de
— *de mon temps:* in my time, in my day
— *de tous les temps:*
in every period of history
— *le besoin de l'échanger:*
the need to exchange it
— *de la part de...:*
on the part of ..., from ...
— *du moins:* at least, at any rate

avant
— *avant tout:* above all

chez
— *les qualités qu'ils trouvaient absentes chez leurs parents:*
... which they found lacking in their parents

🎲 Drills

(1) **The Subjunctive**   After verbs of saying and thinking, used interrogatively.

A propos du conflit des générations: deux jeunes doutent qu'il y ait là un problème.

Exemple: Tout le monde dit que les parents sont trop sévères.

Réponse: Mais toi, penses-tu vraiment que les parents soient trop sévères?

1 Tout le monde dit qu'il y a un problème de communication entre les parents et les jeunes.
2 Certains disent que les parents ne savent pas se mettre à la place des jeunes.
3 Tout le monde dit que les idées des parents sont dépassées.
4 Tout le monde dit que les parents devraient aborder tous les problèmes, sans exception.
5 Certains disent que les parents ne font pas preuve de compréhension.

(2) **The Subjunctive**   After verbs of saying and thinking, used negatively.

Deux parents, dont l'un est 'traditionaliste', parlent du conflit des générations.

Exemple: Vous croyez que les parents savent se mettre à la place des jeunes?

Réponse: Non! Je ne crois pas que les parents sachent se mettre à la place des jeunes — bien au contraire!

1 Et vous croyez que les professeurs font preuve de compréhension?
2 Vous dites que les jeunes sont raisonnables?
3 Et vous croyez que les jeunes veulent partager leurs idées?
4 Vous pensez que les parents ont une plus grande expérience?
5 Et vous pensez que ces changements peuvent se faire tout d'un coup?

UNIT 7

Exercises

(3) The Subjunctive   Translate:

1 Do you think they are going to protest?   2 I can well understand that you should want to leave!   3 I doubt whether you really understand the problem.   4 Do you really think that parents don't show enough understanding?   5 I am not saying that there is an easy solution.   6 It is very possible that my ideas are out of date.   7 Do you understand how this happened?   8 I don't think that she wanted to liberate herself.

(4) Tenses   Translate:

1 I think you should show more understanding.   2 According to one of the magazines there are too many parents who forget that they were young themselves.   3 You'd think young people never had any freedom.   4 Parents should deal with any of their children's problems.   5 A survey shows that there are some questions which young people will answer more easily when they are older.

(5) Negatives   Translate:

1 We saw nobody, even in the café.   2 He's never accepted my friends.   3 I don't like their attitude or the way they dress.   4 They tell them not to come home late.   5 When I'm older I certainly won't have the same ideas as them.   6 All the same, they should try to understand today's problems and not those of thirty years ago.   7 Each one will only be open for a few hours every day.   8 I didn't like my teachers; and he didn't like his either.   9 'The young people didn't have any experience.' Neither did their parents!   10 Not one of these young people approved of the way in which their parents had brought them up.

(6) Demonstrative Pronouns   ce, il, celui, etc.   Translate:

1 It mustn't be thought that the 'generation gap' is a new problem: on the contrary, it is old — as old as time!   2 It is better to go to school than to stay at home.   3 This is a new situation: it is very difficult to get used to it.   4 That family did not get on well: it was obvious!   5 It was obvious that his parents did not approve of his ideas.   6 The advice they offered him was good, but it was old-fashioned.   7 They were teenagers: it was easy to see.   8 He was an intelligent boy who seemed to take everyone's advice, except that offered him by his parents.   9 There have been several surveys; the one I took part in was organised by a television programme.   10 Is violence characteristic of young people? Some experts say that it is neither good nor bad, but just a form of energy.

(7) Past Participle Agreement   Translate:

1 They had wondered what they should do.   2 They had never got on together.   3 They had seen each other often, but had never spoken to each other.   4 They had listened to each other, without understanding a thing.   5 They had expected to see him.

Les Jeunes

(1) Les jeunes et leurs parents

Sur quels sujets êtes-vous le plus souvent en désaccord avec vos parents?
— Entente parfaite   11%
— Problèmes des sorties, des loisirs, de la liberté, du sport   43%
— La mode actuelle, les cheveux longs, les chanteurs, la télévision, la radio   26%
— Les fréquentations   8%
— Les études, la situation, l'avenir   19%
— L'argent de poche, l'utilisation de l'argent   11%
— Problèmes moraux, intellectuels, sexuels, religieux, politiques   5%
— Autres problèmes (agriculture, éducation des frères et sœurs, etc.)   9%
— Incompréhension générale, conflit de générations   7%
— Ne répondent pas   4%
(Total supérieur à 100, en raison des réponses multiples.)

(Sondage de l'I.F.O.P.)

(1) 1 Avez-vous l'impression, d'après ces chiffres, que les jeunes Français ressemblent aux jeunes de votre pays?
   2 Trouvez-vous normale, ou pas normale, la situation décrite dans ces chiffres?

désaccord (m): disagreement
entente (f): understanding, agreement
sortie (f): outing
fréquentation (f): friendship
situation (f): (1) job, (2) situation

(2) Les jeunes et leurs loisirs

Quelle est votre façon préférée de passer un dimanche après-midi? (jeunes de 15–20 ans)

	Garçons	Filles
Lecture, musique, théâtre, conférences	4	8
Télévision	6	9
Voir des amis	22	19
Aller danser	16	15
Cinéma	16	13
Bricolage/tricot, couture	2	4
Sports	22	4
Se promener en famille	11	25
Autres réponses	1	2

(2) 3 Ces préférences sont-elles comparables aux vôtres?
   4 Quelle est l'importance (a) de la famille, (b) des camarades dans ces préférences? Y a-t-il d'autres influences qui entrent en jeu?

lecture (f): reading
conférence (f): lecture
bricolage (m): odd jobs
tricot (m): knitting
couture (f): sewing

8

La libéralisation de la famille

Selon le sociologue américain William Goode, les relations entre membres d'une même famille deviennent de moins en moins soumises à des formules rigides, de type autoritaire.

— Dans une récente conférence que vous avez faite à Oxford sur la famille et les Droits de l'homme, vous prôniez l'égalitarisme non seulement entre mari et femme, mais aussi entre parents et enfants. Comment cela est-il pratiquement réalisable? On vous dira que de jeunes enfants ne sont pas assez mûrs pour prendre des décisions importantes.

— Chaque fois qu'il s'agit de prendre une mesure libérale et égalitaire, la majorité des gens commencent par crier 'casse-cou'. Et ils se trompent.

De même, combien de parents redoutent que leurs enfants ne fassent des bêtises lorsqu'ils se marient en dehors de leur contrôle. Mais les chiffres prouvent que ce n'est pas vrai. La majorité des jeunes épousent des gens du même niveau social que le leur et, d'après une enquête menée auprès de la jeunesse belge, 61% des personnes interrogées admettent que pour les jeunes les considérations matérielles au moment du mariage entrent en ligne de compte.

En ce qui concerne les relations parents–enfants, j'estime que les enfants doivent être amenés à partager les responsabilités au sein de la famille, assez vite, avant même qu'ils soient mûrs. Car c'est cette accession aux responsabilités qui les mûrira. Un enfant doit apprendre à se comporter en homme libre et responsable, et c'est au sein des relations familiales que cette liberté et cette responsabilité doivent d'abord se manifester. Les travaux de la sociologie moderne nous ont montré le lien qu'il y a entre une éducation trop autoritaire et le développement de la personnalité intolérante, fanatique, pleine de préjugés sociaux et raciaux. De sorte que la libéralisation au sein de la famille est bénéfique pour la société entière.

— Est-ce que cette évolution de la famille va dans le sens d'un plus grand bonheur? L'homme sera-t-il plus heureux?

— Tout dépend si l'on met l'accent sur le sentiment de sécurité ou le sentiment de liberté. Moins les relations humaines sont codifiées, plus les décisions retombent sur les épaules de l'individu. Il est de moins en moins encadré, soutenu par la société, la famille. L'accroissement de la liberté signifie l'accroissement des risques et de la solitude, et par conséquent des accidents. Cependant je pense que l'on est libre surtout pour quelque chose: l'épanouissement des possibilités de la personne, le droit à l'amour, le droit de choisir soi-même et d'assumer son destin. Et c'est là qu'à mon avis il y a progrès.

Tanneguy de Quénétain, *Réalités*

soumis: subject
formule (f): formula
conférence (f): lecture
prôner: to advocate
égalitarisme (m): (principle of) equality
mûr: mature
chaque fois que: whenever
se tromper: to be mistaken
de même: similarly
redouter: to fear
bêtise (f): silly mistake
chiffre (m): figure
épouser: to marry
d'après: according to
belge: Belgian
admettre: to accept
estimer: to consider
amener: to lead, bring
partager: to share
au sein de: within, in the sphere of
mûrir: to (make) mature
se comporter: to behave
lien (m): link
préjugé (m): prejudice
bénéfique: beneficial
sens (m): direction
bonheur (m): happiness
sentiment (m): sense, feeling
encadrer: to surround
signifier: to mean
soutenir: to support
solitude (f): loneliness
cependant: however

Further Vocabulary

comment cela est-il pratiquement réalisable?:
how can that be achieved in practice?
crier 'casse-cou': to sound a warning
en dehors de leur contrôle: without reference to them
une enquête menée auprès de....
a survey carried out amongst . . .
(elles) entrent en ligne de compte:
they are relevant, important
en ce qui concerne....
as concerns . . ., as far as . . . is concerned

cette accession aux responsabilités:
taking on responsibilities in this way
tout dépend si l'on met l'accent sur....
it all depends (on) whether one stresses . . .
l'accroissement de la liberté: more freedom
l'épanouissement des possibilités de la personne:
bringing out a person's potential
assumer son destin: to be responsible for one's fate

UNIT 8

A Questions à préparer

1 De quelle façon les relations au sein de la famille sont-elles en train de changer?
2 Pensez-vous que l'égalité totale entre parents et enfants soit possible?
3 Dans quelles conditions les jeunes considèrent-ils le mariage?
4 Comment les jeunes peuvent-ils devenir mûrs?
5 Quelles peuvent être les conséquences d'une éducation trop autoritaire?
6 Peut-on affirmer que l'évolution de la famille apporte plus de bonheur?
7 Quelles sont les problèmes d'un accroissement de la liberté? Mais quels en sont également les avantages?

❖ B Sujet de rédaction à discuter

Jusqu'à quel point l'égalitarisme entre parents et enfants est-il réalisable ou souhaitable?

(1) Comment expliquez-vous le fait que 'les relations entre membres d'une même famille deviennent de moins en moins soumises à des formules rigides'? Quels sont les facteurs sociaux qui encouragent cette tendance?

(2) Qu'est-ce qui pousse les parents à agir d'une manière autoritaire envers leurs enfants? Comment arrivent-ils à limiter la liberté de leurs enfants? Ont-ils toujours tort d'exercer un tel contrôle?

(3) Quelles seraient les conséquences d'un égalitarisme total dans la famille? Donnez des exemples, en disant dans chaque cas si les conséquences seraient bonnes ou mauvaises, pour les jeunes comme pour leurs parents.

(4) L'épanouissement de l'individu dépend-il des jeunes, de leurs parents, ou de la société en général? Comment y parvenir?

Plan proposé: (1) La libéralisation de la famille à l'époque actuelle. (2) Pour et contre l'autorité des parents. (3) Conséquences de l'égalitarisme. (4) Réalisable? Souhaitable? Dites votre opinion.

Grammar

1 The Subjunctive

(a) The subjunctive is used in certain time clauses, when the future event is viewed as a possibility, after *avant que*, *jusqu'à ce que*, *en attendant que*:

— *les enfants doivent être amenés à partager les responsabilités... avant même qu'ils soient mûrs:*
... even before they are mature.

Les parents prennent les décisions importantes jusqu'à ce que leurs enfants soient mûrs:
... until their children are mature.

En attendant que ('until') could replace *jusqu'à ce que* in the last example.

Note:

(i) *attendre que:* 'to wait until'
Attendons qu'il vienne nous chercher.

(ii) *Ne... pas avant que:* 'not until'
Je ne partirai pas avant qu'il vienne nous chercher.

(iii) After *avant que*, *ne* may be used, particularly in sentences such as the following:
Partons avant qu'il ne vienne nous chercher.
(Compare the use of *ne* after verbs of fearing (5.1c).)

(b) **Avoidance of the subjunctive**

It is often possible to avoid a construction requiring the subjunctive by the use of:

(i) a **noun:**
Je suis resté jusqu'à son retour (son arrivée, son départ).
Il faut attendre son retour (etc.).
Ne partons pas avant son retour (etc.).

(ii) an **infinitive:**
Ne faites rien avant d'en parler à votre père.
Il a attendu de voir les résultats de l'enquête:
He waited until he could see the results of the investigation.

When the subject of both verbs is the same, an infinitive construction is usually preferred.

2 Comparison

(a) — *Moins les relations humaines sont codifiées, **plus** les décisions retombent...:*
The less human relations are codified, **the more** do decisions fall upon ...

***Plus** les enfants se sentent responsables, **plus** ils se comporteront en gens mûrs:*
The more children feel responsible, **the more** will they behave like mature people.

'The more ... the more', 'the less ... the less', etc., whether comparing adjectives, adverbs or verbs are translated by *plus... plus, moins... moins*, etc.

3 Conjunctions

(a) — *de sorte que la libéralisation au sein de la famille est bénéfique:*
with the result that liberalisation within the family is beneficial

In clauses after *de sorte que, de façon que, de manière que* ('so that'), the indicative is used to express a consequence, a matter of fact. The subjunctive is used only if an idea of purpose is present:

On devrait encourager cette libéralisation de sorte qu'elle puisse être bénéfique pour la société entière: one ought to encourage this liberalisation so that it may benefit the whole of society.

(b) *chaque fois que:* 'whenever'
— *chaque fois qu'il s'agit de prendre une mesure libérale:* whenever the possibility arises of adopting a liberal measure

(c) — *non seulement entre mari et femme, mais aussi entre parents et enfants:*
not only ... but also ...

4 Agreement of Verb

After collective nouns
— *la majorité des gens commencent par crier 'casse-cou'.*
— *La majorité des jeunes épousent des gens du même niveau social.*

Collective nouns such as *la majorité, une minorité,* when linked to a plural noun by *de* or *des,* can be followed by either a plural or a singular verb. The choice is often a subjective one, depending on which noun is felt to be the real subject of the verb. *La plupart* ('most') is always followed by a plural verb.

5 Prepositions

à — *le droit à l'amour:* the right to love
de — *le droit de choisir:* the right to choose
— *de même:* likewise, similarly
en — *se comporter en homme:* to act as a man
par forms many adverb phrases:
— *par conséquent:* consequently

pour — *assez mûrs pour prendre des décisions importantes:* mature enough to take important decisions
Il est trop jeune pour prendre cette décision.
sur — *une conférence... sur la famille:*
a lecture on (about) the family

Exercises

(1) **The Subjunctive** After *avant que*
Exemple: Elle part? Mais je voudrais lui parler!
Réponse: Je voudrais lui parler avant qu'elle (ne) parte!
1 Tu t'en vas? Mais tes parents veulent te parler!
2 Partons! Je ne veux pas qu'ils nous voient!
3 Ne partez pas! Il faut que je vous parle!
Exemple: Ils ne seront pas contents. Vous n'êtes pas encore partis!
Réponse: Ils ne seront pas contents avant que vous (ne) soyez partis!
4 Ils ne renonceront pas à leurs efforts. La société ne reconnaît pas leurs droits. 5 La société ne leur accordera pas de droits. Ils ne sont pas mûrs. 6 L'égalitarisme ne sera guère réalisable. Les parents ne feront pas preuve de compréhension.

(2) **Conjonctions** *de sorte que,* etc.
Put the verb in brackets in the appropriate tense and mood (indicative or subjunctive). Translate your answer:
1 On devrait encourager cette tendance de sorte qu'elle (pouvoir) profiter à la société entière. 2 Il paraît que certains parents ont agi d'une manière trop autoritaire envers leurs enfants de sorte que ceux-ci (se révolter). 3 Son père n'a jamais écouté son fils, de sorte que celui-ci ne lui (reconnaître) aucune autorité pour le conseiller. 4 En revanche certains jeunes s'entendent au mieux avec leurs parents, de sorte que là il n'y (avoir) pas de problème. 5 Ne faudrait-il pas orienter l'énergie des jeunes de sorte qu'elle (servir) les intérêts de la société? 6 On a crié au chef des étudiants de grimper sur le mur de sorte que tout le monde (pouvoir) le voir.

(3) **Translate:**
1 The richer a family is, the more it can help its children when they get married. 2 Relations between parents and children are becoming less and less authoritarian. 3 Most sociologists seem to advocate greater freedom in human relations. 4 The less free people are, the less they will be able to accept responsibilities. 5 His parents were too authoritarian to think of sharing responsibilities within the family. 6 He wasn't sufficiently interested in politics to talk to his parents about his opinions. 7 His parents were always afraid he would do something silly whenever he went out on his own. 8 His parents never gave him any freedom so that he never learnt to behave responsibly.

La publicité et les jeunes consommateurs

◈ L'émergence de la jeunesse en tant que classe a suscité l'intérêt des spécialistes de la vente: à côté des disques apparaissent tous les produits qui sont associés de plus ou moins près à la musique: les guitares électriques, électrophones, transistors, magnétophones, etc. Ensuite vient la mode proprement dite, c'est-à-dire la mode vestimentaire, et dans ce domaine il ne faut pas oublier les produits de beauté qui y occupent une place importante. Mais le catalogue ne s'arrête pas là, on a droit à presque tout: au chewing gum des copains, au Waterman des jeunes, etc., etc. Outre les produits de marque, il y a aussi les magasins spécialisés du type 'Prébac', etc. En effet la marchandise essaie de s'adapter aux jeunes: mode Jeune, rayons Junior dans certains magasins, boutiques 'teenagers', etc.

Ainsi, derrière le 'système' des idoles on voit se profiler les puissances économiques et financières.

Les méthodes publicitaires

Pourquoi le nier en effet, la publicité est la pièce maîtresse du système: c'est elle qui anime Europe n° 1 et les autres stations périphériques, c'est encore qui fait vivre toutes les publications destinées à la jeunesse. Quelle tentation pour le commerçant quel qu'il soit que de pouvoir par quelques mots bien placés toucher un tel auditoire. Certes les jeunes ne sont pas la seule cible de la publicité et la presse des idoles n'est pas la seule à vivre de ses pages commerciales. Mais ici la matière à travailler est plus malléable, l'univers plus imaginaire, et il est plus facile d'y insérer des slogans alléchants: il suffit au publiciste de brandir l'argument massue 'être ou ne pas être un "vrai" copain' et l'affaire est réglée — de toutes façons, personne ne viendra la contredire, car il n'existe nulle part de définition traditionnelle du copain. Pourrait-on rêver de terrain plus favorable?

Du même coup, un véritable langage se crée: un produit n'est pas seulement doué de telle ou telle qualité, il est 'dans le vent'. Une boisson n'est plus seulement agréable on rafraîchissante, elle est la 'boisson copain'. Une autre méthode, beaucoup plus classique, celle-ci, consiste à faire endosser un produit quelconque par une idole; ici, on joue sur l'identification du copain avec sa vedette: pour être comme ton idole, achète une chemise Untel, des chaussettes Machin, etc., etc. Evidemment, cela revient toujours au procédé classique de la publicité: persuader le client que ce n'est que par miracle qu'il a pu vivre jusqu'ici sans tel ou tel produit. Mais ici on essaie de jouer le plus possible au naturel, on donne des 'conseils' sur le ton le plus paternel et le plus bienveillant: allons, voyons, tu fais ce que tu veux, d'accord, mais qu'est-ce que les autres copains vont penser de toi? Comment résister à ces assauts de gentillesse bénévole?

Mais le slogan ne suffit pas encore: il y a les collections, les découpages, les devinettes et, surtout, les concours. Ces derniers, dans la mesure où, le plus souvent, ils impliquent déjà un achat préalable, représentent toujours une bonne affaire pour le publiciste. Très souvent les prix offerts sont faits sur mesure pour les copains: tel ce concours qui, récemment, proposait comme premier prix — un déjeuner avec Johnny Hallyday! Cette méthode semble des plus efficaces et la plupart des produits l'utilisent largement, aussi bien sur les ondes que dans la presse des jeunes. ◈

publicité (f): advertising

consommateur (m): consumer
susciter: to arouse
vente (f): selling, sale

proprement dit: as such
vestimentaire (adj): in dress, in clothing
outre: as well as
marque (f): brand
en effet: and indeed
marchandise (f): goods, products
rayon (m): department
ainsi: thus
puissance (f): power, force

nier: to deny
pièce maîtresse (f): mainstay
commerçant (m): businessman
auditoire (m): (radio) audience
cible (f): target
malléable: impressionable
alléchant: tempting
brandir: to use, bring out
régler: to settle
contredire: to contradict
nulle part: nowhere
être doué de: to possess
dans le vent (sl): with it
boisson (f): drink
endosser: to endorse
vedette (f): (film) star
évidemment: of course
procédé (m): method
bienveillant: kindly

découpage (m): cut-out
devinette (f): quiz
concours (m): competition
ces derniers: the latter
publiciste (m): advertiser
efficace: effective
ondes (f.pl): radio (waves)

Johnny...
*Derrière le système des idoles on voit se profiler les puissances
économiques et financières...*

Les jeunes – une clientèle nouvelle

Que montre, avant tout, cette spécialisation de la publicité et des produits adressés aux jeunes?

Cela montre principalement que les jeunes, en même temps qu'ils ont accédé au statut de véritable classe sociale, ont été tout d'abord reconnus par les marchands comme une classe de 'consommateurs' en puissance. Comme le dit M. Marcel Bleustein-Blanchet: 'Un publiciste ne doit pas aujourd'hui s'adresser seulement aux adultes, mais considérer également les jeunes comme des interlocuteurs de poids.' *statut* (m): status

également: also, equally

A quoi tient cette prise de conscience, extrêmement nouvelle? Elle s'appuie tout d'abord sur des chiffres. Numériquement, les jeunes d'aujourd'hui forment une clientèle prodigieuse. *chiffre* (m): figure, statistic

En effet, ce qui caractérise cette 'nouvelle vague', outre l'accroissement numérique, c'est une indépendance de plus en plus affirmée qui fait de la jeunesse un 'monde à part', avec ses tendances et ses réactions propres. Une des causes essentielles de cette indépendance est le progrès des techniques de l'information (presse, radio, télévision) qui font désormais participer directement les jeunes aux activités techniques, sociales, économiques de la France et du monde entier.

vague (f): wave
outre: in addition to
accroissement (m): increase
à part: separate
propre: own, special
désormais: now, from now on

Rien d'étonnant, alors, à ce qu'on voie apparaître, derrière toutes les manifestations liées aux jeunes, des commerçants avides d'exploiter cette clientèle nouvelle. Mais cela va plus loin encore, le jeune n'est pas seulement un client direct, son influence se fait également sentir dans les autres couches de la population. Tout d'abord, le jeune est l'adulte de demain, et le publiciste doit prendre ceci en considération à partir du moment où il le 'prend en main'. Mais d'autre part: 'Un aspect intéressant est la promotion des ventes non seulement à des teenagers, mais grâce aux teenagers au reste de la population. Dans le domaine des produits de beauté, par exemple, les teenagers sont le point de départ de nouvelles modes dans le maquillage du visage, des yeux, des lèvres. D'année en année, cette mode s'étend à des personnes plus mûres....'

manifestation (f): activity
lier: to link
avide: eager
à partir de: from
d'autre part: also

maquillage (m): make-up
s'étendre: to spread
plus mûr: older

Notes

J. M. Deramat: *Pourquoi tous ces copains?*

Europe n° 1: station radiophonique, fondée en 1955, et installée dans la Sarre en Allemagne. Comme les autres stations 'périphériques', c'est-à-dire situées hors de France mais près de ses frontières (Radio-Luxembourg, Télé-Monte-Carlo, par exemple) elle est placée sous le contrôle indirect du gouvernement français et financée par la publicité.

idole: vedette du monde de la chanson, du cinéma, etc.; *les idoles:* les interprètes français, anglais ou américains de la musique 'pop'. *interprète* (m and f): singer

---

Verb Constructions

vivre de qch.: to live on sth.
résister à qch.: to resist sth.
s'adresser à qn.: to talk to s.o.

tenir à qch.: to depend on, result from, sth.
accéder à qch.: to reach sth.
s'appuyer sur qch.: to be supported by, rest on, sth.

Further Vocabulary

on voit se profiler: one can make out
publications destinées à la jeunesse: publications for young people
produits adressés aux jeunes: products for young people
  Note these and similar cases where a preposition provides a sufficient link in English, but where in French a past participle is required to reinforce the preposition.
l'argument massue: the clinching argument
jouer le plus possible au naturel: to keep things as simple as possible

allons, voyons... d'accord: look, all right ... O.K.
ces assauts de gentillesse bénévole: such friendly onslaughts (as these)
dans la mesure où....: in so far as ...
ils impliquent un achat préalable: they involve buying something first
(ils) représentent une bonne affaire: they are money-spinners
des interlocuteurs de poids: people worth speaking to
cette prise de conscience: this realisation
rien d'étonnant à ce qu'on voie apparaître...: it is no surprise to find ...

A Questions à préparer

1 Comment les spécialistes de la vente ont-ils réagi à l'émergence de la jeunesse en tant que classe?
2 Comment le commerçant se sert-il des stations de radio et des publications destinées à la jeunesse?
3 Pourquoi les jeunes sont-ils la meilleure cible de la publicité?
4 Quel est le rôle joué par les idoles dans la vente des produits?
5 Quel est le procédé classique de la publicité?
6 Comment a-t-on adapté ce procédé pour persuader les jeunes d'acheter tel ou tel produit?
7 De quoi se servent les commerçants en plus des slogans?
8 Pourquoi les jeunes sont-ils devenus une clientèle importante?
9 Qu'est-ce qui a rendu les jeunes plus indépendants?
10 Comment l'influence des jeunes se fait-elle sentir parmi les adultes?

B Sujet de rédaction à discuter

L'influence de la publicité est-elle bonne ou mauvaise?
(1) A quoi sert la publicité? Que serait la vie sans la publicité? Pourquoi la radio et la télévision commerciales sont-elles populaires? Préférez-vous les postes commerciaux à la radio ou à la télévision d'État? Pourquoi?
(2) Quelles sortes d'émissions les publicistes préfèrent-ils? et quelles sont celles qu'ils n'aiment pas? Comment est-ce que les intérêts commerciaux influent sur le choix de programmes? De quoi leur faut-il tenir compte? Quelle influence la publicité exerce-t-elle sur les articles, informations, etc., publiés dans la presse?
(3) Quelles influences la publicité aspire-t-elle à remplacer? Quelle est l'ultime raison d'être de la publicité? Quel rôle joue-t-elle dans la formation de l'opinion des goûts de public? Ce rôle est-il toujours bon?
(4) De quelle manière la publicité aide-t-elle et encourage-t-elle le commerce?

Plan proposé: (1) L'importance de la publicité dans la vie de notre société. (2) La publicité: moyen d'information — importance commerciale. (3) Influence sur la formation des goûts, sur la 'qualité' de la vie. (4) Résumez vos idées: dites votre opinion sur la question.

Grammar

1 The Subjunctive

In **concessive clauses** doubt is implied and the subjunctive is used:

(a) 'whoever', 'whatever'
— *Quelle tentation pour le commerçant, **quel qu'il soit**:*
… whoever he may be (i.e. whatever his line of business).
*Je ne veux pas l'écouter, **qui qu'il soit**:*
I won't listen to him, whoever he is.

***quels que soient** les produits vendus:*
whatever the products sold
***quoi que fassent** leurs idoles:*
whatever their 'idols' may do
N.B. For 'however', see 12.1*b*.

(b) 'although': *bien que, quoique*
bien que les jeunes ne soient pas la seule cible:
although young people are not the only target

2 The Infinitive

Verbs, nouns and adjectives are most commonly linked to the following infinitive by *de*:
— *il suffit... de brandir l'argument massue*
— *il est plus facile d'y insérer des slogans* (see 2.1*b*)
(a) — *des commerçants avides d'exploiter cette clientèle nouvelle*
'Eager to . . .', 'glad to . . .', 'certain to . . .' and similar phrases are linked to the infinitive by *de*.
(b) — *la presse des idoles n'est pas la seule à vivre de ses pages commerciales*
Le premier, le dernier, le troisième and similar phrases are linked to a following infinitive by *à*.

(c) — *la matière à travailler est plus malléable:*
the material to be moulded . . .
In this construction where *à*+infinitive form an adjective phrase, the infinitive is passive in meaning (see 4.3).
(d) — *Pourquoi le nier...?:* Why deny it . . .?
— *Comment résister à ces assauts...?:*
How can one resist these attacks?
Note this use of the infinitive in questions introduced by adverbs such as *pourquoi, comment:*
Où aller?: Where can (could) one go?
Que faire?: What is (was) to be done?

3 Indefinite Adjective *tel, un tel*

(a) — *toucher un tel auditoire:* to reach such a public
vendre de tels produits: to sell such products
(b) — *doué de telle ou telle qualité:*
with such and such a property, with some particular quality
— *sans tel ou tel produit:*
without a particular product
N.B. *Quelconque* can be used with a similar meaning:
— *faire endosser un produit quelconque:*
to get some product or other (a particular product) endorsed

(c) — *tel ce concours qui proposait...:*
as for example the competition which offered ...
(d) *tel que:* 'such that', 'such as'
La concurrence était telle que...:
Competition was such that ...
Il faut voir les choses telles qu'elles sont:
... see things as they are.
On fait vendre des produits tels que les chaussures, les chemises, etc.....:
... products such as ...
N.B. 'Such' qualifying an adjective is *aussi* or *si* (see 6.5b).

4 Adverbs

Position of adverbs

There are few hard and fast rules for the position of the adverb in French; the following guide-lines must be supplemented by noting as many further examples as possible from your reading.

(a) — *par quelques mots bien placés:*
by some well-placed words
Adverbs are placed before the adjective or adverb they qualify.
(b) — *Ces derniers... représentent toujours une bonne affaire:*
... always mean good business.
The adverb is normally placed after the verb it qualifies, but never between the subject and the verb:
Il vient souvent: He often comes.
(c) — *ce concours qui, récemment, proposait comme premier prix...*
In a relative clause the adverb may be placed immediately after the relative pronoun.
(d) — *les jeunes... ont été tout d'abord reconnus*
— *son influence se fait également sentir*

— *qui font désormais participer directement les jeunes...*
In compound tenses and in verb + infinitive constructions, the position of the adverb depends on a number of factors (e.g. length, stress, meaning). Imprecise adverbs, such as *souvent*, *déjà*, *bien* and *bientôt*, are generally placed before the past participle or infinitive; more precise adverbs, such as *ici* and *hier*, and most adverbs ending in -*ment* come after.
(e) — *Certes les jeunes ne sont pas la seule cible...*
When an adverb expresses a personal feeling or opinion, it may be placed in almost any position, and particularly at the beginning of the sentence. Some adverbs used in this way are followed by inversion, with repetition of the subject as a pronoun:
Peut-être ces publications sont-elles destinées à un public nouveau (see also 2.4).
(f) — *Je n'ai certes pas d'admiration pour mon père.* (passage 7)
Certes, certainement and similar adverbs can be placed before *pas* to emphasize it.

5 Comparison

The superlative of adjectives and adverbs

(a) — *sur le ton le plus paternel et le plus bienveillant*
When the adjective comes after the noun, the definite article is repeated.
(b) — *Cette méthode semble des plus efficaces.*
When 'most' means 'very', or 'extremely', it can often be translated by the construction *des* + **plural** adjective. Compare:
Cette méthode semble très efficace.

(c) — *le plus souvent ils impliquent déjà un achat préalable.*
In the superlative of adverbs *le* is invariable.
— *on essaie de jouer le plus possible au naturel.*
Note this meaning of *le plus possible:* 'as much as possible', 'as far as possible'.

6 Prepositions

à — *à partir du moment:* from the moment
de — *de plus ou moins près:* more or less closely
— *de toutes façons:* anyway (see 6.6)
— *du même coup:* at the same time
— *d'autre part:* on the other hand
en — *en même temps que...:*
at the same time as ...

— *consommateurs en puissance:*
potential consumers
— *il le prend en main:* he takes him in hand
— *prendre ceci en considération:*
take this into consideration
sur — *sur le ton le plus paternel:*
in the most paternal tone of voice
— *faits sur mesure:* made to measure

🜚 Drills

(1) The Subjunctive After *quel que*

Ah, ces copains! On en parle!

Exemple: Ils suivent n'importe quelle mode, à ce qu'il paraît!

Réponse: Hé oui! Quelle qu'elle soit, ils la suivent!

1 Ils écoutent n'importe quel chanteur, à ce qu'il paraît!

2 Ils lisent n'importe quelles publications, à ce qu'il paraît!

3 Ils participent à n'importe quel concours, à ce qu'il paraît!

4 Ils croient n'importe quel publiciste, à ce qu'il paraît!

5 Ils achètent n'importe quels produits, à ce qu'il paraît!

(2) The Subjunctive After *bien que*

Exemple: Tout en faisant vendre des produits, la publicité n'exerce pas toujours une bonne influence.

Réponse: C'est vrai. Bien qu'elle fasse vendre des produits, son influence est souvent mauvaise.

1 Tout en servant le public, la publicité n'exerce pas toujours une bonne influence.

2 Tout en promettant une vie plus facile, la publicité n'exerce pas toujours une bonne influence.

3 Tout en paraissant utile, la publicité n'exerce pas toujours une bonne influence.

4 Tout en offrant des conseils pratiques, la publicité n'exerce pas toujours une bonne influence.

5 Tout en voulant s'adapter à la société, la publicité n'exerce pas toujours une bonne influence.

Exercises

(3) The Subjunctive Translate:

1 They will buy the book whatever it is. 2 Whatever the publications, they will buy them. 3 Whatever you do, don't buy his goods! 4 I don't believe them, whoever they are. 5 They copy us, whatever we do! 6 Although he sells a lot, everything is very dear. 7 Although he does a lot of advertising, his methods are not very effective. 8 Although it promises a lot, advertising exploits people.

(4) The Infinitive Translate:

1 This fashion is certain to spread to older people. 2 Every week there is something new to buy. 3 How can one reply to these most tempting arguments? 4 Where can we find a new idea for a competition? 5 Most often, they are the first to understand what is happening.

(5) *un tel, tel que...; si, aussi* Translate:

1 Such methods are not effective. 2 It's advertising that gives them the idea of buying a particular product. 3 They have such effective arguments. 4 He was glad to discover such a money-spinner. 5 Advertising helps to sell products such as clothes and make-up to the teenage consumer.

(6) Adverb position

(*a*) Find ten adverbs or adverb phrases in the text and comment on their position in the sentence.

(*b*) Rewrite each of the following sentences so as to include one or two of these adverbs: *surtout, souvent, aujourd'hui, actuellement, malheureusement, bien entendu, certainement.*

1 C'est la publicité qui anime les stations périphériques. 2 Les jeunes ne sont pas la seule cible de la publicité. 3 Les concours représentent une bonne affaire pour le publiciste. 4 Cette spécialisation des produits montre que les jeunes ont été reconnus comme de futurs consommateurs. 5 Ce sont les 'teenagers' qui sont le point de départ de nouvelles modes.

III

Les Loisirs et Le Sport

Loisirs et équipement ménager

(1) Dépenses de loisirs

Pourcentages des dépenses des ménages par rapport à l'ensemble des dépenses de loisirs:

		1950	1963	1970
en augmentation	Véhicules individuels	12	23	32
	Télévision, radio, disques	5	13	16
	Loteries	3	3	4
	Articles de sport	2	2	3
	Jeux, jouets	3	2	3
	Photographie	1	2	3
en diminution	Cafés	40	26	18
	Livres, revues, journaux	13	13	10
	Spectacles	7	4	2
	Hôtels	6	6	5
	Transports	5	3	2
	Fleurs, plantes	3	3	2
		100	100	100
La part des loisirs dans le budget des ménages:		9,7%	13,6%	14,5%

(1) 1 Quelles sont les dépenses de loisirs qui ont le plus augmenté; et celles qui ont le plus diminué, depuis 1950?
   2 Quelle est l'influence de ces changements sur:
      (a) *la vie individuelle* (voyages, activités culturelles ou sportives);
      (b) *la vie familiale* (vacances, weekends, loisirs du soir);
      (c) *la vie sociale* (activités de groupe, rencontres en dehors de la famille)?

dépenses (f.pl): expenditure
par rapport à: in relation to
l'ensemble de: all
part (f): share
en dehors de: outside

Repas de midi dans la banlieue parisienne.

Repas du soir à la campagne.

(2) Equipement ménager

Pourcentage des ménages possédant:

	1954	1957	1960	1963	1966	1969	1972	1974
Automobile	20	25	30	38	48	53	60	62
Télévision	1	6	13	27	47	63	76	79
Réfrigérateur	7	11	26	41	61	73	85	87
Machine à laver	5	18	24	32	42	50	62	66

Équipement des ménages en 1966:

	Communes rurales	Moins de 20 000 habitants	De 20 000 à 100 000 habitants	Plus de 100 000 habitants	Région parisienne
Automobile	46	48	54	48	49
Télévision	34	47	56	57	56
Réfrigérateur	47	60	70	68	72
Machine à laver	39	46	48	48	35

(2) 3 Ces chiffres indiquent-ils, à votre avis, une révolution dans le mode de vie des Français?

4 Comment la vie d'une famille est-elle modifiée par l'achat d'un de ces quatre articles?

5 Pourquoi l'équipement des ménages n'est-elle pas la même à la campagne, dans les villes de province et dans la région parisienne?

mode (m) *de vie:* way of life
achat (m): buying

Les dépenses de loisirs: évolution passée et prévisions

loisirs (m.pl): spare-time activities
évolution (f): change, development
prévision (f): forecast

Entre 1950 et 1963 la consommation totale d'un ménage français a en moyenne — compte tenu de l'augmentation des prix — presque doublé. Mais, dans le même temps, les sommes consacrées aux loisirs ont beaucoup plus que doublé. Ainsi, la part des loisirs dans le budget des ménages français est passée de 9,7 à 13,6%. A titre indicatif, seules les dépenses de santé et de transport se sont accrues davantage que les dépenses de loisirs.

consommation (f): consumption
ménage (m): household
part (f): share
santé (f): health
s'accroître: to increase, grow

Ces chiffres annoncent l'avènement sinon d'une 'civilisation des loisirs', du moins d'un mode de vie où, relativement, les loisirs occupent une place plus importante.

avènement (m): advent
sinon: if not
mode (m): way, style

M. Matalon, l'auteur d'une étude récente du Centre de recherches et de documentation sur la consommation (C.R.E.D.O.C.), commence par analyser l'évolution des dépenses de loisirs au cours des treize années prises en compte. Le tableau qu'il a dressé montre de façon très nette que ce sont les dépenses d'équipement qui ont augmenté le plus rapidement. Les Français ont acheté beaucoup de postes de télévision, d'électrophones, de disques, d'appareils de photo ou d'articles de camping ou de sport, d'automobiles... Ils ont également dépensé beaucoup d'argent pour les utiliser ou les entretenir.

tableau (m): list, table
dresser: to draw up
dépenser: to spend

entretenir: to maintain

Il n'est pas toujours facile de tirer des conclusions définitives de l'examen d'une série de chiffres ou de pourcentages. Il est encore moins aisé, dans un domaine aussi incertain, de prévoir quelles seront les dépenses des Français dans les dix prochaines années.

tirer: to draw
aisé: easy
prévoir: to foresee, forecast

Mais on peut dire que les dépenses de loisirs sont conditionnées par un certain nombre de facteurs, et en particulier par l'urbanisation, les progrès des activités de service, l'augmentation du temps libre et des revenus.

urbanisation (f): growth of towns
revenu (m): income

Les habitants des villes, en général plus riches, plus instruits et plus disponibles que ceux de la campagne, 'consomment' davantage de loisirs. D'autre part, le campagnard tend sur ce point à ressembler de plus en plus au citadin.

instruit: educated
disponible: with spare time
d'autre part: on the other hand

Un homme instruit dépense-t-il plus en loisirs que celui qui l'est moins? Ce n'est pas certain. Mais, dans l'ensemble, ne peut-on penser que l'instruction favorise la tendance à ne plus considérer les loisirs comme un gaspillage?

campagnard (m): country-dweller
citadin (m): town-dweller
gaspillage (m): waste

Il est probable qu'à revenu égal la part du budget consacrée aux loisirs est un peu plus forte chez les employés que les ouvriers.

fort: large
employé (m): white-collar worker

On ne prévoit pas pour les années à venir une diminution importante de la durée hebdomadaire du travail. Mais, remarque M. Matalon, la généralisation de la journée continue ou de la semaine anglaise et l'allongement de la durée des congés payés peuvent soit favoriser le travail noir, soit permettre de regrouper le temps consacré aux loisirs et favoriser les dépenses d'équipement (bricolage, aménagement de résidences secondaires...) au détriment des dépenses de consommation courante (hôtels, restaurants, cinéma...).

ouvrier (m): manual worker
important: big, large
hebdomadaire: weekly
généralisation (f): spread
soit... soit: either ... or
aménagement (m): equipping

A partir de ces quelques orientations générales, et avec toutes les réserves d'usage, M. Matalon prévoit qu'en 1970 les loisirs représenteront environ 14,5% des dépenses des ménages. Celles-ci continueront à porter essentiellement sur les dépenses d'équipement.

orientation (f): trend
infléchir: to bend, change, alter

Des événements mal prévisibles pourront peut-être infléchir dans un sens ou dans l'autre ces prévisions. L'évolution générale reste nette: le marché des loisirs est en pleine expansion et en pleine mutation.

sens (m): direction
mutation (f): change

Le Monde

Notes

la journée continue: Journée de travail ne comportant qu'une brève interruption pour le repas. Traditionnellement en France l'interruption pour le déjeuner est longue: deux heures.

la semaine anglaise: En France la loi n'a institué qu'un jour de repos par semaine, mais le principe de la 'semaine anglaise' (repos le samedi et le dimanche) se généralise peu à peu.

le travail noir: Travail qu'on fait pour augmenter ses revenus. Ce travail est indépendant de celui qu'on fait pendant la journée.

Verb Constructions

continuer à faire qch.: to continue to do sth.

ressembler à qn. (à qch.): to resemble s.o. (sth.)

Further Vocabulary

compte tenu de l'augmentation:
taking into account the increase
les sommes consacrées à...:
the amount of money spent on ...
(les) treize années prises en compte:
the thirteen years under consideration
les dépenses d'équipement: spending on consumer goods
les progrès des activités de service:
the growth of service industries
dans l'ensemble: on the whole

l'allongement de la durée des congés payés:
longer paid holidays
au détriment des dépenses de consommation courante:
at the expense of expenditure on immediate consumption
avec toutes les réserves d'usage:
with all the usual reservations
porter essentiellement sur....:
to be chiefly concentrated on ...
mal prévisibles: which it is difficult to foresee

A Questions à préparer

1 Comment est-ce que le budget des Français a changé entre les années 1950 et 1963?

2 Quelles sont les dépenses qui se sont le plus accrues?

3 Qu'est-ce que vous entendez par 'dépenses de santé et de transport'? Donnez un exemple de chacune de ces formes de dépenses.

4 Donnez des exemples pour illustrer l'expression 'dépenses d'équipement'.

5 De quoi dépendent principalement les dépenses de loisirs?

6 Pourquoi est-ce que les habitants des villes dépensent plus sur les loisirs que les campagnards?

7 Pourquoi peut-on penser qu'un homme sans instruction dépensera moins sur les loisirs qu'un homme instruit?

8 Comment la journée continue, la semaine anglaise et les congés payés peuvent-ils influencer les activités de loisirs?

9 D'après cette étude sur la consommation, quelles sont les prévisions pour l'évolution du marché des loisirs?

B Sujets de discussion

1 Que veut dire l'expression 'civilisation des loisirs'?

2 Notre époque est-elle déjà celle de la 'civilisation des loisirs'?

3 Pour ou contre 'la civilisation des loisirs'.

4 Quelle influence le métier peut-il avoir sur les loisirs? Donnez des exemples.

5 Pour ou contre la journée continue et la semaine anglaise.

6 La durée hebdomadaire du travail est plus grande en France qu'en Grande-Bretagne, mais en revanche les congés payés y sont plus longs. Quel système vous semble préférable?

7 Pourquoi les dépenses d'équipement augmentent-elles au détriment des dépenses de consommation courante?

Grammar

1 Adverbs

Phrases of manner

— *de façon très nette:* very clearly

Manner can be expressed in French by (*a*) an adverb formed from an adjective; (*b*) an adjective preceded by *de façon, d'une façon, de manière, d'une manière, d'un air,* *d'une voix, d'un ton,* etc.; (*c*) a noun preceded by *avec, sans,* and certain other prepositions:

(*a*) *Il parle clairement.*

(*b*) *Il s'est exprimé d'une voix claire.*

(*c*) *Il s'est exprimé avec clarté.*

2 Adjectives

Position of adjectives

(*a*) The general rule for the position of the adjective is that it is placed **after** the noun, if it is used to distinguish one object from others of its kind:

— *un homme instruit:* an educated man

— *l'évolution générale:* the general trend

— (*le*) *temps libre:* free time

(*b*) Adjectives denoting nationality, shape, colour, and nouns and past participles used as adjectives, are always placed **after** the noun:

— *les ménages français*

— *le travail noir*

— *l'argument massue* (passage 9)

— *les congés payés:* paid holidays

(*c*) Many very common adjectives are placed **before** the noun when they are used primarily as an intensification of the noun:

— *un vrai copain* (passage 9)

— *une bonne affaire* (passage 9)

But the rule stated in (*a*) still applies, particularly with *grand* and *jeune:*

Pour faire ce travail, nous cherchons un homme jeune.

Similarly other adjectives can be placed before the noun to achieve a special effect, for example to dramatise a statement or to emphasise a noun:

— *un véritable langage se crée.* (passage 9)

Note other examples from your own reading.

(*d*) In the case of a noun followed by an adjective phrase, the adjective is usually placed before the noun, unless it belongs to group (*b*):

les principales activités de service

(*e*) Many adjectives have different meanings according to their position. The most common of these are:

ancien:	*mon ancien professeur*
	Je m'intéresse à l'histoire ancienne.
certain:	*un certain nombre de facteurs*
	Il n'est pas facile de tirer des conclusions certaines.
brave:	*Voici un concours pour vous, braves gens!* (good people)
	L'homme brave est celui qui n'a pas peur du danger.
cher:	*mon cher ami*
	Ils préfèrent souvent les produits chers.
pauvre:	*Il est devenu l'idole des jeunes, le pauvre homme!*
	Ce sont le plus souvent les familles pauvres qui n'ont pas de poste de télévision.
propre:	*ses propres mains; mon propre manteau* (i.e. 'my very own')
	— *avec ses tendances et réactions propres:* with its own peculiar trends and reactions (passage 9)
nouveau:	*de nouvelles modes:* new, different fashions
	— *une clientèle nouvelle:* a newly formed, newly discovered clientèle (passage 9)
dernier:	*Décembre est le dernier mois de l'année.*
	L'année dernière on a acheté un électrophone.
prochain:	*Son prochain disque sortira vendredi prochain.*

Note the position of ***prochain, premier*** and ***dernier*** with numbers:

— *les dix prochaines années:* the next ten years

les dix premières années: the first ten years

les dix dernières années: the last ten years

même:	(see 7.4)

3 Negatives

(a) Omission of *pas*

— *ne peut-on penser que l'instruction...?:*
may one not think that education . . .?

Pas may be omitted with *pouvoir, savoir, cesser* and *oser.*

Il ne sait où aller, que faire.
Les dépenses ne cessent d'augmenter.

(b) Position with the infinitive (see 7.3a(iv))

— *tendance à ne plus considérer les loisirs...*
Note that the negative phrase follows a preposition but precedes a pronoun:

tendance à ne plus les considérer...

4 Personal Pronouns

***le* as verb complement**

— *Un homme instruit dépense-t-il plus que celui qui l'est moins:*
. . . more than one who is less **so** (i.e. less educated).

Être is never used without its complement. If the comple- ment is understood (*instruit* in the above example), the neuter pronoun *le* takes its place. *Le* is used in this way with numerous verbs (e.g. *dire, penser, vouloir, savoir*); examples from your reading should be noted.

5 Conjunctions

(a) '. . . either . . . or . .

— *(ils) peuvent **soit** favoriser le travail noir, **soit** per- mettre de...*

(b) '. . . if not . . . at least (at any rate) . . .'

— *l'avènement **sinon** d'une civilisation des loisirs, **du moins** d'un mode de vie...*

Note the difference between **du moins**, and **au moins** which is used before numbers:

La part des loisirs représentera au moins 14,5%:
The share of leisure expenses will represent at least 14·5%.

6 Prepositions

à   — *à revenu égal:* for the same income
    — *à titre indicatif:* as an indication
    — *à partir de ces... orientations:*
    (calculating) from these trends

de forms adjective phrases when attached to the noun:
    — *postes de télévision:* television sets
    — *articles de camping:* camping goods
    — *dépenses de loisirs:* leisure expenditure
    — *hommes de science:* scientists   (passage 6)

de   — *l'augmentation des prix:*
    the increase in prices
    — *une diminution des prix:*
    a decrease in prices

en   — *en moyenne:* on average
    — *en pleine expansion:* expanding rapidly

chez   — *chez les employés:*
    in the case of, amongst, office workers

environ   — *environ 14,5%:*
    approximately, about 14·5%

Exercises

(1) Negatives

Exemple: Ne les considérez plus!
Réponse: Vous me dites de ne plus les considérer?
Exemple: Ne partez pas!
Réponse: Vous me dites de ne pas partir?

1 Ne faites rien!   2 Ne le revoyez jamais!   3 Ne com- mencez pas!   4 N'y allez plus!   5 Ne dépensez rien!   6 Ne les utilisez plus!

(2) Adverbs

Using the adjective in brackets, express the manner by the most suitable of the three methods suggested in the grammar notes:

1 Il a pu prévoir les dépenses futures. (difficile)   2 Il a parlé de l'évolution future. (général)   3 Le tableau montre les progrès réalisés. (très clair)   4 On voit l'évolution des chiffres. (distinct)   5 Il faudrait exa- miner les chiffres. (prudent)

(3) Adjectives

(a) Find ten adjectives in the text and comment on their position (before or after the noun).

(b) Place the adjective in each of the following sentences, and justify your placing:

1 Ce sont des gens (instruit). 2 Ces chiffres annoncent une révolution dans le mode de vie des Français (véritable). 3 On verra apparaître des produits (spécialisé). 4 C'est une idée (très bon). 5 Ces événements ont eu une influence (extrêmement grand). 6 Les jeunes représentent un marché (énorme). 7 Ils ont une indépendance (de plus en plus grand). 8 Les jeunes ne possèdent pas encore leurs stations de radio (propre). 9 C'est là un phénomène (nouveau). 10 Cela représente une forme de publicité (nouveau). 11 Le tableau montre l'évolution au cours des dix années (dernier). 12 C'est la question que je m'étais posée (même).

(4) Personal Pronouns   Translate:

1 Only the author can say so. 2 Even if the change is rapid, it will be less so than at present. 3 He says that this may alter the forecasts, but I do not think so. 4 If forecasts are difficult to make for next year, they will be even more so for the next ten years. 5 The French spend a lot of money on these things, and will continue to do so.

Le petit monsieur de Michel Claude

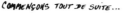

Les vacances

(1) Nombre de Français partant en vacances (en millions)

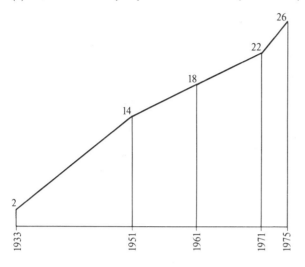

Gorges du Tarn: camping.
Tente ou caravane: 19%.

(2) Les vacances selon l'occupation du chef de famille

	Taux de départ 1973	*Nombre de journées en moyenne par personne*
Agriculteurs	16	17
Patrons de l'industrie et du commerce	57	24
Cadres supérieurs et professions libérales	88	40
Cadres moyens	78	31
Employés	60	29
Ouvriers	45	26
Non actifs	32	34
Ensemble des adultes	49%	30

(1) 1 Depuis 1936, tous les salariés ont droit aux 'congés payés': deux semaines jusqu'en 1956 et quatre ou cinq semaines à l'heure actuelle; pourquoi tous les Français n'en profitent-ils pas pour partir en vacances?
(2) 2 Dans quelles occupations est-il difficile ou impossible de partir en vacances?
  3 Le revenu du ménage est-il le seul facteur déterminant?
  4 Dans quelles occupations vous semble-t-il indispensable de partir en vacances chaque année?
(3) 5 Où avez-vous passé vos vacances, l'été dernier? Avez-vous l'impression que les modes de vacances des Français ressemblent à ceux de votre pays?

(3) Formes d'hébergement et de vacances d'été en France (moyenne 1970 et 1971)

	Circuit	*Mer*	*Montagne*	*Campagne*	*Ville*	*Total*
Hôtel	2	4	3	1	1	11
Maison louée	—	10	4	2	—	16
Maison en propriété	—	3	1	5	—	9
Parents ou amis	1	10	4	17	4	36
Tente ou caravane	2	13	2	2	—	19
Divers	—	4	3	2	—	9
Ensemble	5	44	17	29	5	100%

Note 16% des vacanciers partent pour l'étranger.

taux (m): rate, percentage
en moyenne: on average
hébergement (m): accommodation
circuit (m): tour
louer: to rent

en propriété: owned
parents (m.pl): relatives
divers: various
salarié (m): wage-earner

57

Le sport en France

(1) Les Fédérations et les licenciés

Pour chaque sport en France, il existe une *Fédération* nationale, regroupant plusieurs associations ou clubs locaux. Les Fédérations ont le droit d'organiser les compétitions et d'établir les règles techniques du sport. Elles délivrent à toute personne voulant pratiquer activement et régulièrement un sport, une *licence* annuelle. Pour l'année 1972, le total des licences délivrées par l'ensemble de ces organisations sportives s'est élevé à 6 400 000, réparties entre 95 000 clubs et regroupant quelque 5 000 000 licenciés hommes et 1 400 000 licenciées femmes.

Les principales Fédérations sportives sont:

	nombre de licenciés (*en milliers*)		
	1963	*1967*	*1971*
Football	444	558	759
Ski	259	435	584
Gymnastique, éducation physique, judo	—	236	363
Tennis	26	126	197
Basket-ball	104	125	162
Sports équestres	25	82	95
Athlétisme	52	78	91
Rugby à XV	45	63	82
Natation	39	52	80
Handball	—	—	71
Montagne	—	59	63
Yachting à voile	23	49	62
Tennis de table	—	—	45
Cyclisme	38	44	42

(1) 1 Indiquez, pour chacun des quatorze sports mentionnés: (*a*) s'il s'agit d'un sport pratiqué plutôt par les hommes que par les femmes; (*b*) s'il s'agit d'un sport pratiqué plus en France qu'en Angleterre (essayez dans chaque cas d'expliquer pourquoi); (*c*) si sa progression dans les dernières années a été lente, rapide ou vertigineuse.

2 D'une façon générale, les sports individuels ont plus de pratiquants nouveaux que les sports d'équipe traditionnels. Pourquoi?

3 Lesquels de ces sports (ou quels autres sports) aimeriez-vous voir pratiquer davantage en Angleterre? Justifiez vos réponses.

(2) Le sport à l'école

L'education physique et le sport sont obligatoires dans les écoles:

	Éducation physique	*Activités sportives*	
Ecoles primaires	5	—	⎫ Heures
Collèges d'enseignement secondaire	2	2	⎬ par
Lycées	2	3	⎭ semaine

(2) 4 Le temps consacré au sport et à l'éducation physique dans les écoles françaises vous semble-t-il insuffisant, suffisant ou extravagant?

5 Traditionnellement, dans les écoles françaises et anglaises, les seuls sports 'enseignés' sont les sports d'équipe. Devrait-on, à votre avis, donner plus de place aux sports individuels? Pourquoi?

établir: to establish
s'élever à...: to reach ...
répartir: to distribute, divide
d'une façon générale: broadly speaking
pratiquant (m): enthusiast
consacrer (*du temps*) *à...:* to devote (time) to ...

11

Les Français et le sport

Résultats d'un sondage d'opinion mené par la S.O.F.R.E.S. en janvier 1968

sondage (m): poll

(1) Vous arrive-t-il de regarder à la télévision ou d'écouter à la radio des retransmissions d'épreuves sportives (match, course, etc.)?

épreuve (f): event
course (f): race

	%
Oui, très ou assez souvent	50
Oui, mais très rarement	31
Non, jamais	19

Principaux sports cités:

Football	50	
Rugby	44	
Ski	30	(les Jeux Olympiques d'hiver ont eu lieu peu après cette enquête)
Courses cyclistes	27	
Boxe ou catch	24	
Courses de chevaux	21	(cette participation est étroitement liée aux paris)

avoir lieu: to take place

catch (m): wrestling
étroitement: closely
lier: to link
pari (m): bet, betting
suivi: popular
déboire (f): disappointment, upset
natation (f): swimming
bouder: to be indifferent to
cadre (m): executive

Le football reste le sport le plus suivi malgré la crise qu'il traverse, malgré les déboires de l'équipe de France. Un Français sur deux suit les résultats des matchs internationaux, nationaux ou locaux.

Les femmes sont plus sensibles aux exploits de nos skieurs qu'à ceux de nos rugbymen. Les jeunes de moins de 25 ans pensent au ski, à la natation, à l'automobile, mais boudent généralement le cyclisme et l'athlétisme. Les cadres préfèrent le rugby et le ski au football, et la natation et le tennis au cyclisme.

(2) Vous arrive-t-il d'aller assister en spectateur à des épreuves sportives?

	%
Non, jamais	68
Oui, mais très rarement	21
Oui, très ou assez souvent	11

Public composé d'une majorité d'hommes — trois sur quatre — dont la moitié a moins de 35 ans. Des commerçants, des cadres, des employés, des ouvriers comparables en proportion, mais beaucoup moins de paysans (sauf pour le cyclisme, à cause, sans doute, du Tour de France). Détail intéressant: la télévision ne vide pas les stades — en tout cas, pas sensiblement: 34% des téléspectateurs et 30% des non-téléspectateurs vont souvent, parfois ou rarement au stade. Mais ces chiffres démentent également l'opinion — parfois exprimée à l'O.R.T.F. — selon laquelle la télévision amène dans les gradins un public plus nombreux.

commerçant (m): shopkeeper
paysan (m): farmer
sauf: except
sans doute: probably
vider: to empty
stade (m): ground, stadium
sensiblement: noticeably
parfois: occasionally
démentir: to contradict
amener: to bring
gradins (m.pl): stands

(3) Pratiquez-vous de façon assez régulière un ou plusieurs sports, à l'exclusion de la natation si vous ne la pratiquez que pendant les vacances?

	%
Non, aucun sport	87
Oui, un sport	10
Oui, plusieurs sports	3

Chez les femmes, le pourcentage de celles qui avouent ne pratiquer aucun sport atteint 91% et, chez les plus de 35 ans, 98%.

avouer: to admit
atteindre: to reach

Des 13% des Français qui vont au stade, à la piscine ou sur les pistes de neige, un quart seulement pratiquent plusieurs sports. Proportion dérisoire: un Américain sur cinq, un Russe sur cinq font régulièrement du sport. L'Allemand moyen en fait trois fois plus que le Français moyen.

piscine (f): swimming-bath
piste (f): slope
dérisoire: absurdly small
moyen: average

Paresse nationale ou manque de moyens? C'est une affaire de mentalité, sûrement, mais c'est d'abord un problème social: 27% des cadres font du sport (ski et tennis en tête), mais seulement 12% des ouvriers (football) et 8% des agriculteurs (football, natation, cyclisme). Pour les Français, le sport n'est pas un droit, c'est un luxe.

paresse (f): laziness
moyen (m): means

Chose plus grave encore: entre 15 et 20 ans, à l'âge où dans les écoles et les universités américaines ou soviétiques le sport est étroitement lié aux études, voire à la culture, 58% des jeunes Français n'ont pour toute activité physique que celle qui consiste à faire de la gymnastique dans la cour de l'école. Et lorsque les moniteurs et les installations sont là, c'est encore trop souvent l'occasion d'une éducation physique mortellement ennuyeuse, qui dégoûte définitivement du sport la grande majorité des jeunes Français.

grave: serious

voire: and even
lorsque: when

ennuyeux: boring
définitivement: for good

(4) A votre avis, faire faire du sport aux enfants, est-il...?

	%
Très important	64
Assez important	32
Pas très important	3
Pas important du tout	1

Les parents, à défaut de prêcher d'exemple, voient pourtant les choses sainement: 96% des Français considèrent qu'il est important ou très important de faire faire du sport aux enfants. 1% seulement — et 7% des agriculteurs — pensent que cela ne l'est pas du tout.

sainement: soundly

Le sous-développement sportif de la France est-il sans espoir? En analysant chiffre par chiffre l'enquête de la S.O.F.R.E.S., un symptôme encourageant se fait jour: 75% des Français de plus de 65 ans n'ont jamais, de toute leur vie, pratiqué le moindre sport, pas même au cours de leur adolescence. En ce qui concerne les 15–20 ans, ce chiffre ne dépasse pas 53% actuellement. En un demi-siècle, la progression, au niveau des jeunes, a donc été de 22%: l'espoir est permis pour la seconde moitié du XXIe siècle.

espoir (m): hope

dépasser: to exceed
actuellement: at present
niveau (m): level

L'Express

Notes

S.O.F.R.E.S.: Société française d'enquêtes par sondages.
cadres: Terme emprunté en vocabulaire militaire, où il désigne les officiers. Dans une entreprise, le personnel dirigeant et technique compte parmi les 'cadres'. (En anglais: 'technical and managerial grades').
O.R.T.F.: Office de radiodiffusion-télévision française.

Verb Constructions

vous arrive-t-il de regarder...?:
do you ever watch ...?
(*il m'arrive souvent de regarder....*
I often watch ...)

pratiquer qch.: to go in for sth.
dégoûter qn. de qch.: to put s.o. off sth.

Further Vocabulary

les femmes sont plus sensibles aux exploits....
women show greater interest in . . .
aller assister en spectateur à....
to go and watch . . .
comparables en proportion:
in roughly the same proportion

ils n'ont pour toute activité physique que....
their only exercise is . . .
à défaut de prêcher d'exemple:
instead of setting an example
un symptôme se fait jour: a sign shows up
en ce qui concerne....
as regards . . ., as far as . . . is concerned

A Questions à préparer

(1) 1 La liste des six sports les plus suivis serait-elle la même pour la Grande-Bretagne que pour la France? Donnez des exemples.

2 Quelle est l'importance des paris dans l'intérêt que les gens portent à un sport?

3 Quels sont, selon vous, les sports qui passent le mieux à la télévision, et ceux qu'il est au contraire difficile de téléviser. Pourquoi?

(2) 4 Pour quels sports seriez-vous prêt à aller assister à un match ou à une épreuve? Pourquoi?

5 Que savez-vous du Tour de France? Et pourquoi pensez-vous que les paysans en particulier s'y intéressent?

6 L'influence de la télévision est-elle bonne ou mauvaise pour le sport en général? Pourquoi?

(3) 7 87% des Français ne pratiquent aucun sport; 'pour les Français, le sport n'est pas un droit, c'est un luxe'. Que pensez-vous de ces chiffres et de cette mentalité?

8 Avez-vous l'impression que la situation est la même dans votre ville ou votre pays? Donnez des exemples.

9 Pourquoi la situation du sport est-elle plus favorable aux États-Unis et en Union soviétique qu'en France?

(4) 10 Pourquoi les Français considèrent-ils qu'il est important de faire faire du sport aux enfants?

11 Pourquoi, selon l'auteur de l'article, la situation du sport en France n'est-elle pas tout à fait sans espoir?

B Sujet de rédaction à discuter

Si vous étiez ministre de la jeunesse et des sports, quelle serait votre politique dans le domaine du sport?

(1) Résumez la situation actuelle du sport en France: une nation de spectateurs plutôt que de participants?

(2) Comparez la France à d'autres pays du monde; lesquels gagnent le plus de médailles aux Jeux Olympiques? Pourquoi?

(3) Analysez les causes de la situation actuelle: à l'école, mauvaises conditions, manque d'équipement et d'imagination; dans le monde des adultes, insuffisance des facilités, concurrence de la télévision et de la voiture.

(4) Proposez des améliorations (*a*) à l'école: un terrain de sport pour chaque établissement ou groupe d'établissements; organisation d'épreuves sportives, de concours entre plusieurs établissements; augmentation du nombre de sports pratiqués; donner une place plus grande aux sports individuels; (*b*) aux niveaux local et national: construction de stades, de piscines, etc.; facilités d'entraînement gratuites ou à tarif modéré; (*c*) d'autres mesures: encourager les entreprises à créer des terrains de jeux, des salles de gymnastique, etc. à proximité des usines et des bureaux; organiser des rencontres et des concours nationaux et internationaux.

(5) Conclusions générales quant aux possibilités qui vous sont ouvertes et à l'avenir du sport en France.

C Sujet de rédaction à discuter

Le sport n'est qu'une méthode frivole de gaspiller le temps. — Discutez.

(1) Essayez d'expliquer le rôle important que jouent les sports dans la vie de presque tous les pays du monde.

(2) Pourquoi est-ce que les rencontres internationales sont suivies avec tant de passion? Le sport contribue-t-il à l'augmentation de la tension internationale?

(3) Que représente au fond une défaite pour les partisans d'une équipe, ou pour les gens d'un pays?

(4) Pour quelles raisons devrait-on faire du sport? Quel profit tire-t-on de la pratique du sport?

(5) Est-ce que le sport encourage les gens à s'évader de la réalité? ou est-ce qu'il leur permet de dépenser leur énergie d'une façon inoffensive?

(6) Est-ce que le sport joue un rôle utile et bienfaisant dans la société, ou simplement frivole?

UNIT 11

Grammar

---

1 Auxiliary Verb

Uses of *faire*

— *il est important... de faire faire du sport aux enfants.*
The *faire*+infinitive construction is regarded as **one** verb, and can therefore have only **one** direct object. When there are two objects, the object of *faire* remains direct if the object of the infinitive is indirect:

*On **les** fait jouer **au football.***

But the object of *faire* must be made indirect if the object of the infinitive is direct:

*On **leur** fait faire **du sport.***

Note that the object may be a clause:

*On **leur** fait savoir **que le sport est important:**
They are told that ...*

Any pronoun objects are placed before *faire*:

*On **le leur** fait savoir: They are told this.*

---

2 The Infinitive

— *celles qui avouent ne pratiquer aucun sport:*
those who admit they don't do any sport.
Un autre a cru pouvoir noter que....
Another felt able to observe that ...

If the subject of both verbs is the same, an infinitive construction may be used with verbs of saying, thinking, believing and hoping. The infinitive may be in the past:

Ils affirment l'avoir vu: They maintain they saw it.

---

3 Comparison

(a) *plus... que:* 'more...than'; *moins... que:* 'less...than'

— *Les femmes sont **plus** sensibles aux exploits de nos skieurs **qu**'à ceux de...*
— *L'Allemand moyen en fait trois fois **plus que** le Français moyen.*

If a verb follows, *ne* precedes it:

*Il en fait plus que vous **ne** pensez!*

(b) *plus de, moins de* (see 6.5a)

Note the following uses:

(i) — *la moitié a **moins de** 35 ans:*
half are under 35.
— *75% des Français de **plus de** 65 ans:*
... over 65.

(ii) with a noun:

— *plus (moins) de paysans:*
more (fewer) farmers
*Il y a plus de gens que vous **ne** pensez!*

(c) *moindre*

— *... n'ont jamais... pratiqué le moindre sport...*
Moindre, le moindre are the comparative and superlative forms of *petit*, which has also the regular forms *plus petit, le plus petit. Moindre* is used to express 'degree' rather than size ('not any at all', 'not the slightest'):

Ils n'ont pas fait le moindre effort:
They haven't made the slightest effort.
sans la moindre difficulté:
without the slightest difficulty

---

4 Relative Pronouns and Adverbs

(a) *où*

— *à l'âge où... le sport est....*
at an age when ... sport is ...

'When' is never translated by *quand* when it qualifies a noun:

le jour où; le moment où; l'époque où.
l'été de 1969 où il fit si chaud.

If the article is indefinite, *que* usually replaces *où*:

un jour que je rentrais du lycée:
one day when I was coming home ...

(b) *lequel* Some idiomatic uses:

— *l'opinion selon laquelle la télévision amène....*
the opinion that television brings ...
la raison pour laquelle nous faisons du sport:
the reason why we do sport.

---

5 Prepositions

à and *de* must be repeated with each noun or infinitive which they govern:

— *Vous arrive-t-il de regarder à la télévision ou d'écouter à la radio des retransmissions...?*
— *Les jeunes... pensent au ski, à la natation, à l'automobile.*

à — *à la télévision, à la radio:*
on television, on the radio
— *à l'O.R.T.F.:* (compare 'on the B.B.C.')

de — *de toute leur vie:* in their lifetime
— *la progression a été de 22%:*
there has been a 22% improvement.

en — *en spectateur:* as a spectator
— *en tête:* in the lead
— *en un demi-siècle:*
in the course of half a century

sur — *un Français sur deux:*
one Frenchman out of two

🎲 Drills

(1) Auxiliary Verb *faire*

Avant la finale de la Coupe, vous vous impatientez un peu.

Exemple: On fait attendre les gens!

Réponse: Eh oui! On les fait attendre!

Expansion: Mais qu'est-ce qu'on leur fait attendre? Le départ du commissaire de police ou l'arrivée du président de la République?

Réponse: On leur fait attendre l'arrivée du président de la République!

1 Et maintenant on fait hurler les gens!...
Mais qu'est-ce qu'on leur fait hurler? Des chansons ou des injures?

2 Ah, enfin on fait écouter les gens!...
Mais qu'est-ce qu'on leur fait écouter? Des slogans publicitaires ou des discours ennuyeux?

3 Et maintenant on fait chanter les gens!...
Mais enfin, qu'est-ce qu'on leur fait chanter? Des chansons à boire ou des Hymnes Nationaux?

(2) Comparisons

Conversation sur le ski entre un débutant et un ami plus expérimenté.

Exemple: Alors, faire du ski, ce n'est pas aussi simple que tu croyais?

Réponse: En effet. C'est bien moins simple que je ne croyais.

1 C'est aussi difficile que je pensais, n'est-ce pas?

2 Et les exercices ne sont pas aussi ennuyeux que tu croyais?

3 Les pistes, sont-elles aussi populaires que je pensais?

4 Mais les difficultés ne sont pas aussi sérieuses que tu croyais?

5 Et les accidents sont aussi rares que je pensais, n'est-ce pas?

Exercises

(3) Auxiliary Verb *faire* Translate:

1 I made them examine the survey.   2 He had the survey examined.   3 After the accident they had the stands rebuilt.   4 The English are made to understand that sport is good for one's health.   5 You sent for the doctor? Well, show him in!

(4) The Infinitive Translate:

1 They had hoped they would be able to see the match.   2 He maintained that he had told the truth. 3 They admitted they had arrived late.   4. He said he had had a lot of difficulty in finding the ground.   5 He denied being at the match when they say they saw him.

(5) Comparisons Translate:

1 Those who are over thirty-five have never done any sport at all.   2 They are more interested in it than you think.   3 That is the reason why more than 75% of young Americans do sport regularly.   4 Fewer Frenchmen go and watch football matches than you think.   5 At an age when sport is most important, they spend day after day without making the slightest physical effort.

12

Le ski—passé et présent

Je me souviens d'un temps pas très lointain—juste avant la guerre—où nous allions avec quelques camarades de classe passer nos vacances d'hiver en montagne dans des conditions bien différentes de celles d'aujourd'hui. Nous logions dans une grange située dans un hameau au-dessus de Briançon. Nous étions à tour de rôle de corvée de cuisine, nous dormions dans des sacs de couchage, et le matin pour nous laver, il fallait sur place briser la glace de l'eau de la fontaine. Nous nous adonnions à de grandes promenades sous la direction d'un guide. Lors de certaines vacances de Noël, nous étions partis sac au dos, peaux de phoque fixées aux skis, pour gagner Valloires, après avoir franchi le col du Galibier, dont le tunnel était fermé. Le lendemain nous étions revenus par le col des Rochilles... C'était du véritable ski de randonnée. Comme cette époque paraît ancienne aujourd'hui! Aussi ancienne que celle où le Norvégien Nansen réussissait la première traversée du sud du Groenland à skis (1888), ou celle qui permettait à l'alpiniste dauphinois Henri Duhamel de faire les premiers essais en France avec des skis en 1878.

De nos jours, les centaines de milliers d'hivernants qui se précipitent vers les stations parfaitement équipées des Alpes, du Jura, du Massif Central ou des Pyrénées, veulent profiter au maximum de leur séjour. Les remontées mécaniques de toutes sortes, les pistes remarquablement tracées leur permettent, s'ils le veulent, d'accomplir jusqu'à cinquante kilomètres de descente quotidiennement, voire davantage. Mais, ce faisant, ne se privent-ils pas de toute une gamme de joies, d'impressions qui valent la peine d'être connues? Gravir lentement une pente, peiner pour atteindre le sommet, mériter le magnifique spectacle que l'on domine, découvrir à la descente des champs de neige qui n'ont pas été foulés, apprendre à vaincre des passages imprévus, etc., procurent autant de sensations exaltantes que ne connaîtront jamais ceux qui ne dévalent que les pistes damées, aussi bons skieurs soient-ils. Le ski de randonnée doit redevenir un élément important de la pratique du ski. Nous conseillons à ceux qui ne l'ont jamais goûté de l'essayer. Ils y reviendront. Qu'ils se groupent avec quelques camarades, et qu'ils prennent une ou deux journées pendant la durée de leur séjour pour atteindre un but qu'ils se sont fixé: un sommet pas trop difficile pour commencer, un sommet qu'ils graviront avec leurs jambes et des peaux de phoque. Ils récolteront des souvenirs inoubliables.

Le Monde

lointain: far off
guerre (f): war
loger: to stay
grange (f): barn
(le) hameau (m): hamlet
au-dessus de: above
corvée (f): fag, duty
lors de: at the time of
peau (f): skin
phoque (m): seal
franchir: to cross
col (m): pass
randonnée (f): long-distance excursion
essai (m): trial, test
hivernant (m): winter holidaymaker
station (f): resort
remontée (f): ski-lift
piste (f): ski-run
gamme (f): range
gravir: to climb
pente (f): slope
peiner: to toil
mériter: to earn
dominer: to overlook
fouler: to tread on
vaincre: to conquer
imprévu: unexpected
dévaler: to go down
damé: smoothed-out
goûter: to enjoy
but (m): goal
récolter: to obtain

Verb Constructions

profiter (au maximum) de qch.:
to make the most of sth.
se priver de qch.: to miss, go without sth.
se souvenir de qch. (de qn.): to remember sth. (s.o.)
s'adonner à qch.: to go in for sth.
apprendre à faire qch.: to learn to do sth.

passer (du temps) à faire qch.:
to spend (time) doing sth.
réussir qch.: to do, carry out, sth. successfully
(c'était une descente réussie:
it was a successful descent.)

Further Vocabulary

ce faisant: in so doing, thereby
joies qui valent la peine d'être connues:
pleasures worth knowing

procurent autant de sensations exaltantes:
(all these things) provide exhilarating feelings

Questions à préparer

1 Dans quelles conditions l'auteur passait-il ses vacances d'hiver?
2 Qu'est-ce que le 'ski de randonnée'?
3 A quoi le souvenir de ses promenades à skis fait-il penser l'auteur?
4 Que recherchent surtout les hivernants d'aujourd'hui?
5 Que pense l'auteur de ceux qui font du ski dans ces conditions?
6 Résumez les 'sensations exaltantes' qu'offre, selon l'auteur, le ski de randonnée.
7 Qu'est-ce qu'il recommande aux amateurs de ski de faire?

Comme cette époque paraît ancienne aujourd'hui!

Grammar

1 The Subjunctive

(a) The subjunctive is used in the **main clause**:
  (i) to express the third person imperative:
    — *Qu'ils se groupent!... qu'ils prennent...!*:
    Let them form groups! . . . let them take . . . !
  (ii) in exclamations expressing wishes:
    Puissiez-vous réussir!: May you succeed!
    Vive le ski!
(b) **'however'**: concessive use (see 9.1a)
  — *aussi bons skieurs soient-ils*:
  however good they may be at skiing

This use of *aussi* + inversion is only found in written French; the more usual construction is *si (aussi)... que*:
  si bons skieurs qu'ils soient ...
  si magnifique que soit le spectacle...
  aussi rapidement qu'ils dévalent les pistes...
'However', when **not** followed by an adjective or an adverb, is translated differently:
  de quelque façon qu'on apprenne....
  however one learns . . .

2 Exclamations

comme...! que...! combien...!
  — *Comme cette époque paraît ancienne!*:
  How far away that time seems!
Exclamatory statements are introduced by *que, comme* or *combien*. Note the word order.
  Qu'elle paraît loin!
  Combien cette attitude est symbolique!

3 Adverbs

Adverb phrases
  — *Nous étions partis, sac au dos, peaux de phoque fixées aux skis*:
  We had set out, with our packs on our backs, and with sealskins fixed on our skis.
In such adverb phrases of manner the English 'with' is not translated; the article is normally retained:
  Nous sommes partis, les mains dans les poches, le chapeau sur l'oreille, la cigarette aux lèvres...:
  We left with our hands in our pockets, our hats over our ears and cigarettes in our mouths . . .

4 Personal Pronouns

le **as verb complement**
  — *(elles) leur permettent, s'ils le veulent...*:
  (they) enable them, if they want to . . .
  — *Le ski n'est pas encore aussi démocratisé qu'on le dit*:
  Skiing is not yet as popularised as people say. (passage 13)
  (Compare these constructions with 10.4)

5 The Infinitive

As the subject of a verb

— *Gravir lentement une pente, peiner pour atteindre le sommet, mériter... découvrir... apprendre... procurent autant de sensations...:*

The slow climb ... the struggle to reach the top ... the reward of ... discovering ... learning how to ... all these things provide feelings ...

The infinitive can be used as a noun equivalent in many cases where a noun or a present participle is used in English.

6 Prepositions

à forms many adverb phrases of manner:

— *à skis:* on skis
— *à tour de rôle:* in turn
— *à la descente:* on the way down

de
— *nous étions... de corvée:* we were on duty, 'on fag'
— *de nos jours:* nowadays (compare 7.7, *de mon temps*)

— *un élément important de la pratique du ski:* a major element in skiing (see 10.6)

en
— *en montagne:* in the mountains (see 2.6)

jusque
— *accomplir jusqu'à cinquante kilomètres:* cover up to fifty kilometres

sur
— *sur place:* on the spot

No preposition:

— *le matin:* in the morning(s)
— *le lendemain:* on the next day

♦ Drills

(1) **The Subjunctive** In Main Clauses
Deux moniteurs de ski parlent en regardant un groupe de débutants.
Exemple: Je crois qu'ils devraient se réunir maintenant.
Réponse: D'accord! Qu'ils se réunissent!
1 Ils veulent commencer par faire la descente.
2 Ils sont prêts à partir.
3 Je crois qu'ils devraient revenir maintenant.
4 Et maintenant ils veulent apprendre le ski de randonnée.
5 Ils sont prêts à gravir cette pente-là.

(2) **The Subjunctive** *si... que:* 'however'
Conseils de prudence à un groupe qui part faire du ski de randonnée.
Exemple: Le temps est parfait.
Réponse: Si parfait qu'il soit, il faut être prudents!
1 Nous sommes bien équipés.
2 La neige paraît bonne.
3 Nous irons lentement.
4 Le parcours est facile.
5 Le guide fait le parcours régulièrement.

Exercise

(3) **Translate:**
1 How important that experience was to me! 2 Let him do it if he wants to. 3 The guide set out first, with his pack on his back and his skis over his shoulder. 4 Living alone in the mountains, sleeping in barns, can provide you with unforgettable memories. 5 We shall set out early, weather permitting. 6 However long they make their stay, they will never learn to ski. 7 Although we spent a lot of time skiing there, we never liked the place. 8 Long live long-distance skiing! It's not done often enough nowadays.

Les classes de neige

Depuis 1953, de plus en plus de jeunes partent en 'classes de neige'. Chaque groupe d'élèves, accompagné d'un professeur et d'une infirmière, va passer un mois dans une station de ski. Le matin, ils poursuivent leurs études comme d'habitude; l'après-midi est passé dans les champs de neige à suivre des cours d'éducation physique, de patinage et de ski. Grâce aux subventions de l'État, le coût pour chaque famille est à peu près l'équivalent des allocations familiales. On a constaté qu'après un mois passé en classe de neige il y a une amélioration sensible de la capacité de travail des élèves.

Nombre d'enfants envoyés en 'classes de neige'

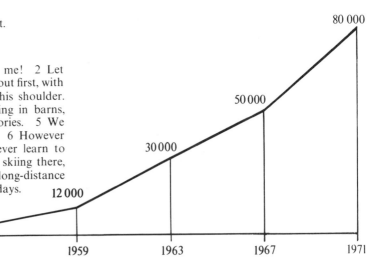

Chamrousse (Isère): village d'enfants.
Le matin, ils poursuivent leurs études comme d'habitude...
Châtel (Haute-Savoie):
... l'après-midi est passé dans les champs de neige.

13

La neige à forfait

à forfait: all-inclusive

Le nombre de Français qui skient augmente régulièrement de 10 à 15% par an. Il y a en France, au maximum, 1 500 000 skieurs (434 500 licenciés à la Fédération française de Ski): cela fait 2,4% des Français, alors que 40%, soit 20 000 000, partent chaque année en vacances. Le ski n'est pas encore aussi démocratisé qu'on le dit; pour aller skier, il faut d'abord pouvoir couper ses vacances en deux, ensuite pouvoir payer des séjours relativement coûteux. Il en résulte que le portrait-robot du skieur moyen ressemble peu à celui du Français moyen. Quatre-vingt-dix pour cent des gens qui font des sports d'hiver appartiennent à la moitié la plus fortunée de la population, et un skieur sur deux (même si l'on tient compte, dans les statistiques, des collectivités et des classes de neige) a un revenu familial de plus de 3 000 F par mois.

alors que: whereas
soit: that is to say
couper: to cut

fortuné: well off
collectivité (f): group
familial (adj.): family

Pourtant, des efforts sérieux ont été accomplis pour rendre le ski accessible aux jeunes et aux adultes peu fortunés. L'association V.V.F. ('Village-Vacances-Familles') offre des séjours de neige à des prix très bas: le forfait hebdomadaire varie de 56 F pour un enfant de moins de 6 ans, à 161 F pour un adulte.

pourtant: however

forfait (m): all-in price
hebdomadaire: weekly

Quant à l'association 'Village-Vacances-Tourisme', qui vient de voir le jour et qui est fille de la précédente, elle s'adresse à une clientèle un peu plus aisée, de cadres moyens chargés de famille. Le prix par journée varie de 21 F pour ceux qui appartiennent à un organisme social, à 27 F pour les 'individuels'. Pour les enfants, le tarif varie de 10 à 22 F.

quant à: as for
aisé: well-off

appartenir: to belong
tarif (m): price, charge

Mais l'âge des vacances d'hiver ne fait que commencer, et les jeunes, plus nombreux chaque année aux sports d'hiver, sont en train de créer un besoin qui, si l'on ose dire, fera boule de neige.

oser: to dare

Avec 200 stations, 2 000 hôtels, 45 000 chambres, 40 téléphériques, 150 télécabines, télébennes ou télésièges, 150 écoles de ski et 2 000 moniteurs, l'équipement français de sports d'hiver place notre pays dans une situation enviable et donne aux responsables des stations de solides arguments publicitaires pour la conquête de la clientèle étrangère, encore trop rare pour leur goût: en effet. d'après les statistiques du commissariat général au Tourisme, sur cent personnes qui ont passé une nuit dans une station de sports d'hiver, pendant la saison dernière, huit seulement étaient étrangères — et, depuis cinq ans, ce pourcentage a plutôt tendance à diminuer.

téléphérique (m): cable-car system
télébenne (f): chair-lift
télésiège (m): chair-lift
étranger: foreign
d'après: according to
commissariat (m): commission, board
plutôt: on the whole

Il faut aussi noter l'accroissement du nombre de petites stations régionales ou locales, qui permettent aux habitants des grandes villes voisines de skier en fin de semaine.

voisin: neighbouring

La neige, en définitive, n'est pas encore aussi accessible que le sable; cependant, des expériences intéressantes (celles des Villages-Vacances-Familles notamment) montrent que l'on peut espérer l'offrir bientôt à un plus grand nombre. Tout est affaire de choix et d'argent. Il ne suffit pas d'entasser toujours plus de gens dans les stations qui existent: on ne skie pas dans la foule. Et s'il a fallu quinze ans pour construire Chamonix et dix pour Megève, pour Courchevel cinq ont suffi, et quatre pour La Plagne; aujourd'hui, des stations peuvent naître en deux ou trois ans: la question est de savoir à qui elles seront destinées.

sable (m): sand

notamment: in particular
entasser: to cram together

René Backmann, *Le Nouvel Observateur*

Note

Les prix indiqués sont ceux de 1967.

Verb Constructions

oser faire qch.: to dare to do sth.
espérer faire qch.: to hope to do sth.

avoir tendance à faire qch.: to tend to do sth.
tenir compte de qch.: to take sth. into account

Further Vocabulary

il en résulte que...:
as a result, consequently, ...
(il) ressemble peu à...:
it doesn't look very much like ...
des efforts sérieux ont été accomplis:
serious attempts have been made
rendre le ski accessible (à)...:
to bring skiing within the reach of ...
des séjours de neige: skiing holidays

voir le jour: to come into existence
cadres moyens: lower managerial grades
chargés de famille: with family responsibilities
qui fera boule de neige: which will snowball
(les) responsables des stations:
those who run the ski-resorts
arguments publicitaires: selling-points
tout est affaire de...: it's all a question of ...

A Questions à préparer

1 Quelle proportion des Français fait du ski chaque année?
2 Pourquoi est-ce difficile de s'offrir des vacances de ski?
3 En général, quels sont les gens qui font des sports d'hiver?
4 Comment essaie-t-on de remédier à cet état de choses?
5 Pourquoi la France est-elle privilégiée en ce qui concerne les sports d'hiver?
6 Pourquoi les responsables des stations de ski ne sont-ils pas satisfaits?
7 Quelles possibilités ont les habitants des villes voisines de montagnes?
8 Comment peut-on essayer d'offrir davantage de possibilités de skier à un plus grand nombre de gens?

B Sujet de rédaction à discuter

Le ski d'aujourd'hui vaut-il celui du passé?
La discussion pourrait prendre la forme d'un débat: d'un côté, ceux qui sont attirés par le ski d'autrefois, de l'autre, ceux qui trouvent le ski d'aujourd'hui plus adapté à leurs besoins.

(1) **En faveur du passé:**
Le ski était-il organisé? Où couchait-on? Comment passait-on la journée? Quels plaisirs y trouvait-on? Qu'y a-t-il à dire contre le ski d'aujourd'hui?

(2) **En faveur du présent:**
Les skieurs sont-ils plus ou moins nombreux qu'autrefois? A quoi servent les télésièges et les téléphériques? Quelles sont les conditions recherchées par cette clientèle nouvelle (logement, pistes, divertissements après-ski)?

Grammar

1 Auxiliary Verbs

(a) *ne faire que: 'only'*
  — *l'âge des vacances d'hiver ne fait que commencer:* the age of winter holidays is only beginning
Ne faire que translates 'only' when it qualifies the verb.

(b) *falloir* (see 3.3)
  — *il a fallu quinze ans pour construire Chamonix:* it has taken fifteen years to build Chamonix (fifteen years were needed).

(c) *suffire*
  — *Il ne suffit pas d'entasser...:*
  It is not enough to pile up ...
  Il suffit d'entasser...:
  All you have to do is pile up ...
  — *pour Courchevel cinq ont suffi:*
  ... only five were needed (it took only five).

(d) *rendre*
  — *rendre le ski accessible:*
  to make skiing available
'To make' followed by an adjective is translated by *rendre*.

(e) *venir de*
  — *qui vient de voir le jour:*
  which has just ...
  qui venait de voir le jour:
  which had just ...

(f) *être en train de*
  — *les jeunes sont en train de créer un besoin:*
  young people are creating a need.

2 Nouns

Feminine nouns

— *sur cent personnes..., huit étaient étrangères.*
La victime de l'accident était un jeune homme de vingt ans.

La personne, la victime, la sentinelle and *la dupe* are feminine nouns which may refer to either sex.

3 Adverbs

(a) *peu*

— *(il) ressemble peu à celui du Français moyen:*
it looks little like the average Frenchman's (it doesn't look much like the average Frenchman's).
— *accessible aux jeunes et aux adultes peu fortunés:*
available to young people and adults who are not well off.

Peu attached to a verb translates 'not ... much'; attached to an adjective or adverb it has the force of a negative.

(b) *un peu:* 'a little', 'somewhat'

— *une clientèle un peu plus aisée:*
... somewhat better-off

4 The Infinitive   Idiomatic use of *de savoir*

— *la question est de savoir à qui elles seront destinées:*
the question is who they will be for.

In English, phrases can be fitted together abruptly, in almost any fashion or order, without link words.

In French, particularly written French, phrases can be linked together in only a limited number of ways; this means that certain link words have to be used, such as

de savoir:
Le problème est de savoir si, oui ou non, il viendra:
The problem is (knowing) whether he'll come or not.
Les responsables des stations se sont trouvés devant le problème de savoir comment attirer la clientèle étrangère:
... the problem of how to attract visitors from abroad.

5 Prepositions

à — *à forfait:* at a fixed price, all-inclusive
de — *accompagnés d'un professeur:*
accompanied by a teacher   (see 4.4)
— *une amélioration de la capacité de travail:*
an improvement in the working capacity (see 10.6)
en is used after verbs of separating and changing (into):

— *couper ses vacances en deux:*
to split one's holidays into two
en — *en fin de semaine:* at week-ends
— *en définitive:* in short, in a word
— *(ils) partent en classe de neige:*
they go away to 'ski-school'.
pour — *quatre-vingt-dix pour cent:* ninety per cent

❧ Drills

(1) Auxiliary Verb *falloir*

On se renseigne sur les stations de ski.
Exemple: Combien de temps a-t-il fallu pour construire Megève — cinq ans? dix ans?
Réponse: Il a fallu dix ans pour le construire.
1 Et combien de temps avait-il fallu pour équiper Chamonix — dix ans? quinze ans?
2 Combien de temps faudra-t-il dans l'avenir pour créer une station — deux ans? trois ans?
3 Et combien de temps faudrait-il pour démocratiser réellement le ski — dix ans? vingt ans?
4 Combien de temps faut-il maintenant pour aller de Paris à Chamonix — dix heures? huit heures?
5 Et autrefois combien de temps fallait-il pour y aller — un jour? deux jours?

(2) Auxiliary Verb *suffire*

A la recherche de renseignements pratiques.
Exemple: Que faut-il faire pour trouver une bonne station? Lire les annonces, tout simplement?
Réponse: Oui, il suffit de lire les annonces.
1 Que faudra-t-il faire pour bénéficier des tarifs réduits? Payer un forfait hebdomadaire?
2 Qu'est-ce qu'il t'a fallu faire, l'année dernière, pour pouvoir skier? Adhérer à une association?
3 Que faudrait-il faire pour avoir des renseignements? Écrire à l'Association VVF?
4 Et autrefois, que fallait-il faire pour pratiquer le ski? Connaître les meilleurs endroits?
5 Qu'aurait-il fallu faire, à cette époque-là, pour trouver un bon endroit? Parler aux gens du pays?

(3) Auxiliary Verb *venir de*

Dans le vestibule de l'Hôtel des Alpes; un retardataire vient d'arriver.

Exemple: Mais dites-moi, les autres sont descendus?
Réponse: Oui. Ils viennent de descendre.
Exemple: Ils étaient encore là quand vous êtes rentrée?
Réponse: Non. Ils venaient de descendre quand je suis rentrée.

1 Les skieurs sont donc partis?...
  Mais ils étaient encore là quand vous êtes rentrée?
2 Le guide s'est mis en route avec eux?...
  Il était encore là quand vous êtes rentrée?

(4) Auxiliary Verb *être en train de*

Exemple: On a déjà construit toutes les stations?
Réponse: Pas encore! On est encore en train de les construire.

1 Les décisions sont déjà prises?
2 On a déjà installé l'équipement?
3 On a déjà modernisé tous les hôtels?
4 Les problèmes sont maintenant résolus?
5 Le ski est maintenant démocratisé?

Exercise

(5) Translate:

1 The question is whether they will fulfil the conditions. 2 The ski resorts hope to make the tourists a little happier. 3 It would take three years to build a new resort. 4 They have only begun to make skiing possible for everyone. 5 The tourist is too often the victim of advertising methods. 6 The new resorts will not look much like the old ones. 7 All you have to do, to find the best resorts, is to write to the French ski federation in Paris. 8 Courchevel had just been built when I went there for the first time. 9 The place was being transformed into a ski resort; the question was: would it be completed on time? 10 No one took into account the fact that out of a hundred people interviewed, sixty were foreigners.

Les Deux Alpes (Isère).
On ne skie pas dans la foule.

14

Soixante heures à la dérive

à la dérive: adrift

Pendant 60 heures, le monde s'est interrogé sur le sort d'un homme perdu à la dérive sur un minuscule radeau pneumatique en plein océan Atlantique. Dans toutes les langues, les radios répétaient: 'Toujours sans nouvelles du navigateur solitaire, Joan de Kat.' Ce jeune Français de 27 ans, qui participait, sur un trimaran baptisé *Yaksha*, à la grande course transatlantique en solitaire, avait lancé le 18 juin un dernier S.O.S. indiquant que son bâtiment était en train de couler. Finalement repéré par un avion de la R.A.F., Joan de Kat allait être sauvé par un cargo norvégien.

sort (m): fate
minuscule: tiny
radeau (m): raft
toujours: still
nouvelles (f.pl): news
bâtiment (m): boat
couler: to sink
repérer: to spot

Le 18 juin

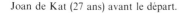 18 juin, 4 heures du matin; je me réveille, trempé, sur ma couchette. J'ai dû dormir cinq heures d'affilée. Il fait jour. La mer est toujours aussi magnifique, tout argentée au matin. Mais, comme je me retourne, je cherche vainement des yeux mon flotteur-babord. Le mât, haut de ses dix-sept mètres, s'appuie fort heureusement sur le flotteur de tribord, car le bateau a gardé, pendant mon

trempé: soaked
d'affilée: at one go
argenté: silvery
babord (m): port
s'appuyer: to lean, rest
tribord (m): starboard

Joan de Kat (27 ans) avant le départ.

sommeil, sa route par le travers des lames et du vent. Mais si le vent tourne en quelques minutes, le mât va piquer une tête sur babord, entraînant le *Yaksha* par le fond.

Sans prendre le soin de mettre une ceinture de sécurité, la scie à la main, je fonce sur le flotteur tribord pratiquement submergé par les vagues à chaque lame. Je sectionne un hauban, puis d'autres cordages. Je reviens sur la coque en me mettant à l'eau et j'ai beaucoup de mal à me hisser de nouveau dans le cock-pit. Tous mes vêtements m'alourdissent terriblement, il ne reste plus qu'à couper les rides. Par ce coup de grâce, le mât, dans un grand coup de roulis inverse, s'effondre. Je me rue sur le poste émetteur, me branche sur 121-5, détresse air-sol, et parle vite: mayday, mayday, mayday, S.O.S., S.O.S., S.O.S. Here trimaran *Yaksha*. My boat is sinking. I go in my life raft. Ici le trimaran *Yaksha*. Mon bâtiment est en train de couler. Je m'embarque dans dix minutes sur mon radeau de sauvetage.

Ma position approximative est 30° ouest, 54° nord, et j'attends une réponse éventuelle. Elle me parvient presque aussitôt par une voix à l'accent scandinave, flight 941, qui m'affirme qu'elle transmet le message après me l'avoir répété sur les ondes de détresse. Je me précipite sur mon canot, rangé juste sous le poste de radio. Je le mets à l'eau, tire sur l'extrémité orange et il se gonfle automatiquement. A présent, c'est au tour du flotteur-tribord de s'en aller. J'essaie de rester calme. J'ai juste le temps de choisir ce qui me sera indispensable pour une dizaine de jours de dérive: des biscuits, des conserves. Ne pas oublier l'ouvre-boîte. De l'eau (20 litres). Mon sac de couchage. Même par ce mauvais temps de Nord-noroît.

Le canot pneumatique heurte la coque du *Yaksha*. J'ai peur que le canot ne se déchire ou qu'il ne se troue sur une aspérité. Il ne faut plus traîner. Mon chronomètre, un petit récepteur-transistor dans un sac, les fusées toutes bien enveloppées dans leur sac étanche, des allumettes, la lampe-torche, la lampe-tempête, qui pourra peut-être me réchauffer, un peu de pétrole dans une bouteille en plastique.

Je jette pêle-mêle les vêtements qui traînent sur ma couchette dans le dinghy, plonge dedans et me laisse filer avec une longue glène jusqu'à cent mètres de mon bateau en perdition.

Je suis complètement trempé. Mais j'ai un bon ciré capitonné qui me protège bien du froid. Et je m'allonge sur tous ces vêtements étalés. J'attends. Mon premier souci: ne pas trop dériver de cette position que j'ai donnée et qui n'est peut-être pas bien juste, n'étant qu'une 'estime'.

Les heures passent. Le radeau pneumatique est heureusement étanche grâce à son toit gonflable et la fermeture éclair de sa porte. Mais, déjà, il se dégonfle. Cela m'inquiète. Je pose le gonfleur et, dorénavant, je devrai, toutes les heures ou deux, donner une dizaine de coups de pompe.

Les vagues les plus fortes déferlent en submergeant le canot, mais pas une goutte d'eau n'entre. Je me sens soulagé. Je m'assoupis pendant quelques moments, du moins me semble-t-il. A présent, le flotteur tribord du *Yaksha* s'en va. Comme il est plein de mousse, il flotte et dérive vers moi. Je coupe l'amarre, sorte de cordon ombilical qui me relie encore au bateau-mère, et je m'en vais, jouet des flots, du vent et des marées. Le *Yaksha* s'enfonce lentement dans l'eau, sur le flanc, portant tragiquement ses deux tubes tribord dans un ciel gris chargé de lourds nuages, tandis que le vent siffle et hachure les grandes vagues de la mer. 🍂

par le travers de: broadside on to
lame (f): wave, roller
piquer une tête: to dive
entraîner par le fond: to sink
foncer: to fling oneself
vague (f): wave
hauban (m): shroud
coque (f): hull
hisser: to hoist
alourdir: to weigh down
ride (f): lanyard
coup de roulis (m): lurch
s'effondrer: to collapse
se ruer: to rush
poste émetteur (m): transmitter
se brancher sur: to tune in to
éventuel: possible
canot (m): dinghy
gonfler: to inflate
conserve (f): tinned food
ouvre-boîte (m): tin-opener
heurter: to bang against
se déchirer: to tear
trouer: to hole
aspérité (f): rough edge
traîner (1): to delay
fusée (f): flare
étanche: watertight
pétrole (m): paraffin
traîner (2): to lie around
filer: to cast off
glène (f): coil of rope
ciré (m): oilskin
capitonné: padded
étaler: to spread out
souci (m): worry
fermeture (f) *éclair:* zip
poser: to fix up
dorénavant: from now on
déferler: to break
soulager: to relieve
s'assoupir: to doze
mousse (f): foam
amarre (f): mooring rope
jouet (m): plaything
flot (m): wave
marée (f): tide
s'enfoncer: to sink
tandis que: while
hachurer: to streak

UNIT 14

Le 19 juin

Ma dérive est rapide. Je ne me sens vraiment pas bien. J'avale deux biscuits, un jus d'ananas en boîte mais je vomis aussitôt tout cela à la mer. Alors, bien que je ne puisse pas m'étendre vraiment dans ce petit canot qui mesure hors tout 1 m 80, je me recroqueville dans l'humidité et je sommeille. Au matin, après une nuit entrecoupée de réveils, de coups de pompe, de crampes, j'espère enfin retrouver ma forme. Mais pas du tout. C'est toujours cet état léthargique, confus, entre le mal de mer et la faiblesse où l'on se laisserait volontiers aller.

L'ancre flottante s'est arrachée du bateau et je dérive, à en juger par le bruit et les remous que je fais, à plus de 2 nœuds 5. J'aurai, ce soir, parcouru cent milles au sud depuis le lieu de mon naufrage.

Dans la pleine lumière du jour, lorsque toutes les crêtes écumantes des vagues brillent sous le soleil qui a percé les nuages, j'entends un bruit et vois passer un avion, pratiquement au-dessus de moi. Il garde un cap précis, n'en varie pas et disparaît. Je n'ai pas eu le temps d'envoyer une de mes fusées.

J'ai laissé un peu trop longtemps les portes de la tente entrouvertes et une vague plus audacieuse est venue s'engouffrer, mettant tout sous dix centimètres d'eau glacée. Curieusement, loin de me démoraliser, ce coup du sort me réveille, me sort de ma torpeur. Je jure un bon coup. Je prends le seau et j'écope presque tout.

Pour la première fois depuis maintenant trente-six heures, j'ai un peu d'appétit. J'ouvre un paquet de cacahuètes grillées et salées. Une bonne rasade de whisky, quelques biscuits, une pomme, une orange. Je bois un peu d'eau, et puis je sens que tout tourne dans ma tête et je m'étends à nouveau. L'opération nourriture a néanmoins réussi. Quand je ferme les yeux j'ai tout à fait l'impression d'être dans une nacelle entrechoquée de part et d'autre. Entre deux grandes lames, il y a parfois un moment de calme où je trouve un peu de paix.

Au dernier moment j'avais embarqué mon petit poste récepteur transistor, me disant que cela pourrait être utile.

Je l'avais réglé sur un poste parisien. Dans la soirée je peux entendre au journal de 20 heures un bulletin qui commence ainsi: 'On est sans nouvelle de Joan de Kat depuis deux jours...'

Les vagues sont, à la nuit de ce deuxième jour, de plus en plus mauvaises. Elles déferlent sur vingt mètres. A certains moments, je me croirais aux Vingt-quatre heures du Mans. Je les entends venir dans un vrombissement croissant, inquiétant; elles passent tout près sans me heurter et le bruit disparaît presque aussitôt. Parfois, elles viennent droit sur moi et me poussent comme un fétu de paille sur les remous d'écume et les tourbillons de mousse.

Le 20 juin

Au petit matin du troisième jour, la mer a quelque peu changé. La houle est plus longue. J'ai un moment de répit plus grand entre les crêtes qui déferlent. A 9 heures j'entends le ronronnement régulier et sourd d'un avion; il passe au-dessus de moi, si près que je peux presque en distinguer l'équipage. Je sors au risque d'être balayé par une lame déferlante. Je fais de grands gestes de la main. L'appareil continue imperturbablement sa route. Je lance une fumigène aussitôt pour qu'il en repère la couleur sur l'eau. Mais l'avion disparaît bientôt. J'enrage.

A midi, j'ai la chance, à travers des parasites, d'avoir la clé du mystère de l'avion du matin.

Un bulletin précise: 'Des aviateurs ont repéré dans le sud-est, assez loin de l'endroit du naufrage, une sorte de ballon orange qui selon eux serait un ballon météorologique. Le commandant des opérations a décidé d'aller poursuivre les recherches dans cette région.'

avaler: to swallow
ananas (m): pineapple
aussitôt: immediately
s'étendre: to stretch out
hors tout: over-all
se recroqueviller: to curl up
sommeiller: to doze
volontiers: willingly
arracher: to tear away
remous (m): backwash
nœud (m): knot
naufrage (m): shipwreck
écumant: foaming
cap (m): course
entrouvert: half-open
audacieux: bold
s'engouffrer: to sweep in
torpeur (f): sluggishness
jurer: to swear
écoper: to bale out
cacahuète (f): peanut
salé: salted
rasade (f): swig
néanmoins: nevertheless
nacelle (f): dinghy
entrechoqué: buffeted
de part et d'autre: on both sides
embarquer: to take aboard

vrombissement (m): throb
croître: to grow
fétu (m) *de paille* (f): wisp of straw
tourbillon (m): whirlpool

petit matin: daybreak
(la) houle (f): swell
répit (m): breathing-space
ronronnement (m): hum
sourd: muffled
équipage (m): crew
appareil (m): aircraft
fumigène (f): smoke-flare
parasites (m.pl): interference
préciser: to state, spell out

Alors je respire. Je suis pratiquement sauvé. Je prends une casserole. J'y verse du gin et je le fais flamber. Et dans la belle flamme bleue je mets le contenu d'une boîte de haricots rouges et de saucisses. Je dévore gloutonnement le tout, à peine tiède, avec les doigts.

casserole (f): pan

à peine: scarcely
tiède: warm, lukewarm

Je m'étais endormi un peu trop longtemps après ce copieux repas et le bateau est tout dégonflé. Je me retrouve tout au fond. Les affaires s'entassent sur moi; comble de malchance, le lait concentré s'est répandu partout. D'abord regonfler. Puis, comme j'ouvre la tente pour prendre de l'eau et nettoyer avec une éponge, j'entends le ronronnement régulier d'un gros quadrimoteur. Je me lance sur la boîte aux fusées. L'une est toute prête. Elle part comme un éclair juste sous le nez de l'avion. Cette fois-ci, on m'a vu. L'appareil fait un grand tour, passe très bas et des deux mains, en me découvrant, je fais de grands gestes de remerciement, de bonheur et de joie. Je suis sauvé.

s'entasser: to pile up
se répandre: to spread

quadrimoteur (m): four-
engined aircraft

bonheur (m): happiness

Le quadrimoteur de la 'Royal Air Force' tourna autour de moi de 18 heures à 20 h. 30. Il me lança un autre canot gonflable plus grand que le mien, et je m'amusai comme un enfant dans un nouvel appartement passe d'une pièce dans une autre. Et je fis mon déménagement.

déménagement (m): removal

Mais quand je fus dans le grand canot, j'eus beaucoup plus froid, et je revins bien vite dans le petit qui se dégonflait toujours autant mais qui, plus hermétique et plus exigu, gardait mieux ma chaleur.

exigu: small

Peu à peu la mer se calmait. On aurait pu croire qu'elle le faisait exprès. A présent que j'étais sauvé, elle abandonnait la partie.

exprès: on purpose
partie (f): game

Le soir tombait. Et comme j'embrassais enfin d'un seul coup d'œil l'horizon, j'aperçus la silhouette lointaine mais bien réelle d'un navire qui se dirigeait vers moi. Ma première pensée fut que cette nuit-là je dormirais dans de bons draps, plaisir qui m'avait été refusé depuis plus d'un mois.

drap (m): sheet

Le Figaro

A la dérive sur un minuscule radeau pneumatique...

UNIT 14

Further Vocabulary

j'ai beaucoup de mal à...:
I have great difficulty in . . .
je peux en distinguer l'équipage:
I can make out its crew.
il ne me reste plus qu'à...:
all I have to do now is . . .
à en juger par....: judging from . . .
depuis le lieu de mon naufrage:
from where I had capsized
comble de malchance: worst of all, to cap it all

Expressions of looking and seeing:

je cherche... des yeux mon flotteur-babord:
I search for my port float.
j'embrassais... d'un seul coup d'œil l'horizon:
my gaze swept the horizon.

The use of the phrases *des yeux, du regard, d'un coup d'œil*, and the words *regard(s), yeux*, makes possible a great variety of expressions of looking and seeing:

suivre qch. (qn.) des yeux:
to watch, keep in sight sth. (s.o.)
chercher qn. du regard: to look round for s.o.
fixer ses regards sur qn.: to stare at s.o.
jeter un regard (des regards) sur qch.:
to glance (keep glancing) at sth.

Make a note of these and similar expressions as you come across them.

Joan de Kat, de retour à Paris.

Un trimaran baptisé 'Yaksha'...

A Questions à préparer

(a) *le 18 juin*

1 Au réveil, Joan de Kat s'aperçoit qu'il est en danger : que s'est-il passé ? Et que fait-il aussitôt ?
2 Quel message a-t-il transmis ? Qui l'a reçu ?
3 Qu'est-ce qu'il a fait avant de quitter le trimaran ?
4 Quelles difficultés a-t-il rencontrées au cours de cette première nuit ?

(b) *le 19 juin*

5 Dans quel état s'est-il retrouvé au matin ?
6 Quel incident l'a sorti de sa torpeur ?
7 Qu'est-ce qu'il a appris par son poste récepteur ?
8 Comment étaient les vagues, cette deuxième nuit ?

(c) *le 20 juin*

9 D'où est venu l'espoir, au matin du troisième jour ?
10 A quel moment a-t-il su qu'il était sauvé ?
11 Quelles sont les deux qualités principales qui ont contribué au sauvetage du navigateur ?

B Sujet de rédaction à discuter

L'opération de recherche et de sauvetage montée après la 'disparition' de Joan de Kat a coûté cher. *Devrait-on donc interdire les courses transatlantiques en solitaire?*

Considérez, d'un côté: le danger auquel s'exposent les concurrents; les risques et le coût des opérations de sauvetage; un 'sport' réservé à une minorité.

Et, de l'autre côté: l'intérêt de ces courses pour un vaste public; un exemple parmi plusieurs (lesquels?) qui prouvent que l'héroïsme et le goût de l'aventure ne sont pas morts; la nécessité, pour l'humanité, dans un monde mécanisé, de mettre ses forces à l'épreuve.

Grammar

1 Tenses

(a) Past historic and perfect

Note the use of the past historic in the last four paragraphs of the passage to mark a separation in style from vivid subjective narrative to objective narrative. The past historic is used:

(i) to describe an action, event or series of events which took place in the past, and which are seen in their entirety from start to finish:
— *je fis mon déménagement.*
— *Le quadrimoteur... tourna autour de moi de 18 heures à 20 h 30.*

(ii) to describe successive action:
— *quand je fus dans le grand canot, j'eus beaucoup plus froid.*
— *Il me lança un autre canot..., et je m'amusai comme un enfant...*

N.B. In conversation the perfect tense is used.

(b) The imperfect tense is used:

(i) to describe objects, people or background to events:
— *le petit (canot) qui... gardait mieux ma chaleur.*
— *la mer se calmait. Le soir tombait.*

(ii) to describe an action viewed as incomplete and still continuing:
— *le petit (canot) qui se dégonflait toujours...*

(iii) to describe an action interrupted by another:
— *comme j'embrassais l'horizon, j'aperçus...*

In narrative passages, *comme* and *pendant que* are used with the imperfect tense.

(c) depuis compared with pendant

(i) *depuis*: 'since', 'for the past'
— *Pour la première fois depuis trente-six heures, j'ai un peu d'appétit:*
For the first time for (in the past) thirty-six hours, I have some appetite.
— *plaisir qui m'avait été refusé depuis plus d'un mois:*
a pleasure which I hadn't had for more than a month (for the past month or more).

The idea is that it was a month *since* he last had this pleasure. Similarly, in the first example, it had been thirty-six hours *since* he had had any appetite.

Depuis is also used when the action is viewed as incomplete at the time spoken of:
— *On est sans nouvelle... depuis deux jours:*
No news has been received for (the past) two days. (see 6.2)

Note that when the verb accompanying *depuis* is positive, it is in the present or imperfect tense; when the verb (or the meaning of the sentence) is negative the tense is as in English.

(ii) *pendant*: 'during', 'for the space of'
— *Pendant 60 heures, le monde s'est interrogé sur...:*
For (during, for the space of) 60 hours, ...

The action is viewed as completed. Note that the verb accompanying *pendant* is in the perfect or past historic tense, never the imperfect.

2 The Infinitive

Laisser, voir, entendre, sentir and other verbs of the senses can be followed by the infinitive:
— *je me laisse filer:* I let myself drift away.
— *on se laisserait aller:*
one would let oneself go.
— *(je) vois passer un avion:* I see a 'plane going by.
Je les entends venir: I hear them coming.

Note the agreement in compound tenses:
Je les ai entendus venir.
A relative clause or a noun clause is also possible:
Il vit un navire qui se dirigeait vers lui:
He saw a ship making for him.
— *je sens que tout tourne:* I feel everything turning.

3 Auxiliary Verbs

(a) **devoir** (see 1.2a)
— *J'ai dû dormir cinq heures d'affilée:*
I must have slept five hours at a stretch.

(b) **pouvoir** (see 1.2b)
— *qui pourra peut-être me réchauffer:*
which **may** possibly warm me.

— *me disant que cela pourrait être utile:*
telling myself it **might** be useful.
— *On aurait pu croire qu'elle le faisait exprès:*
You **might have** thought that ...

4 Indefinites *tout*

(a) **Adjective:** 'all', 'every'
— *toutes les langues; tous mes vêtements; tout cela*
Used in the singular, without any article, *tout, toute*, mean 'any':
L'avion peut arriver à tout moment.

(b) **Noun or pronoun** (invariable): 'everything', 'all of it'
— *Je dévore le tout:* I gobble the lot
— *j'écope presque tout:*
I bale out almost all of it.
— *tout tourne:* everything's spinning

(c) **Pronoun** (agrees): 'all of . . .'
Ils étaient tous là: All of them were there.
— *les fusées toutes bien enveloppées:*
all of the flares well wrapped up

Note that 'of it', 'of them', etc., are not translated.

(d) **Adverb:** 'quite', 'completely', 'very'
— *le bateau est tout dégonflé:*
. . . completely deflated.
— *tout au fond:* right at the bottom
— *elles passent tout près:* . . . very close
Note that the adverb *tout* becomes *toute* before a feminine adjective beginning with a consonant:
— *L'une est toute prête.*

(e) *pas du tout:*
'not at all' (reinforcing the negative)
il n'était pas du tout content.

(f) *tout à fait:* 'completely'

5 Conjunctions

(a) *comme:* 'as', 'while'
— *Puis, comme j'ouvre la tente, j'entends....*
Then, as I open the tent . . .
— *Et comme j'embrassais l'horizon, j'aperçus...:*
And, as I scanned (while I was scanning) the horizon . . .

(b) *comme:* 'as', 'since'; *car:* 'for', 'since'

— *Comme il est plein de mousse, il flotte...:*
As (since) it's full of foam-rubber, it floats . . .
— *Le mât s'appuie..., car le bateau a gardé sa route:*
The mast rests . . ., for (since) the boat has kept its course.
Comme introduces an explanation **before** the main verb; *car* introduces an explanation **after** the main verb.

6 Prepositions

à forms many adjective phrases
(a) giving the idea of 'for', 'for the purpose of':
— *la boîte aux fusées:*
the box containing flares
(b) used as a distinguishing mark:
— *une voix à l'accent scandinave:*
a voice with a Scandinavian accent
— *à présent que...:* now that . . .
— *je le mets à l'eau:*
I launch it (put it into the water)
de and *avec*: *de* often translates 'with' when the instrument of the action is the obvious, expected one; *avec* is used to place stress on the instrument used on the particular occasion:
— *de la main, des deux mains:*
with my hand, with both hands
— *d'un seul coup d'œil:* in a single glance
— *je dévore gloutonnement le tout... avec les doigts:*
. . . with my fingers
— *nettoyer avec une éponge:*
to clean up with a sponge
de and *par* (see 4.4):
— *un ciel gris chargé de lourds nuages:*
a grey sky laden with heavy clouds
— *une nuit entrecoupée de réveils:*
a night broken by sudden awakenings
— *submergé par les vagues:*
covered by the waves
— *sauvé par un cargo:*
rescued by a tramp steamer

en forms adjective phrases describing material, condition, shape, appearance, manner:
— *une bouteille en plastique:*
a plastic bottle
— *un jus d'ananas en boîte:*
tinned pineapple juice
— *mon bateau en perdition:* my sinking ship
— *la course en solitaire:*
the single-handed race
— *en plein océan:*
in the middle of the ocean
sur is used in many cases where 'in' is used in English:
— *sur un trimaran:* in a trimaran
— *je m'embarque sur mon radeau de sauvetage:*
I go in my life raft
— *les vagues... déferlent sur vingt mètres:*
the waves break over a distance of twenty metres.
— *je me rue (me précipite, me lance) sur...:*
I rush to . . ., pounce upon . . .
— *elles viennent droit sur moi:*
they are coming straight for (towards) me.
— *je l'avais réglé sur un poste:*
I had it tuned in to a station.
— *le monde s'est interrogé sur...:*
the world wondered about . . .

🔹 Drills

(1) The Infinitive After verbs of the senses
Vous vous trouvez avec Joan de Kat dans le canot.
Vous parlez de ce qui se passe.
Exemple: Le canot a heurté la coque du Yaksha. Vous
l'avez entendu?
Réponse: Oui, je l'ai entendu heurter la coque du Yaksha.
1 Le trimaran s'est enfoncé dans l'eau. Est-ce que vous l'avez vu?
2 Les vagues viennent vers nous. Vous les avez entendues?
3 Le canot a dérivé. Vous l'avez vu?
4 L'avion a passé au-dessus. Vous l'avez entendu?
5 Il a disparu. Vous l'avez laissé faire?

(2) Auxiliary Verb *pouvoir:* 'might'
Vous êtes dans l'avion envoyé à la recherche de Joan de Kat. Un journaliste qui vous accompagne vous pose des questions auxquelles vous répondez.
Exemple: Est-ce que nous le verrons? Qu'a dit le pilote?
Réponse: Il a dit que nous pourrions le voir, si tout allait bien.
1 Est-ce que tu recevras son message? Qu'a dit le pilote?
2 Est-ce que Joan nous verra? Qu'a dit le pilote?
3 Est-ce que nous entendrons le bulletin de six heures? Qu'a dit le pilote?
4 Est-ce que Joan sera sauvé? Qu'a dit le pilote?
5 Est-ce que le navire arrivera à temps? Qu'a dit le pilote?

(3) Auxiliary Verb *pouvoir:* 'might have'
Joan de Kat répond à des questions, après son sauvetage.
Exemple: Le mât risquait de s'effondrer, alors?
Réponse: Oui, il aurait pu s'effondrer.
1 Et il risquait d'entraîner le Yaksha?
2 Et puis le canot risquait de se trouer?
3 Les vagues risquaient de vous submerger tout à fait?
4 Vous risquiez de perdre toutes vos affaires?
5 Et ce qui est pire, vous risquiez de vous noyer?

Exercises

(4) Tenses In narrative
Retell in 'story form', using past tenses instead of the present, and using the third person instead of the first, the last five paragraphs of the narrative of 18th of June, beginning 'Le canot pneumatique...'

(5) Tenses In narrative Translate:
1 His first action was to cut the ropes. 2 He kept his flares in a water-tight box. 3 As his eyes swept the horizon he saw a ship. 4 As I opened the tent I heard the noise of the plane. 5 The next thing he did was to open a tin of pineapple. 6 It was then that he heard the plane: it was maintaining a steady course. 7 As he had no time to choose what he needed, he threw in everything. 8 He did not have the time to send one of the flares. 9 The pilot told me it might be necessary to take the transistor. 10 If all goes well, the plane may spot him.

(6) Tenses With *depuis* and *pendant* Translate:
1 When we spotted him, he hadn't been seen for three weeks. 2 He was adrift on his tiny raft for three days before being sighted. 3 He had been drifting on the high seas for three days when the R.A.F. found him. 4 For sixty hours everyone wondered what was happening to him and then the news came: he had been spotted! 5 Once aboard the ship he slept without interruption for eight hours, a pleasure he hadn't had for more than a month. 6 When he was in the dinghy he didn't eat anything for thirty-six hours. 7 The plane had been in the area for two hours when the pilot saw him. 8 We have had no news of Joan de Kat now for twenty-one days.

(7) Indefinites *tout*
Rewrite, filling in the blanks with the appropriate form of tout:
Il travailla _____ le jour. Quand enfin le mât s'effondra il avait les mains _____ écorchées et _____ lacérées. A _____ instant, il pensait que le vent allait changer de direction. Entendant le bruit d'un avion il chercha les fusées qui étaient _____ près, _____ dans leur boîte étanche. Les postes qui n'avaient cessé de répéter son message avaient _____ contribué à son sauvetage.

(8) Prepositions Translate:
1 Later we met the sailor: he was a Frenchman with a German accent! 2 The man with the blue beret was a French sailor. 3 He thought he had thrown the flares box overboard, but it was only a biscuit tin. 4 The old sailor was loved and respected by all: a few years ago his boat had been struck by a huge wave and he had been rescued by a cargo boat. 5 A strong wind accompanied by rain made visibility difficult. 6 To judge from the noise, the waves were breaking over the boat itself.

15

300 000 plaisanciers

Tout l'hiver, ils rêvent de foc et de grande voile. Un souffle de vent dans la cheminée leur rappelle le jour où, par 'force 6', ils ont failli démâter au large de la Bretagne. Ils dévorent les revues spécialisées, pensent à acheter un bateau plus grand. Le printemps venu, ils se penchent sur les cartes. Et comme les quelque 300 000 plaisanciers de France n'ont pas tous la vocation de Tabarly — ni un bateau de treize mètres — un grave problème se pose à eux: celui du havre à la fois confortable et tranquille où ils pourraient enfin oublier les rumeurs de la ville et les embarras de voitures.

Curieux phénomène en vérité que cette découverte de la mer par nos compatriotes. Si l'on mesure le chemin parcouru depuis la fin du siècle dernier, la chose paraît à peine croyable.

Il n'est pas tellement loin le temps où la côte était réservée aux pêcheurs, les ports aux marins, la mer aux peintres et aux poètes.

Jusqu'au milieu de ce siècle, le bateau habitable était le privilège de quelques milliardaires. Nantis d'un équipage, équipés eux-mêmes d'une tenue 'made in England', ils n'avaient alors aucune difficulté pour trouver un mouillage sur la Côte d'Azur.

L'avènement du dériveur léger a tout bouleversé. Mais loin de mettre à mort le 'bateau de papa', il n'a fait que le démocratiser: 100 000 bateaux sont sur l'eau ou vont l'être bientôt. Sur ce chiffre, 35 000 dériveurs légers auxquels les plages — quand il y en a — peuvent à la rigueur offrir un lit de sable. Mais les autres, les bateaux de petite et de moyenne croisière, à voile ou à moteur, les bateaux de haute mer qui constituent cette 'quatrième marine' venue s'ajouter à celle de guerre, de commerce et de pêche, ne savent où se mettre.

L'embouteillage des ports de plaisance est tel que l'O.R.T.F. a jugé utile de diffuser, chaque matin, un bulletin spécial à l'usage des navigateurs vacanciers, leur indiquant où ils peuvent encore trouver un mouillage. Initiative intéressante certes, mais combien symbolique.

'La Rochelle, le bassin à flot est complet', annonce la radio. A en juger par la forêt de mats qui le couronne, je n'en doute pas un seul instant. Dans l'avant-port, l'*Eloïse II*, sa grande voile bleue claquant joyeusement sous la jolie lumière blonde du ciel rochelais, va quitter le quai. 'Vous allez vous saler la peau', lance goguenard — et à mon intention — un vieux marin qui assiste à notre départ.

Janine Herbay, *La Vie française*

plaisancier (m): amateur yachtsman
foc (m): jib
grande voile: mainsail
souffle (m): gust
démâter: to lose the mast
carte (f): chart
(le) havre (m): harbour
rumeur (f): noise
embarras (m): jam
compatriote (m): fellow-countryman
croyable: credible

marin (m): sailor

milliardaire (m): (multi-) millionaire
nantir: to provide
tenue (f): gear, clothes
mouillage (m): mooring
dériveur léger (m): sailing dinghy
bouleverser: to upset
marine (f): fleet

embouteillage (m): congestion
port (m) *de plaisance*: yachting harbour
diffuser: to broadcast
vacancier (adj): on holiday
bassin (m) *à flot*: wet dock
complet: full
claquer: to flap
goguenard: mocking

Note

Eric Tabarly: navigateur solitaire, vainqueur de la course transatlantique en solitaire en 1964 et en 1976.

Verb Constructions	
réserver qch. à qn.: to reserve sth. for s.o.	*se pencher sur qch.*:
douter de qch.: to doubt sth.	to lean over, pore over sth.

Further Vocabulary	
(il) leur rappelle le jour où...:	
it reminds them of the day when ...	*de petite et de moyenne croisière*:
le chemin parcouru:	for short or medium distance cruising
how things have changed, how far we have come	*vous allez vous saler la peau*:
ils n'avaient aucune difficulté pour trouver...:	you'll get salt on your skin (i.e. you'll get wet)
they had no difficulty (in) finding ...	*qui assiste à notre départ*: who watches us leave

A Questions à préparer

1 Comment les plaisanciers passent-ils l'hiver?
2 Ces plaisanciers 'n'ont pas tous la vocation de Tabarly'. Qu'entendez-vous par là?
3 Faites le portrait-robot du plaisancier d'il y a quelques dizaines d'années.
4 Qu'est-ce qui a démocratisé le 'bateau de papa'?
5 Quelle initiative l'O.R.T.F. a-t-elle prise, face à l'embouteillage des ports?
6 A quoi ce phénomène est-il comparable?
7 Quelle est l'attitude du vieux marin face aux plaisanciers?

B Sujet de rédaction à discuter

Quelle est la différence essentielle entre le plaisir que trouvent ces plaisanciers et celui d'un Tabarly, d'un Joan de Kat?

Cherbourg: port de plaisance.
'... la forêt de mâts qui le couronne...'

Grammar

1 Personal Pronouns

'it' in English; no pronoun in French

— *l'O.R.T.F. a jugé utile de...*:
the O.R.T.F. thought it useful to . . .
Je crois nécessaire de vous dire ceci:
Í think it necessary to tell you this.

Il trouva prudent de rester chez lui:
He thought it wise to stay at home
No pronoun is used in French with verbs of thinking, such as *juger, croire, trouver*, followed by an adjective + *de* + infinitive.

2 Stressed Pronouns

When the **direct** object of a verb is *me, te, se, nous* or *vous*, an **indirect** object pronoun referring to a person is in the stressed form (*à moi, à eux*, etc.):

— *un grave problème se pose à eux:*
they are faced with a serious problem.
Il me présente à lui. Je le lui présente.

3 Auxiliary Verb

— *ils ont failli démâter:* they nearly lost their mast.
Faillir is used (only in the perfect or past historic tenses) with an infinitive, generally to give the idea of narrowly avoiding something which would have had disagreeable effects for the speaker.

4 Indefinites *quelque*

(*a*) As an **adjective**, *quelque* means 'some', 'a few':
— *quelques milliardaires:* a few millionaires
(*b*) As an **adverb** (invariable) before numerals, *quelque* means 'some', 'about', 'roughly':
— *les quelque 300 000 plaisanciers:*
the 300 000 or so holiday-makers

5 Style

(*a*) Phrases with a past participle are often used in place of relative and time clauses:
— *Le printemps venu:* When spring comes
— *le chemin parcouru:*
the distance which has been covered
Note other examples of this point of style from your own reading.

(*b*) — *Curieux phénomène que cette découverte de la mer!:*
This new interest in the sea is a strange thing!
— *Initiative intéressante certes, mais combien symbolique!:*
This idea is certainly interesting, but how symbolic!
This omission of *'c'est un(e)...'* at the beginning of the sentence is frequent in exclamations.

6 Prepositions

à   — *les bateaux à voile ou à moteur:*
sailing or motor boats   (see 14.6)
— *à l'usage de....:* for the use of . . .
— *à la rigueur:* if need be
— *à mon intention:* for me, for my benefit
— *au large de....:* (in the open sea) off . . .
de   — *nantis d'un équipage:*
provided with a crew

— *équipés d'une tenue:*
fitted out with clothes   (see 4.4)
par in phrases describing weather has the sense of 'in':
— *par ce mauvais temps:*
in this bad weather   (passage 14)
— *par force six:* in a force six wind
sur   — *Sur ce chiffre:*
Of this number   (compare 11.5)

🎲 Drills

(1) Auxiliary Verb *faillir*
On parle encore de l'exploit de Joan de Kat.
Exemple: Il n'a pas oublié l'ouvre-boîte, mais c'est tout juste!
Réponse: En effet. Il a failli oublier l'ouvre-boîte.
1 Le canot ne s'est pas troué, mais c'est tout juste!
2 Les vagues ne l'ont pas submergé, mais c'est tout juste!
3 Le canot ne s'est pas dégonflé, mais c'est tout juste!
4 Joan ne s'est pas noyé, mais c'est tout juste!
5 Il n'a pas perdu confiance, mais c'est tout juste!

(2) Stressed Pronouns   As Indirect Object
Deux officiers du cargo qui a sauvé Joan de Kat parlent de lui et de la course transatlantique.
Exemple: Est-ce que Joan s'est adressé à toi d'abord?
Réponse: Oui. Il s'est adressé à moi.
1 Et puis il t'a présenté à Eric Tabarly?
2 C'est vrai qu'il se fie à toi!
3 Il te présentera aux autres concurrents?
4 Et les mêmes problèmes se sont posés à ses concurrents?

Exercises

(3) Personal and Stressed Pronouns   Translate:
1 Because of the congestion in the port, most yachtsmen thought it necessary to arrive early. 2 The old sailor didn't think it wise to leave the port that day. 3 The authorities have let it be known that the port will soon be congested. 4 The French radio obviously considered it useful to broadcast this news item. 5 There are three hundred thousand amateur yachtsmen in France and they are faced with a serious problem: the yachting harbours are all full. 6 The old sailor gave us a mocking smile. I didn't trust him. 7 'May I introduce you to Monsieur Tabarly?' 'But, you have already introduced us to him!'

(4) Verb Constructions   (revision exercise)   Translate:
1 He didn't look much like the average Frenchman 2 They were made to study navigation at school. 3 I remember a time — not very distant at that — when the ports were empty. 4 Instead of sailing we went in for long walks. 5 In winter the amateur sailors spent their time looking at charts. 6 That day it took them five hours to reach port. 7 Buying a yacht is not enough; you must know how to navigate. 8 Alone at night on the open sea he could hear the waves coming straight for him: he was afraid. 9 The old sailor had seen them coming towards him: he made them stop. 10 'They didn't have any difficulty finding a mooring?' 'I very much doubt that!'

(5) Indefinites *quelque*   Translate:
1 In 1954 there were 35 000 or so sailing dinghies. 2 There were several hundred boats in the water. 3 Some sailors watched us leave. 4 One had no difficulty finding an anchorage there a few years ago. 5 The wet dock was full ten days or so ago.

(6) Position of Adjectives   (revise 10.2)
Study the following examples, taken from passages 11 to 15, and comment on the position of the adjective in each case, with reference to the rules given in 10.2:
1 des jeunes Français (passage 11). 2 lors de certaines vacances de Noël (passage 12). 3 du véritable ski de randonnée. 4 le magnifique spectacle que l'on domine. 5 l'équipement français de sports d'hiver (passage 13). 6 de solides arguments publicitaires. 7 la saison dernière. 8 un cargo norvégien (passage 14). 9 l'extrémité orange. 10 une longue glène. 11 un ciel gris chargé de lourds nuages. 12 la pleine lumière du jour. 13 au dernier moment. 14 un moment de répit plus grand. 15 le ronronnement régulier et sourd. 16 ce copieux repas. 17 un nouvel appartement. 18 un bateau plus grand (passage 15). 19 sa grande voile bleue. 20 un vieux marin.

IV
Les Transports

L'histoire de l'automobile, vue par Sempé

16

Le psychiatre et
le permis de conduire

permis (m): licence

C'est une simple histoire, que j'ai lue dans l'hebdomadaire zurichois *Die Welt-woche*, dont la chronique judiciaire est toujours intéressante. Des causes semblables sont certainement jugées en France, mais celle-ci est rapportée avec des détails inhabituels.

cause (f): case
semblable: similar
rapporter: to report
inhabituel: unusual

Le cas de Franz

Le 10 août dernier, près de Zurich, le conducteur d'une voiture de sport a doublé, à très grande vitesse, plusieurs autos qui se suivaient. Il en a tamponné une durement et défoncé une autre qui venait en sens inverse. Des quatre occupants, père, mère, enfants, trois ont été tués par la violence du choc. Seul a survécu un petit garçon âgé de dix ans. Le conducteur coupable, que notre confrère nomme simplement Franz (il est Tyrolien d'origine), a été condamné à dix mois de prison. Son procès a soulevé une question d'ordre général.

Franz est âgé de vingt-sept ans. Il a très brillamment satisfait aux épreuves du permis de conduire et l'on s'accorde à reconnaître qu'il est, à l'ordinaire, sans trace de méchanceté. Il travaille dans une usine de papier-carton, où il gagne mensuellement quatorze cents francs suisses, soit 164 000 de nos anciens francs. Il dépense peu pour lui-même. Sa frugalité et sa mise sans recherche lui ont précisément permis d'acheter la voiture de modèle particulier, agent de la catastrophe. Le ministère public s'en est étonné. Pourquoi pas une voiture ordinaire? Il a donc fait procéder à une enquête non seulement policière, mais psychologique.

doubler: to overtake
tamponner: to collide with
défoncer: to smash in
tuer: to kill
coupable: guilty
confrère (m): colleague
procès (m): trial
soulever: to raise
épreuve (f): test
usine (f): factory
papier-carton (m): cardboard box
mensuellement: monthly
soit: i.e.

Examen psychiatrique

Elle a révélé que Franz, doué d'une intelligence très médiocre, très lent dans ses études, avait dû redoubler des classes à l'école primaire, que son horizon intellectuel était très étroit, qu'il souffrait cruellement de sa propre insignifiance, qu'avant de posséder une auto, il réagissait contre le sentiment de son infériorité par des discours pédantesques, des affirmations péremptoires et qu'en faisant l'acquisition de sa redoutable machine, il avait cherché à compenser toutes ses infériorités par un étalage de force, une manifestation de luxe, d'audace, de puissance, de vitesse, d'imprudence, mais qu'en acquérant ainsi la conviction de valoir davantage, il restait incapable de manifester dans des circonstances périlleuses autre chose qu'une ostentation ou une panique également enfantines. Le psychiatre concluait: 'Si l'on s'en tient à l'accident seul, la responsabilité de Franz est très atténuée. Mais il est plus certain encore que jamais le permis de conduire n'aurait dû lui être délivré, car le permis suppose non seulement le maniement familier de la machine, la connaissance du code de la route, mais encore un certain niveau intellectuel, moral et psychologique.' Notre confrère suisse se demandait donc si, quelque jour, on n'ajouterait pas aux épreuves du permis un examen psychiatrique.

redoubler: to repeat
insignifiance (f): unimportance
réagir: to react
discours (m): talk
pédantesque: pedantic
affirmation (f): statement
péremptoire: categoric
redoutable: fearsome
étalage (m): display
audace (f): bravery
puissance (f): power
imprudence (f): recklessness
périlleux: dangerous
ostentation (f): showing-off
atténué: diminished
maniement (m): handling

UNIT 16

Les accidents de la route

Voilà un gros problème. Je ne puis que l'aborder en piéton, instruit seulement par la lecture des journaux. Si j'ose cependant m'avancer, il me semble que les accidents de la route se classent en deux catégories: d'une part, ceux où la fatalité joue un rôle, défaillance du moteur, éclatement d'un pneu, mauvaise route, verglas inattendu, comportement imprévisible d'un piéton ou d'un autre conducteur en état d'ébriété, etc., de l'autre, ceux où la faute incombe tout entière à un conducteur. A coup sûr celui-ci pèche assez souvent, comme Franz, pour se valoriser à ses propres yeux, pour se montrer plus fort, plus malin, plus rapide, plus débrouillard, plus important que le miteux qui respecte les limitations de vitesse, s'arrête au signal de 'Stop', observe les prescriptions du code...

L'automobile trop souvent change l'homme. Et pas en mieux. Des personnes qui, à l'état de piétons, étaient paisibles, bien élevées et parfaitement inoffensives, deviennent, par la grâce de X chevaux-vapeur, des furieux mal embouchés, parfois des dangers publics. Je ne parle pas d'examen psychiatrique. Cela ne me regarde pas. Je n'y connais rien. Je m'en tiens à une vérité banale. Puisqu'il est dangereux de mettre une puissance qui peut être meurtrière entre les mains de gens qui ne savent pas se conduire, le devoir est de rappeler inlassablement que les responsabilités grandissent en raison même de cette puissance. A chacun de faire son examen de conscience. Aux parents de réfléchir pour leurs enfants.

Pierre Gaxotte. *Le Figaro*

piéton (m): pedestrian
s'avancer: to put forward an opinion
défaillance (f): failure
éclatement (m): burst
verglas (m): ice
inattendu: unexpected
comportement (m): behaviour
imprévisible: unforeseeable
ébriété (f): drunkenness
malin: cunning
débrouillard (sl): resourceful
chevaux-vapeur: horsepower
miteux (sl): poor fellow
furieux: raving
mal embouché: loud-mouthed
meurtrier: deadly
se conduire: to behave
inlassablement: tirelessly

Verb Constructions

compenser qch.: to make up for sth.
satisfaire à qch.:
to pass, fulfil the requirements of, sth.
(*satisfaire qn. (qch.)*: to satisfy, please, s.o. (sth.))
incomber à qn.: to fall upon s.o.

la faute incombe à un conducteur:
the blame lies with a driver
s'en tenir à qch.: to confine oneself to sth.
s'étonner de qch.: to be surprised at sth.

Further Vocabulary

la chronique judiciaire: the legal columns
seul a survécu...: the sole survivor was ...
une question d'ordre général: a (more) general question
on s'accorde à reconnaître que...:
all are agreed that ...
il est sans trace de méchanceté:
there is nothing malicious about him.
sa mise sans recherche: his simple way of dressing
le ministère public:
the (department of the) Public Prosecutor

il a fait procéder à une enquête:
he ordered an inquiry.
en acquérant la conviction de valoir davantage:
while becoming convinced of his own superiority
autre chose que...: anything other than ...
celui-ci pèche pour se valoriser:
he breaks the law in order to boost his own ego.
cela ne me regarde pas:
that is no concern of mine
je n'y connais rien: I'm no expert (in this matter).
faire son examen de conscience:
to search his conscience

A Questions à préparer

1 Pourquoi M. Gaxotte s'est-il intéressé à cette 'simple histoire'?
2 Comment l'accident s'est-il produit?
3 Comment Franz a-t-il trouvé l'argent nécessaire à l'achat de la voiture de sport?
4 Pourquoi cet achat a-t-il provoqué l'étonnement des autorités?
5 Qu'a révélé l'enquête psychologique sur l'intelligence de Franz et les raisons qui l'ont poussé à acheter une voiture de sport?
6 Comment réagissait-il dans des circonstances périlleuses?
7 Comment pourrait-on améliorer l'examen du permis de conduire?
8 Quelles sont, selon M. Gaxotte, les deux catégories où se classent les accidents de la route?
9 'L'automobile trop souvent change l'homme.' Expliquez comment.
10 Quelle est la conclusion de M. Gaxotte?

B Sujet de discussion

Qui est le plus responsable, en fin de compte, dans la mort des trois personnes tuées par la voiture de Franz?

C Sujet de rédaction à discuter

L'auto est une machine qui grandit tous nos vices et n'exalte pas nos vertus.— Discutez.
(1) L'expérience de Franz.
(2) Les leçons qu'on peut tirer de cette expérience.

(3) Exemples tirés de votre expérience personnelle (comme piéton et comme usager de la route).
(4) Comment les problèmes de la circulation poussent-ils aux 'vices' plutôt qu'ils n'encouragent les 'vertus' du conducteur?
(5) Comment amener l'homme à adopter une attitude raisonnable envers l'automobile?
(6) Conclusion: mesures qu'il faut prendre (permis de conduire, sanctions plus dures, etc.).

Grammar

1 Tenses *c'est... qui* (*que*)

— *C'est une simple histoire, que j'ai lue...*:
It was a simple story I read ...
In the construction *c'est... qui* (*que*)..., *c'est* translates 'it is', 'it was', 'it will be', etc. *Ce fut* and *ce sera* can also be used, if the verb in the relative clause is in the past historic or the future; but with compound tenses (perfect, pluperfect, etc.) *c'est* is used (see 4.1a).

2 Auxiliary Verbs

(a) *devoir* (see 1.2a)
  — *Elle a révélé que Franz avait dû redoubler des classes*:
  ... had had to repeat some years' work.
  — *jamais le permis... n'aurait dû lui être délivré*:
  he should never have been issued with a licence (the licence ought never to have been given him).

(b) *pouvoir* (see 1.2b)
  — *une puissance qui peut être meurtrière*:
  ... which may be deadly.
  — *Je ne puis que l'aborder en piéton*:
  I can only approach it as a pedestrian.
  Je puis is used instead of *je peux* only in literary style.

3 Negatives

Word order
— *jamais le permis... n'aurait dû lui être délivré*
Jamais can be placed at the beginning of a sentence, for emphasis. Note the word order after *pas, jamais, rien, personne, nul, aucun*, etc., when they are placed first:
  Pas un instant n'a été perdu.

4 Indefinites

(a) *autre chose* (*que*): 'anything else, something else (other than)'
  — *incapable de manifester autre chose qu'une ostentation*:
  incapable of showing anything other than ostentation
  Montrez-moi autre chose!:
  Show me something else!

rien d'autre (*que*): 'nothing else (other than)'
  Il ne manifestait rien d'autre qu'une ostentation.
  Il ne vous faut rien d'autre?:
  You don't want anything else?
(b) *autre part* (*que*): 'somewhere else, elsewhere (than)'
  nulle part: nowhere
  nulle part ailleurs: nowhere else
  quelque part: somewhere
  partout: everywhere
  n'importe où: anywhere (see 2.5)

5 The Article

Omission of the article

(a) Before a noun used in **apposition**:
— (elles) lui ont... permis d'acheter la voiture..., agent de la catastrophe.

(b) In **enumerations**:
— d'une part, ceux où la fatalité joue un rôle, défaillance du moteur, éclatement d'un pneu, mauvaise route, verglas inattendu...

— Des quatre occupants, père, mère, enfants, trois ont été tués...

(c) The indefinite article is omitted before nouns denoting nationality, profession, rank and title, after the verbs être, devenir, rester and naître:
— il est Tyrolien: he is a Tyrolese.
Il est devenu (resté, né) soldat:
He became (remained, was born) a soldier.

---

6 Prepositions

à
— (c'est) à chacun de faire...:
(it is) up to each one of us to ...
— (c'est) aux parents de réfléchir:
(it is) for parents to reflect
— à coup sûr: without any doubt
— à l'ordinaire: usually
— à l'état de piétons:
as pedestrians (in the situation of ...)

de
— une question d'ordre général:
a general question
— Tyrolien d'origine: a Tyrolese by birth
— d'une part... de l'autre...:
on the one hand ... on the other ...

— âgé de dix ans: ten years old
— doué d'une intelligence très médiocre:
endowed with very average intelligence (see 4.4)

en
— en état d'ébriété: in a drunken state
— en sens inverse: in the opposition direction
— en piéton:
as a pedestrian (from the point of view of...)
— en mieux: for the better
— en raison de...: in proportion to ...
— (ils) se classent en deux catégories:
they can be put into two categories (see 13.5)

entre
— entre les mains de gens...
in, into the hands of people ...

Exercises

(1) **Auxiliary Verbs** Translate:
1 No one should have been killed. 2 As a driver I believe that such conduct may cause accidents. 3 Should one put into their hands such a powerful machine? 4 Nothing showed why he had had to stop suddenly. 5 I can only reply as a pedestrian. 6 His explanations may have been wrong: you never know! 7 The driver could have stopped if he had been driving more carefully. 8 He was driving so fast that, when he saw the other car coming, he could not stop in time. 9 You shouldn't believe that the blame always lies with the driver. 10 He had a licence, so he must have passed his driving test!

(2) **Indefinites** Translate:
1 It was a book one could find nowhere else. 2 It will be a car in which you can go anywhere. 3 It was an accident that could have happened anywhere. 4 He showed surprise, but nothing else. 5 Until he was twenty-one, he was incapable of driving anything other than small cars.

17

Les tueurs du dimanche

tueur (m): killer

Les accidents de la route

Imaginez un accident de chemin de fer avec 120 morts et 1 400 blessés dont 650 gravement atteints. On parlerait de catastrophe nationale. À la première page des journaux, vous liriez des titres en caractères d'affiche. Et il y aurait des colonnes et des colonnes de reportages sur la 'plus effroyable des tragédies du rail'. Pensez donc. 120 morts, 1 400 blessés. C'est le bilan d'un bombardement...

Pendant la fin de semaine pascale, sur les routes, il y a eu 119 morts et 1 409 blessés dont 649 ne guériront peut-être pas. Catastrophe nationale? Pas du tout. Aussi incroyable que cela paraisse, on semble même plutôt soulagé. En effet, cette année le bilan est moins lourd. Devant ces 119 corps allongés sur l'herbe et ces 1 409 personnes sur un lit d'hôpital, on parle alors de 'résultats encourageants'. Ce qui montre qu'un drame collectif, lorsqu'il se répète à date fixe et qu'on est impuissant à l'éviter, devient vite une espèce d'habitude acceptée.

Comment amener les conducteurs à ne plus perdre de vue qu'ils sont solidaires sur une route, qu'ils sont responsables de la vie de ceux qu'ils transportent aussi bien que de l'existence des autres usagers de la route, piétons compris?

blessé: injured
dont: including
atteint: hurt
affiche (f): poster
effroyable: terrible

guérir: to get better
soulagé: relieved

impuissant: powerless
espèce (f): kind, sort
solidaire: jointly responsible
compris: included

L'homme et sa voiture

En vérite, il y a une série de malentendus entre l'homme et sa voiture.

Écoutons l'avis d'un expert-psychiatre:

'La voiture fait tellement partie de nous-mêmes, tellement partie de notre existence, qu'on en arrive, au volant, à oublier sous ses pieds cette fantastique réserve de puissance. Et nous continuons à raisonner en piéton. Au bout d'un temps qui varie d'un individu à un autre l'attention se relâche. Celui-ci peut conduire quatre heures sans que son attention se détende. Celui-là, une heure. Certains, pas du tout: ils sont incapables d'être attentifs, soit parce qu'ils sont momentanément préoccupés par leurs soucis personnels, soit par défaut de caractère.'

malentendu (m): misunderstanding
tellement: so much
volant (m): steering wheel

se détendre: to relax

souci (m): care, worry
défaut (m): fault

La frustration au volant

Un autre malentendu tient à une sorte de sentiment général de frustration. Pour beaucoup, la voiture est un instrument de 'libération'. Non seulement elle permet de s'évader, d'échapper en fin de semaine au décor harassant de la vie quotidienne, mais elle agit comme une 'drogue' — impression renforcée par l'indépendance, la confiance en soi qu'on éprouve au volant lorsqu'on sent le moteur répondre.

'Il se produit alors un curieux phénomène d'identification de l'homme à sa propre machine, explique le psychiatre. Le conducteur règne en maître sur un petit univers clos: quand le moteur-esclave obéit, l'homme se voit brusquement plus libre. Il imagine que ce surcroît de puissance peut lui permettre d'échapper au lot commun, l'aider à se tirer d'une situation aussi déplaisante que celle qui consiste, par exemple, à perdre de précieuses minutes à suivre un poids lourd sur une route en virages. Pas de gendarmes à l'horizon? Il croit pouvoir franchir la ligne blanche, prendre un risque. En fait, le conducteur n'a plus la patience de rouler sans prendre ce risque, parce qu'il s'estime frustré. L'automobile, c'était

décor (m): setting, conditions
harassant: exhausting
agir: to act
éprouver: to feel

esclave (m): slave

poids lourd (m): lorry
virage (m): bend in road
franchir: to cross
estimer: to consider

ce qui lui apportait un sentiment d'indépendance. Et voilà que sur la route, il découvre qu'il dépend bien plus étroitement d'autrui. C'est parce qu'il ressent profondément cette contradiction, cette humiliation mal avouée, qu'il va être amené, à un moment ou à un autre, à perdre brusquement toute prudence. D'autant que l'instinct de conservation ne joue plus, le danger n'étant pas directement perceptible...'

autrui: others, other people
ressentir: to feel
d'autant que: especially since
perceptible: noticeable

La 'maladie de la route'

Que faire? Très certainement: aménager le réseau routier. Cela doit être répété. Le réseau routier français, dans sa conception actuelle, est périmé. Il faut supprimer, par exemple, cette mortelle 'troisième voie' centrale qui tue aussi sûrement que le cancer. Il faut multiplier les autoroutes. Il faut innover hardiment.

Mais est-ce suffisant? A quoi servirait d'aménager le réseau, si rien n'était tenté pour freiner, calmer les sentiments d'agressivité? Comment amener chacun à penser qu'il n'est pas seul au monde lorsqu'il appuie sur l'accélérateur pour doubler dans un virage ou au sommet d'une côte?

Probablement nous trouvons-nous en face d'une sorte de crise de croissance pénible: cette 'maladie de la route' est la rançon d'une société industrielle avancée, d'une civilisation tournée vers le matérialisme et la consommation des biens.

Le Figaro

aménager: to improve
réseau (m): system
périmé: out of date
voie (f): lane
hardiment: boldly
freiner: to restrain
côte (f): hill
crise (f): crisis
croissance (f): growth
pénible: difficult, painful
rançon (f): penalty
biens (m.pl): goods

Verb Constructions

amener qn. à faire qch.:
to induce s.o. to do sth.
perdre (du temps) à faire qch.:
to waste (time) doing sth.
échapper à qch. (à qn.):
to escape from sth. (s.o.)
(*s'évader de qch.:* to escape from, out of, sth.)
se tirer de qch.: to get out of, away from, sth.

dépendre de qn.: to depend on s.o.
servir — impersonal and personal use:
à quoi servirait (-il) de faire qch.?:
what would be the point of doing sth.?
(*il ne sert à rien de faire qch.:*
it is no good, no use, doing sth.)
servir à (faire) qch.: to be useful for (doing) sth.

Further Vocabulary

des titres en caractères d'affiche:
banner headlines
le bilan d'un bombardement:
casualties on the scale of an air-raid
la fin de semaine pascale: the Easter week-end
un drame collectif:
a disaster involving large numbers of people
perdre de vue que...:
to lose sight of the fact that ...
on en arrive à oublier:
one comes to forget

au bout d'un temps: after a period (of time)
celui-ci peut conduire..., celui-là...:
one person can drive ..., another ...
ce surcroît de puissance: this extra power
et voilà que, sur la route, il découvre...:
and now he discovers that when he is on the road ...
cette humiliation mal avouée:
this humiliation which he is unwilling to recognise
l'instinct de conservation ne joue plus:
the instinct of self-preservation no longer operates

A Questions à préparer

1 Quelle différence y a-t-il dans l'attitude des gens envers les accidents du rail et ceux de la route?

2 Qu'est-ce qui fait que les gens ne réagissent pas plus violemment aux accidents de la route?

3 Quelle est l'erreur la plus commune que commet l'homme vis-à-vis de sa voiture, et de lui-même?

4 Pourquoi certains conducteurs sont-ils plus dangereux que d'autres?

5 Quel est, pour certains, le rôle psychologique que joue la voiture? À quel moment ce rôle peut-il devenir dangereux?

6 Quelle est la contradiction que le conducteur ne veut pas s'avouer?

7 Qu'est-ce qui pourrait contribuer à réduire le nombre d'accidents?

8 Mais la raison profonde est ailleurs: où?

B Sujet de rédaction à discuter

Les accidents de la route sont-ils inévitables — 'la rançon d'une société industrielle avancée'? ou pourrait-on les réduire?

(1) Pourquoi la voiture est-elle devenue une nécessité dans 'notre société industrielle avancée'?

(2) La voiture est-elle un 'instrument de libération'?

(3) Résumez ce que le psychiatre veut dire en parlant de la 'contradiction' entre les sentiments du conducteur et la réalité.

(4) Pourquoi est-ce que l'instinct de conservation ne joue pas toujours?

(5) Quelles mesures pourrait-on prendre: (*a*) pour améliorer la circulation et augmenter la sécurité (feux de signalisation, passages cloutés, limitation du stationnement)? (*b*) pour aménager le réseau routier? (*c*) pour limiter la liberté d'action du conducteur (telles que: l'alcotest, l'obligation de porter des ceintures de sécurité, la fermeture de certaines rues, de certains quartiers, à l'automobile privée)?

Plan proposé: (1) L'importance de la voiture dans notre société. (2) L'attitude des gens envers la voiture. (3) Les mesures possibles pour réduire les accidents. (4) Donnez votre opinion sur la question.

Grammar

1 The Subjunctive

Required in negative clauses introduced by *sans que, non que, ce n'est pas que,* etc.:

— *Celui-ci peut conduire quatre heures **sans que** son attention se détende:*

... without his attention relaxing.

***Ce n'est pas que** tous les conducteurs soient incapables d'être prudents:*

It isn't that all drivers are incapable of being sensible.

Sans que is used when the subjects of the main and subordinate clauses are different. Otherwise *sans* + infinitive is used. Compare:

— (*il*) *n'a plus la patience de rouler sans prendre ce risque:*

(He) no longer has the patience to drive without taking this risk.

Il ne se passe jamais une occasion sans qu'il prenne ce risque:

An opportunity never passes without him taking this risk.

2 Participles

(*a*) — *Devant ces 119 corps **allongés** sur l'herbe:*

... **lying** on the grass.

To describe a physical position, the past participle is used in French, whereas in English the present participle is used:

allongé:	lying (at full length)
couché:	lying (as for sleep)
étendu:	lying (flat out)
agenouillé:	kneeling
assis:	sitting
appuyé:	leaning (with body supported)
adossé:	leaning (with back supported)
penché:	leaning (forward)
accoudé:	leaning (on elbows)
debout (invariable):	standing

(*b*) With pronominal verbs such as the above, it is important to distinguish the **state** (*elle était assise:* she was sitting) from the **action** (*elle s'est assise:* she sat down):

Il était appuyé contre le mur.

Elle s'est agenouillée près de la victime.

Les deux hommes étaient debout près de la porte.

A l'arrivée de l'inspecteur, l'homme s'est mis debout.

3 Conjunctions

Repetition

— *lorsqu'il se répète à date fixe et qu'on est impuissant à...:*

when it occurs regularly and one is powerless to ...

If two clauses depend on the same conjunction, the second is introduced by *que*. The conjunction must be repeated in French. If the conjunction is *si* (if), the second verb is in the subjunctive:

s'il se répète à date fixe et qu'on soit impuissant à...

4 Comparison

(a) **d'autant que, d'autant plus (moins) que...:** 'especially as', 'all the more (less) since . . .'
   — *D'autant que l'instinct de conservation ne joue plus.*
   Especially as the instinct of self-preservation no longer operates.
   On s'en étonne d'autant moins que ce drame se répète à date fixe:
   One is all the less surprised since this drama is repeated on a fixed date.

Il conduit d'autant plus fiévreusement qu'il s'estime frustré:
He drives all the more feverishly because he feels frustrated.

(b) **tellement... que:** 'so . . . that'
   — *La voiture fait tellement partie de nous-mêmes que...:*
   . . . is so much a part of us that . . .
   Il est tellement (or *si*) *inattentif qu'il ne devrait pas conduire:*
   He is so inattentive that . . .

5 Indefinites

(a) **autrui, d'autres, les uns... les autres**
   — *il dépend bien plus étroitement d'autrui:*
   he depends . . . on others.
   The pronoun *autrui* means 'others' or 'other people'; it is never used as a subject and is usually governed by a preposition.
   'Others' as a subject is translated by **d'autres:**
   D'autres vous diront que...:
   Others will tell you that . . .
   'Some . . . others' can be translated by **les uns... les autres** or **quelques-uns (certains)... d'autres.**

Les uns prennent des risques, les autres se résignent à suivre les poids lourds. (see 6.4a)
Certains (quelques-uns) pourraient conduire quatre heures, d'autres deux heures.
   — *Certains, pas du tout.*

(b) **chaque — chacun(e)**
   — *Comment amener chacun à penser...?:*
   How can one induce everyone (each person) to think . . .?
   Adjective — *chaque:* each
   Pronoun — *chacun(e):* each one

6 Prepositions

à
   — *à la première page:* on the first page
   — *à date fixe:* on a fixed date
   — *à l'horizon:* on the horizon
   — *seul au monde:* alone in the world
à and *de* after adjectives (see 9.2):
   — *on est impuissant à l'éviter:*
   one is powerless to avoid it
   — *ils sont incapables d'être attentifs:*
   they are incapable of concentrating
de when forming adjective phrases may or may not be followed by the definite article.
(a) The more completely the qualifying phrase is felt to form an adjective, the more likely it is that no article will be used:
   — *un lit d'hôpital:* a hospital bed
   — *en caractères d'affiche:*
   in poster-type letters
(b) If the first noun is preceded by the indefinite or partitive article, it is likely that *de* will be used without

the article:
   — *un accident de chemin de fer:*
   a railway accident
   — *une sorte de crise de croissance pénible:*
   a kind of painful crisis of growth
(c) If the first noun is preceded by the definite or demonstrative article, *de* is generally followed by the definite article:
   — *les accidents de la route:* road accidents
   — *cette 'maladie de la route':*
   this 'sickness of the road'
Collect and compare further examples from your own reading.
en
   — *une route en virages:*
   a winding road   (see 14.6)
   — *la confiance en soi:* self-confidence
par
   — *par défaut du caractère:*
   through, because of, weakness of character

⬡ Drills

(1) The Subjunctive   After *sans que*

A la question 'quelles mesures pourrait-on prendre pour réduire le nombre d'accidents sur la route', des réponses sont proposées, sans qu'on en trouve une qui soit vraiment satisfaisante.

Exemple: L'important, à mon avis, c'est d'augmenter la sécurité; comme ça, il y aura moins d'accidents.

Réponse: Mais c'est ce qu'on fait depuis longtemps, sans qu'il y ait moins d'accidents.

1 La solution, à mon avis, c'est de multiplier les autoroutes; comme ça, les accidents seront réduits.

2 L'important, à mon avis, c'est de prendre des mesures sévères contre les mauvais conducteurs; cela les rendra plus prudents.

3 Ce qu'il faut faire c'est de leur imposer des sanctions plus dures; comme ça, ils feront plus attention.

4 Ce qu'il faut faire c'est d'améliorer la circulation; comme ça, les conducteurs prendront moins de risques.

5 L'essentiel, c'est d'aménager le réseau routier; comme ça, ils conduiront plus prudemment.

(2) The Subjunctive   After *ce n'est pas que*

On vous interroge sur le cas d'un conducteur qui a souvent des accidents; est-ce sa faute? Vous avez votre idée là-dessus.

Exemple: C'est vrai qu'il conduit mal?

Réponse: Non, ce n'est pas qu'il conduise mal; c'est que les routes sont mauvaises.

1 Alors, c'est qu'il est imprudent?

2 Est-ce qu'il prend des risques?

3 Alors, c'est son attention qui se relâche peut-être?

4 Est-ce donc qu'il ne sait pas le code?

5 Mais alors, c'est qu'il veut se montrer le plus fort?

(3) Comparison *d'autant plus (moins) ... que*

Reparlons de Franz!

Exemple: Il était irresponsable, n'est-ce pas, car le danger lui paraissait évident?

Réponse: Mais oui! Il était d'autant plus irresponsable que le danger lui paraissait évident.

1 On avait peu de respect pour lui, n'est-ce pas, car il n'était pas doué?

2 Son action était dangereuse, n'est-ce pas, car la route était encombrée?

3 Il était peu prudent, n'est-ce pas, car il se sentait frustré?

4 Il trouvait la situation déplaisante, n'est-ce pas, car pour lui la voiture représentait la liberté?

5 Il était peu responsable, n'est-ce pas, car il était malade?

Exercises

(4) Participles   Complete, using the Past Participle or the full Perfect Tense, as appropriate, of the verb indicated.

1 Quand je l'ai vue, elle (s'allonger) sur un lit d'hôpital.   2 Le médecin est arrivé et (se pencher) sur la victime.   3 Une heure après l'accident, le chien (se coucher) près de la voiture.   4 Au moment de l'accident, elle (s'accouder) à sa fenêtre.   5 Elle a essayé de marcher, mais au bout d'un moment elle (s'asseoir) sur un banc.

(5) Comparison   Translate:

1 Road accidents are so much a part of our daily experience that we feel powerless to prevent them.   2 Franz was all the more stupid since the danger was obvious.   3 His action was especially dangerous as the road was in poor condition.   4 He was so inattentive, he never saw the pedestrian.   5 The more driving one does, the less confidence one has in the abilities of other drivers.

(6) Indefinites   Translate:

1 Some people think they are free when they are behind the wheel; others do not lose sight of the fact that there are other drivers on the road.   2 After a period of time some drivers forget that they are dependent on other people.   3 Some drivers ought not to be on the roads at all!   4 'Everyone for himself': that's the attitude of most drivers!   5 Each year there are more road accidents. The newspapers report them. And yet, however incredible it may seem, one even gets used to them.

(7) Translate:

1 If the roads are poor and drivers feel frustrated, accidents will happen.   2 When we lose patience and press the accelerator to overtake, we take very grave risks.   3 What would be the good of improving the roads if nothing was done to restrain the aggressive feelings of motorists?   4 One tends to drive too fast on country roads: not that they are less dangerous, but one feels freer.   5 The pedestrian was lying at the roadside and the policeman was bending over him.

La circulation des poids lourds en France

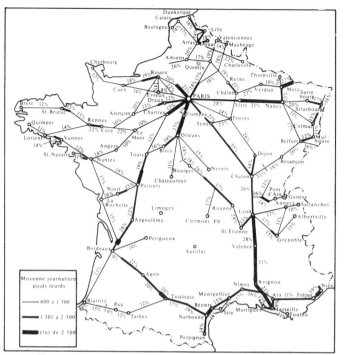

En pourcentages: la proportion de poids lourds
par rapport à la circulation globale

Note Le trafic recensé est celui de 1970 sur les routes nationales françaises, à l'exclusion des autoroutes. Les pourcentages indiqués sur la carte indiquent la proportion de poids lourds par rapport à la circulation globale. Sur certains grands axes, un véhicule sur trois est un camion.

Aux alentours de Paris, les chiffres recensés, autoroutes comprises, sont impressionnants: près de 44 000 camions entrent dans la région parisienne et en sortent chaque jour, soit à peu près un camion toutes les deux secondes.

recenser: to record, count
global: total, overall
alentours (m.pl): region, vicinity
impressionnant: impressive

Les transports de marchandises

La part respective des différents moyens de transport (en pourcentages):

	% 1956	% 1967	% 1971
Route	25	36	39
Chemin de fer	64	41	37
Oléoduc	1	15	16
Voie d'eau	10	8	8
	100	100	100
Trafic total (en milliards de tonnes-kilomètres)	79	156	185

1 Expliquez ce que veut dire l'expression 'tonne-kilomètre'.
2 Les chemins de fer et les voies d'eau auront-ils encore un rôle à jouer à l'avenir? Quels sont, selon vous, leurs avantages particuliers?

marchandises (f.pl): goods
oléoduc (m): pipeline
voie (f) *d'eau:* waterway
milliard (m): thousand million

On néglige le chemin de fer

Les investissements

Nos routes sont insuffisantes, saturées et coûteuses. Mais n'est-ce pas parce qu'en faisant d'elles un moyen de communication privilégiée et quasi obligatoire on s'est imposé du même coup des charges de construction et d'entretien démesurées? Que l'on compare les prix de revient, et aussitôt la capacité, la sécurité, les avantages du rail par rapport aux transports routiers apparaissent évidents. Pourtant ce sont des milliards que l'on sacrifie chaque année aux dieux de l'automobile tandis que l'on néglige un mode de transport sans doute moins pittoresque, mais surtout moins bien défendu.

quasi: virtually
entretien (m): maintenance
démesuré: excessive
prix (m) *de revient:* costs
sécurité (f): safety
dieu (m): god
mode (m): form
pittoresque: picturesque

La vitesse coûte cher en énergie, mais rapporte en termes de personnel. C'est pourquoi l'avion cherche les grandes vitesses. Le rail est beaucoup mieux adapté aux grandes vitesses à grande sécurité que la route; s'il ne va pas plus vite en France (les 130 km/heure sont rarement dépassés), c'est parce que les investissements lui sont refusés. De nombreuses routes, même très secondaires, ont vu leurs profils largement rectifiés, aucune ligne de chemin de fer n'a bénéficié de la même attention. Depuis 1964 les Japonais vont à 200 km/heure de Tokyo à Osaka. En novembre 1965, un an après l'ouverture de la ligne, le nombre de voyageurs avait décuplé, atteignant 26 000 personnes par jour.

rapporter (1): to pay
adapté: suitable
dépasser: to exceed

profil (m): shape, line
rectifier: to straighten

décupler: to increase tenfold
atteindre: to reach

Les avantages

La route a l'avantage du porte à porte; du choix de l'heure de départ, de la liberté d'horaire et d'arrêt; mais qu'il s'agisse de dormir, de manger, de lire un roman policier, de jouer au bridge, de consulter un dossier, de faire quelques pas, le wagon l'emporte très largement, même pour celui qui ne conduit pas. Et il peut en outre prendre la voiture sur son dos. Et cependant tous les hommages et les travaux sont pour la route; c'est à cette déesse que sont consentis les grands sacrifices d'hommes et d'argent.

horaire (m): timetable
il s'agit de: it's a matter of
dossier (m): file
pas (m): pace, step
hommage (m): praise
déesse (f): goddess
consentir: to grant

La gare de Lyon à Paris.
... ils réclament tous à la fois le droit immédiat au transport...

Pourquoi les hommes choisissent-ils systématiquement un mode de transport qui, dans de nombreux cas, est le moins indiqué? Les multiples fautes stupéfiantes de jugement à l'égard du fer ont toutes une cause commune: il est vieux, il date du XIXe siècle. A toujours tort celui qui a fait son temps

indiqué: right, suitable

Un problème et deux solutions

Voici un petit problème. Vous avez 1 000 tonnes d'oranges à transporter de Marseille à Paris et le choix entre deux solutions:

— Mettre en marche un train de 50 wagons de 20 tonnes, qui utilise en marche 2 personnes et exécute le transport dans des conditions de sécurité presque absolues.

— Utiliser 60 camions avec 60 conducteurs (ou mieux, 120 conducteurs pour éviter une fatigue excessive), qui feront à la main les 4 000 tournants du parcours, tout en encombrant les routes et en entraînant des risques d'accidents.

tournant (m): turning, bend
parcours (m): journey
encombrer: to congest
entraîner: to lead to, involve

La première solution est humaine, progressiste et économique; c'est cependant la seconde qui est couramment retenue. Pourquoi? Parce que les transporteurs y trouvent leur avantage financier. Autrement dit, les tarifs d'une part, les prix et impôts de l'autre sont disposés de telle façon que les entreprises prennent le moyen de transport le plus coûteux pour la nation.

couramment: generally
financier: financial
impôt (m): tax
entreprise (f): firm

Comment choisir?

Une des premières fautes a été de laisser au chemin de fer les travaux coûteux, la route ne prenant que ceux qui rapportent. Prenons le cas simple d'une ligne de chemin de fer et d'une route. Le choix entre les deux voies doit se décider ainsi:

Si tout le trafic peut être assuré sur la route, sans investissement nouveau, il peut y avoir intérêt, pas toujours mais souvent, à supprimer totalement la ligne de chemin de fer, de façon à réaliser le maximum d'économies.

supprimer: to close down
réaliser: to effect, achieve
maintenir: to keep (open)

Si le chemin de fer est maintenu, il lui faut assurer un trafic aussi élevé que possible. Supprimer ou utiliser intensément, tel est le choix. Ce qui est économiquement absurde, c'est de garder sans utiliser.

garder: to keep

Une autorité supérieure, publique ou privée, disposant des deux voies pourrait aisément affecter chaque unité de trafic à la plus avantageuse. Par le jeu des tarifs et des prix on ne peut obtenir qu'un partage très grossier qu'il est en outre impossible de faire varier selon les circonstances (état des routes, température, trafic, voyageurs etc.). La solution la plus économique serait d'affecter les transports à longue distance à la S.N.C.F.

affecter: to allocate
partage (m): sharing-out
grossier: crude

Une clientèle variable

Ce rail délaissé voit, à certains moments, affluer une masse de clients exigeants. Propriétaires de camions ou de voitures redoutant le brouillard ou le gel, vacanciers du 14 juillet et du 22 décembre, etc., réclament tous à la fois et avec insistance, le droit immédiat au transport. Et la S.N.C.F. doit tout d'un coup fournir wagons, locomotives, personnel (1 200 trains quittent Paris à Noël, sur les grandes lignes). Antiéconomique à l'extrême, cette utilisation aggrave encore le déficit.

délaisser: to abandon, neglect
affluer: to pour in
exigeant: demanding
redouter: to fear
gel (m): frost
vacancier (m): holidaymaker

Il y a, pour les Français, bien des raisons d'insomnie. On ne rapporte cependant aucun cas d'un homme ou d'une femme que le déficit de la S.N.C.F. ait empêché de dormir...

Alfred Sauvy, *Le Figaro littéraire*

réclamer: to demand
fournir: to provide
bien des: many
rapporter (2): to report
empêcher: to stop, prevent

Note

S.N.C.F.: Société nationale des chemins de fer français.

Le petit monsieur de Michel Claude

(en vacances)

UN VOYAGE FORMIDABLE !..

PAS FATIGUÉ DU TOUT !.. UNE SUSPENSION IMPECCABLE !.

DES REPRISES DU TONNERRE !

DES FREINS ÉPATANTS !..

DIX HEURES POUR DESCENDRE SUR LA CÔTE ! UNE SACRÉE MOYENNE !..

MAIS NON, JE NE ROULE PAS COMME UN FOU !..

JE PRENDS LE TRAIN !..

Further Vocabulary

les investissements lui sont refusés:
it is deprived of investment
le porte à porte: door-to-door service
le wagon l'emporte très largement:
the railway wins hands down.
qui a fait son temps: which has had its day
le trafic peut être assuré par la route:
the road can take the traffic.
il peut y avoir intérêt à...:
there may be a reason for . . ., it may be desirable to . . .
disposant des deux voies:
with control over both forms of transport.
par le jeu des tarifs et des prix: by varying the fares

A Questions à préparer

1 Pour quelles raisons, selon l'auteur, est-ce que nos routes sont 'insuffisantes, saturées et coûteuses'?
2 Quels seraient les avantages du rail s'il bénéficiait du même intérêt que la route?
3 Quels sont les deux facteurs principaux à considérer lorsqu'on compare les différents modes de transport?
4 Quelle leçon peut-on tirer de la réussite de la ligne Tokyo–Osaka?
5 Le problème des oranges: comparez les deux solutions, du point de vue (a) de la sécurité et (b) du personnel employé.
6 Si le rail et la route présentent chacun un avantage, que faudrait-il faire pour qu'ils soient, chacun, exploités selon leur meilleur rendement?
7 Pourquoi faudrait-il qu'une seule autorité dispose du rail et de la route?
8 A qui, surtout, l'utilisation du rail profite-t-elle, et à quelles époques de l'année?
9 Pourquoi cette utilisation aggrave-t-elle le déficit des chemins de fer?

B Sujets de discussion

1 Une utilisation intensive du chemin de fer serait-elle plus, ou moins, avantageuse qu'une utilisation intensive de la route?
2 Pour ou contre la proposition 'd'affecter les transports à longue distance à la S.N.C.F.'.

C Sujet de rédaction

L'avenir des chemins de fer.
Plan proposé: (1) Essayez d'illustrer la crise que traverse le chemin de fer. (2) Quel devrait être le rôle du chemin de fer devant la concurrence des transports routiers: se spécialiser dans certains services, sur certaines lignes principales, ou au contraire offrir un service global qui couvrirait tous les besoins des usagers? (3) Le chemin de fer face à la concurrence de l'avion. (4) Quelles mesures prendriez-vous (a) pour augmenter la productivité — électrification, machines électroniques, trains télécommandés (roulant sans pilote); (b) pour attirer les clients (propreté, confort, rapidité, sécurité, etc.)?

Grammar

---

1 The Subjunctive

(a) — *qu'il s'agisse de dormir (ou) de... le wagon l'emporte très largement:*

whether it be a matter of . . . (or) of . . .

When a clause introduced by 'whether' **precedes** the main verb, this construction with *que* and the subjunctive is used.

Qu'il vienne ou non, cela m'est égal!

Whether he comes or not, I don't care!

(b) — *aucun cas d'un homme que le déficit ait empêché de dormir:*

no case of a man (i.e. no man) whom the deficit has made sleepless.

The subjunctive is required when the relative depends on a negative antecedent (*rien, personne, aucun* etc.; *pas de, pas un seul,* etc.).

Il n'y a rien qu'on puisse faire.

Je ne connais pas un seul homme qui en soit satisfait:

I know no man who is satisfied with it (i.e. no man exists who . . .).

But the subjunctive is not required in sentences such as the following, where the existence of the antecedent is not denied:

Ce n'est pas le prix qui m'a étonné.

Ce n'est pas lui qui m'a dit cela.

(c) ***De façon que, de sorte que*** are followed by the **indicative** if no idea of purpose is present:

— *les tarifs sont disposés de telle façon que les entreprises prennent le moyen de transport le plus coûteux:*

the fares are drawn up in such a way that firms . . .

La ligne a été supprimée, de sorte que les habitants sont obligés de prendre le car.

If an idea of purpose is present, the **subjunctive** is used:

Il y a intérêt à moderniser le matériel, de sorte que les trains puissent rouler plus vite:

It's worth modernising the rolling-stock so that the trains can go faster. (see 8.3a)

Note that if the subject of the two clauses is the same, *de façon à* + infinitive is used:

— *il peut y avoir intérêt à supprimer la ligne..., de façon à réaliser le maximum d'économies:*

. . . so as to make the maximum savings.

---

2 Auxiliary Verb

il y a in infinitive constructions:

— *il peut y avoir:* there may be . . .

— *il doit y avoir:* there must be . . . (passage 22)

il semble y avoir: there seems to be . . .

il aurait pu y avoir: there might have been . . .

il devrait y avoir: there ought to be . . .

---

3 The Infinitive

After nouns

— *il peut y avoir intérêt à supprimer....:*

it may be worthwhile closing down . . .

When an unparticularised noun is the object of *avoir* or a verb with similar meaning, it is linked to a following infinitive by *à*:

J'ai eu de la peine (de la difficulté) à le faire.

— *j'ai beaucoup de mal à me hisser dans le cockpit.* (passage 14).

J'aurai beaucoup de plaisir à le revoir.

Il prend plaisir à critiquer la S.N.C.F.

But a noun used with the definite article is followed by *de* + infinitive:

J'ai trouvé le moyen de les intéresser.

Je n'ai pas eu le temps de le faire.

Quand aurai-je le plaisir de vous revoir?

---

4 Adjectives

Adverbial use

— *La vitesse coûte cher en énergie:*

Speed is expensive in terms of energy.

Some adjectives are used adverbially in certain fixed

expressions such as:

parler bas, parler haut, travailler dur, peser lourd, refuser net (refuse categorically), *voir clair, voir juste* (take the right view).

---

5 Prepositions

à — *à l'égard du fer:*
with respect to, concerning the railways

— *à la fois:* at (one and) the same time

— *à l'extrême:* in the extreme

— *(les) grandes vitesses à grande sécurité:*
high speeds with maximum safety (see 14.6)

— *les transports à longue distance:*
long-distance transport · (see 14.6)

de — *du même coup:* at the same time, thereby

— *tout d'un coup:* at one go, all at once

en — *en marche:* on the journey

— *mettre en marche:* to set going

— *en outre:* in addition, moreover

par — *par rapport à....:* compared with . . .

🎲 Drills

(1) The Subjunctive After Negatives

Deux voyageurs s'indignent que le rail ait été négligé.

Exemple: Mais dites-moi: quelles routes sont adaptées au trafic? Aucune!

Réponse: Eh non; il n'y a aucune route qui soit adaptée au trafic.

1 Et quelles routes peut-on prendre en toute sécurité? Aucune!

2 Et puis quelles lignes de chemin de fer ont été modernisées? Aucune!

3 Et qui le déficit a-t-il jamais empêché de dormir? Personne!

4 Et puis finalement, qu'est-ce que nous pourrions faire pour améliorer la situation? Rien!

(2) The Subjunctive *que... ou non*

Quelqu'un plaide en faveur du rail: mais vous restez indifférent!

Exemple: Comme vous savez, nos routes sont encombrées.

Réponse: Qu'elles soient encombrées ou non, cela m'est égal!

1 Et puis on a longtemps négligé le chemin de fer.

2 Mais le gouvernement prendra bientôt des mesures, j'en suis sûre.

3 On obtiendra ainsi des rendements plus élevés.

4 Et on fera des économies.

5 Mais enfin, tout le monde admet les avantages du rail.

Exercises

(3) The Subjunctive

Complete the following sentences with a clause in the appropriate tense and mood (indicative or subjunctive):

1 On a fait de nos routes un moyen de communication privilégiée, de telle façon qu'elles (devenir saturées). 2 Les autorités proposent de varier les tarifs de façon que le trafic assuré par le rail (être aussi élevé que possible). 3 Les populations devraient exprimer leurs inquiétudes de telle façon que les autorités (en tenir compte). 4 Les transporteurs ont envoyé leurs marchandises par la route, de façon que le rail (être abandonné). 5 Il peut y avoir intérêt à augmenter les investissements, de façon que le rail (devenir plus compétitif).

(4) Adjectives Adverbial Use

Complete these sentences with one of the following: *haut, bas, net, dur, cher, juste, clair, lourd.*

1 La construction du tunnel côutera-t-elle trop _____? 2 Le projet aurait pu être adopté, mais le ministre refusa _____. 3 Pour réaliser des économies il faudra travailler _____. 4 Dans une opération de cette envergure, il est important de voir _____. 5 Les inconvénients pèsent bien _____ à côté des avantages. 6 Parlez plus _____! Personne ne vous entend.

(5) Translate:

1 It may be desirable to close some lines so as to reduce the deficit. 2 This project will be expensive: will the government have difficulty increasing the taxes? 3 Perhaps the minister took the right view when he closed that line. 4 There must be a solution to the transport problem. 5 If that road had not been straightened there might have been a serious accident. 6 The journey was so arranged that the drivers were able to have a rest every five hours. 7 I couldn't understand why he was speaking in a whisper: there must have been a reason. 8 Compared with the slender advantages to be gained from travelling by road, the disadvantages weigh very heavily. 9 The minister refused point blank to increase the fares. 10 He had been working very hard and hadn't had the time to go on holiday.

Sauver les autobus...

♦ Priorité absolue aux transports en commun.''L'utilisation de la voiture pàrticulière doit être sévèrement contrôlée à Paris.' Dans le sage exposé de M. Jean Chamant, ministre des Transports, ces deux phrases ont explosé. M. Chamant s'explique: 'Deux chiffres m'obsèdent. Aux heures de pointe, les échanges, dans la région parisienne, sont assurés à plus de 85% par la R.A.T.P. et la S.N.C.F. Parmi les 12% de personnes qui utilisent leur voiture particulière, beaucoup pourraient y renoncer si un moyen de transport en commun satisfaisant leur était offert.'

particulier: private
contrôler: to hold in check
sage: sober
exposé (m): report
obséder: to obsess
heures (f) *de pointe:* rush hours
moyen (m): means

Ce qui paralyse les autobus et le métro

Premier objectif du ministre: améliorer considérablement le trafic des autobus et des taxis, actuellement paralysé par l'expansion considérable de l'automobile particulière. Le parc automobile de la région parisienne a quadruplé en une quinzaine d'années, passant de 500 000 en 1950 à 2 millions en 1967.

améliorer: to improve
actuellement: at present

Résultat: les autobus, qui transportent chaque jour 2 millions de personnes, ne peuvent plus avancer. Leur vitesse moyenne diminue, à Paris, de 2% par an. Aussi, las d'attendre des autobus qui n'arrivent pas, puis qui n'avancent plus, les Parisiens les abandonnent. Le nombre de voyageurs transportés par autobus diminue de 5% chaque année. Les uns recourent à leur voiture, qui ne va guère plus vite et ralentit la circulation des autobus. Les autres prennent le métro, qui, aux heures de pointe, recule désormais les limites admises de la compressibilité du fret humain: dix voyageurs au mètre carré comptabilisés officiellement sur certaines lignes.

las: weary

ne... guère: scarcely
ralentir: to slow down
reculer: to push back
désormais: (from) now (on)
admettre: to accept
fret (m): freight
carré: square
comptabiliser: to record, count

Prendre les mesures qui s'imposent

Pour en sortir, M. Chamant a fait préparer un plan de première urgence. Pour donner la priorité absolue aux transports en commun, ce plan recommande notamment l'extension des interdictions de stationner à tous les grands axes empruntés par les autobus et la prise de mesures énergiques — et solidement impopulaires — pour faire respecter ces interdictions: relèvement du montant des contraventions; augmentation du nombre d'enlèvements de voitures en stationnement illicite (tout spécialement devant les arrêts d'autobus). Le parc des voitures-grues (21 seulement à l'heure actuelle) sera considérablement développé; — extension progressive à tous les grands axes des couloirs réservés aux autobus et taxis.

notamment: amongst other things
interdiction (f): ban
stationner: to park
prise (f): adoption
enlèvement (m): removal
voiture-grue (f): towing vehicle

Simultanément, 500 autobus nouveaux (dont 100 autobus à gabarit réduit ou à impériale) viendront s'engouffrer dans les voies que l'on espère dégager. Fréquence attendue: des intervalles de six minutes au maximum.

gabarit (m): size
s'engouffrer: to rush, pour in
dégager: to clear

'Dans de nombreuses villes étrangères, explique M. Chamant, il est interdit de stationner dans les voies principales du centre. Et même à Los Angeles, Mecque de l'automobile, où les autoroutes ont seize voies, on envisage de recourir aux transports en commun.' La solution retenue par M. Chamant a, pour les pouvoirs publics, un fort mérite: celui d'être réalisable à moindres frais. Il est moins cher d'acheter des autobus que d'allonger les stations de métro ou d'ouvrir de nouvelles voies. Le kilomètre de boulevard périphérique coûte 50 millions de francs. Mais chaque fois que l'on ouvre un nouveau tronçon de la voie express sur berge, aucune amélioration ne se fait sentir: l'expansion de l'automobile est plus rapide que celle du béton.

la Mecque: Mecca
retenir: to choose
mérite (m): virtue

périphérique: ring
tronçon (m): section

béton (m): concrete

Un immense retard reste à rattraper. Pendant trente ans, aucune opération d'envergure n'a été effectuée à la R.A.T.P. avant la mise en chantier du métro express. Un wagon de métro sur cinq est contemporain des taxis de la Marne. La plupart des parkings dits 'de dissuasion' aux portes de Paris, sont toujours à l'état de projet.

d'envergure: sizeable
effectuer: to carry out

L'avenir — et l'automobile

A plus long terme le ministre va confier au nouvel Institut de recherche des Transports une étude sur l'évolution de la circulation d'ici à 1985: voitures urbaines, voitures électriques, taxis collectifs, régulation électronique de la circulation, comportement des usagers. En attendant, il ne veut pas 'déclarer la guerre' à l'automobile. 'Les constructeurs comprendront que c'est l'étranglement du centre des grandes villes qui, finalement, menace l'expansion de l'automobile. Au surplus, je reconnais parfaitement que, dans certaines circonstances, par exemple pour les relations de banlieue à banlieue, et dans les villes de moyenne importance, l'automobile est le moyen le plus adapté.

'... Après tout, avoue le ministre, j'utilise l'automobile. J'aime conduire ma DS. Je ne souhaiterais pas qu'on m'en interdise l'usage quand elle m'est nécessaire.' ✪

régulation (f): control
comportement (m): behaviour
en attendant: meanwhile
étranglement (m): jamming
banlieue (f): suburb
importance (f): size
avouer: to admit
souhaiter: to wish

Robert Franc, *L'Express*

Notes

R.A.T.P.: Régie autonome des transports parisiens (autobus et métro).
la Marne: une des premières batailles de la Première Guerre mondiale, où les taxis parisiens furent utilisés comme moyen de transport auxiliaire.

La rue Royale. *'Les autobus ne peuvent plus avancer.'*

101

Le métro: station 'Louvre' aménagée en annexe du célèbre musée.

Verb Constructions

recourir à qch..
to have recourse to, to take to using, sth.
renoncer à (faire) qch.: to give up (doing) sth.
déclarer la guerre à qch. (à qn.):
to declare war on sth. (on s.o.)
confier qch. à qn.: to entrust s.o. with sth.

réserver qch. à qch. (à qn.):
to restrict sth. to sth. (to s.o.)
interdire qch. à qn.: to forbid, refuse, s.o. sth.
(interdire à qn. de faire qch.: to forbid s.o. to do sth.)
il est interdit de faire qch.: it is forbidden to do sth.
envisager de faire qch.: to consider doing sth.

Further Vocabulary

les échanges sont assurés à plus de 85% par la R.A.T.P.
et la S.N.C.F.:
more than 85% of journeys are made by public transport.
le parc automobile: the total number of cars
pour en sortir: as a way out of this situation
un plan de première urgence: an emergency plan
(un) relèvement du montant des contraventions:
an increase in fines (for infringements)
les grands axes empruntés par....
the main routes used by . . .

autobus à impériale: double-decker buses
réalisable à moindres frais:
the cheapest to carry out
la voie express sur berge:
the riverside express motorway
un immense retard reste à rattraper:
there is a huge leeway to make up.
la mise en chantier (de): the start of work (on)
à l'état de projet: at the planning stage
les relations de banlieue à banlieue:
journeys between suburbs

A Questions à préparer

1 Sur cent personnes qui se déplacent aux heures de pointe dans la région parisienne, combien utilisent les transports en commun?
2 Pourquoi les Parisiens prennent-ils de moins en moins l'autobus?
3 Pourquoi prendre le métro ne représente-t-il pas une bonne solution à l'heure actuelle?
4 Résumez les recommandations du plan de M. Chamant.
5 Comment l'utilisation de la voiture particulière est-elle contrôlée à l'étranger?
6 Quel est le mérite du plan de M. Chamant aux yeux des autorités?
7 Pourquoi le boulevard périphérique et la voie express sur berge ne représentent-ils pas une solution?
8 'Un immense retard reste à rattraper.' Donnez des exemples.

9 Dans quelles circonstances l'automobile est-elle le moyen de transport le plus adapté?
10 Comment M. Chamant cherche-t-il à démontrer la sincérité de ses déclarations?

B Sujet de discussion

Le problème du stationnement est un des plus pressants et des plus difficiles à résoudre: faut-il interdire le stationnement dans les rues des principaux centres d'activité? par exemple dans le centre de toutes les villes? Sinon, comment éviter 'l'étranglement du centre'? Et si on réservait le centre aux transports en commun, quelles mesures, autres que celles proposées dans cet article, faudrait-il prendre pour tirer le meilleur profit des deux formes de transport? Quelles mesures ont été prises dans votre ville, ou dans des villes que vous connaissez?

C Sujet de rédaction à discuter

La circulation dans les villes de demain

(1) Analysez la circulation dans les villes : livraison de marchandises ; trafic de passage (voyageurs et marchandises) ; les acheteurs des grands magasins, etc. ; les touristes ; ceux qui viennent y travailler mais qui habitent ailleurs.

(2) Quels aspects des villes (quartiers pittoresques, espaces verts, rues commerçantes animées, etc.) faut-il conserver ?

(3) Comment satisfaire à tous les besoins, tout en préservant les villes ?

(4) Quel ordre de priorités faut-il observer ? Connaissez-vous des villes ou des quartiers où l'on a, entièrement ou partiellement, résolu le problème ?

Grammar

1 Auxiliary Verb

venir + infinitive

— *500 autobus nouveaux viendront s'engouffrer dans les voies :*
500 new buses will be launched on to the streets.

— *cette 'quatrième marine' venue s'ajouter à celle de guerre...* (passage 15)

— *ses travaux ménagers viennent considérablement gonfler 'a durée de la journée :*
... consid .ably increase ... (passage 31)

Venir is used, often without any idea of movement, to reinforce another verb.

2 Tenses

After *si* : 'if'

— *beaucoup pourraient y renoncer si un moyen de transport satisfaisant leur était offert :*
many could give it up, if a satisfactory form of transport was offered them.

Remember

(a) when the main verb is **conditional**, 'if' is followed by the **imperfect tense**.

(b) '**could**' may be conditional, imperfect or perfect (see 1.2*b*).

3 The Article

Approximate numbers

— *deux millions de personnes :* two million people
Million and *milliard* ('a thousand million') are nouns and require *de* before a following noun, as do approximate numbers :

— *une quinzaine d'années :* about fifteen years
une vingtaine d'années : about twenty years
un millier de voitures : about a thousand cars
des centaines de milliers de touristes :
hundreds of thousands of tourists.

4 Conjunction

'**whenever**'

— *chaque fois qu'on ouvre un nouveau tronçon de la voie express :*
whenever a new section of the express road is opened ...

toutes les fois que l'on ouvre... :
whenever (on each occasion that) ...
Note that 'whenever' can mean 'as often as' :
J'y vais aussi souvent que cela m'est possible :
I go whenever I can.

5 Prepositions

à — *à long terme :* in the long term
— *à moindres frais :* more cheaply
— *au surplus :* besides, after all

de — *à l'état de projet :* at the planning stage
— *les villes de moyenne importance :* medium-size towns
— *(une) opération d'envergure :* a large-scale operation
— *le ministre des Transports :* the minister of Transport (see 17.6)

de forms adverb phrases expressing measure :
— *(elle) diminue de 2% par an :* it decreases by 2% a year
— *âgé de dix ans :* ten years old (passage 16)

en — *(les) voitures en stationnement illicite :* illegally parked cars (see 14.6)
— *(les) transports en commun :* public transport (see 14.6)
— *la mise en chantier de... :* the starting of work on ... (see 18.5)

✪ Drills

(1) **Verb Constructions**   Verbs + Indirect Object
A la recherche de renseignements sur le stationnement.
Exemple: La circulation est interdite dans le centre?
Réponse: Oui. On a interdit aux automobilistes de circuler dans le centre.
1 Le stationnement est permis le soir?
2 Le stationnement est défendu près des arrêts d'autobus?
3 Le stationnement est conseillé aux portes de la ville?
4 L'utilisation des parkings est ordonnée par le ministre?
5 La construction de nouveaux parkings est promise par le ministre?

(2) **Tenses**   After *si:* 'if'
Vous discutez le problème de la circulation dans les villes; si seulement on reconnaissait l'importance du problème!
Exemple: Quand on pourra circuler plus vite, la ville sera plus agréable?
Réponse: Ah oui! Si on pouvait circuler plus vite, la ville serait certainement plus agréable.
1 Et quand ils auront construit des parkings, on pourra interdire la voiture?
2 Et quand ils feront respecter les interdictions, vous renoncerez à votre voiture?
3 Et quand ils prendront les mesures nécessaires, les autobus iront plus vite?
4 Alors quand ils reconnaîtront l'importance du problème, vous serez satisfait?

Exercises

(3) **Tenses** *pouvoir* Translate:
1 If the authorities adopted this plan, the traffic flow in Paris could be increased.   2 The public authorities adopted M. Chamant's plan because it could be achieved cheaply.   3 With the adoption of these measures drivers could find themselves victims of heavy fines.   4 For thirty years before the building of the Express Metro, nothing could be done.   5 Passengers waited for buses which could not move because of the cars.   6 The minister did not know whether this could be achieved or not.

(4) **The Passive** (revise 1.1, 2.2, 3.1 and 5.3)   Translate:
1 No noise was heard.   2 Some progress was observed at last.   3 There were about a hundred journalists in the room and the minister had difficulty in making himself heard.   4 Whenever unpopular measures have been adopted in the past, no great improvement in the traffic flow has been noticed.   5 In my opinion Ministers of Transport shouldn't be allowed to drive cars.   6 He had a study made of probable traffic developments between now and 1990.   7 In Rome last year some very unpopular measures were taken — without success — to discourage the private car. 8 The new minister said there was a lot to be done; after all, nothing had been changed for about twenty years.   9 A new problem has been added to those which the minister will have to take into account. 10 It was said that the minister used his car whenever he could.

Le tunnel en 1851: projet de chemin de fer sous-marin entre la France et l'Angleterre.
Ce projet vieux de deux siècles...

Deux projets franco-britanniques

(1) Le tunnel sous la Manche: mort-né?

Le tunnel, c'est fini. Le gouvernement britannique a annoncé à la Chambre des communes qu'il renonce au tunnel sous la Manche. Pour rendre public cet abandon, il a attendu la dernière minute: le 20 janvier 1975 était en effet la date limite fixée pour la ratification, par la Grande-Bretagne et la France, du traité signé le 17 novembre 1973.

Les travaux, eux aussi, avaient été poursuivis jusqu'au dernier moment. Le tunnel avait déjà 300 mètres de long du côté français et 400 mètres du côté anglais. Les études et les premiers travaux ont coûté 250 millions de francs. Pour rien?

Ce projet vieux de deux siècles, tout indiquait pourtant qu'il serait enfin mené à bien d'ici à 1981. Et d'une manière exemplaire, puisque ce formidable ouvrage de 50 km de long, qui devait drainer 100 millions de voyageurs en l'an 2000, aurait appartenu aux deux Etats, tout en ayant été financé totalement par de l'argent privé. Il devait être une bonne affaire: 15% de rentabilité des capitaux investis.

Le réveil est donc brutal. Mais à Londres les difficultés financières ont paru assez sérieuses pour justifier l'abandon du projet, l'investissement prévu par les British Railways pour construire une ligne nouvelle de chemin de fer entre Londres et l'entrée du tunnel ayant quadruplé en deux ans. L'opinion publique, disaient certains députés, ne comprendrait pas que des sommes considérables, fussent-elles d'origine privée, soient investies dans un projet qui n'était pas vital en cette période de crise.

Si le gouvernement de Londres ne revient pas sur son renoncement, tout le monde sera perdant. Les contribuables appelés à payer la facture: les techniciens qui, avant d'entamer l'ouvrage, ont dû vaincre des problèmes considérables. Et aussi, même s'ils sont remboursés, les investisseurs. Ils ont perdu la foi. Le général François Maurin, président de la Société française du tunnel, commente: 'Sera-t-on désormais capable de décider d'un grand projet qui engage l'avenir? Je ne le crois pas.'

Albert du Roy, *L'Express*

mort-né: stillborn

traité (m): treaty

étude (f): research, survey

pourtant: and yet
exemplaire: exemplary
drainer: to attract

rentabilité (f): profitability

réveil (m): awakening

somme (f): sum of money

renoncement (m): withdrawal
contribuable (m): taxpayer
facture (f): bill
entamer: to begin (work on)
ouvrage (m): job
vaincre: to overcome
rembourser: to compensate
investisseur (m): investor
foi (f): faith
président (m): chairman
désormais: from now on
engager: to commit
avenir (m): future

(2) Concorde: l'idée qu'on s'en fait

Quitter Paris à 7 heures du matin, prendre le café à Dakar, arriver à Rio pour déjeuner, retrouver Dakar avant la fin de l'après-midi, atterrir à Paris à 22 heures très exactement: seul Concorde pouvait permettre cet exploit. Deux fois plus vite que le son, deux fois plus loin dans le même temps que le plus rapide, le plus moderne des jets, près de 20 000 kilomètres, la moitié de la Terre, en douze heures de vol. Raconté ainsi, cela a l'air tout simple. Bon, c'est l'avion le plus beau, le plus brillant, le plus prompt, on le sait, tout le monde le sait, on l'a assez dit. Un merveilleux jouet, mais un jouet de grand luxe: si cher que personne ne peut l'acheter. Si cher qu'il faudra peut-être renoncer à le construire, en tout cas à l'exploiter dans des conditions normales.

Voici les experts avec leurs dossiers, les comptables avec leurs bilans, les bureaucrates avec leurs règlements. Impossible, n'est-ce pas? Impossible et ridicule! Songez donc: selon les premières évaluations, établies en 1962, on devait dépenser en frais d'études 1,8 milliard de francs; dix ans plus tard, en 1973, l'addition s'élevait déjà à 14 milliards. De toute façon, un avion trop lourd qui, de ce fait, ne peut guère dépasser trois heures et demie à quatre heures de vol sans faire escale pour charger les quelque 80 tonnes de carburant qu'il emporte, consommant 20 tonnes à l'heure, une folie à l'aube de la crise du pétrole. Cent, cent dix passagers seulement au tarif de la première classe au moins et encore, cela ne suffira pas: absurde, tandis que l'on s'efforce au contraire, à l'ère du tourisme de masse, de multiplier les fauteuils, 400–450 voyageurs d'un seul coup. D'ailleurs, c'est bien simple, personne n'en veut. Alors, pourquoi s'obstiner, pourquoi nier l'évidence: Concorde est une erreur, il faut savoir reconnaître que l'on s'est trompé, arrêter les frais.

Voilà le réquisitoire, sévère et partial. Aux défenseurs de Concorde de plaider leur cause, et ils le font bien. Des arguments, ils en ont. Argument financier et social: arrêter Concorde coûterait aussi cher que de poursuivre la production des treize appareils en voie d'assemblage à Toulouse et risquerait, au surplus, de mettre huit mille salariés en chômage en France, vingt mille, dit-on, à Bristol. Argument économique: les Américains, après avoir dépensé pour rien — puisqu'ils ont, pour l'instant, abandonné la course au supersonique — les deux tiers de ce qu'a coûté à ce jour Concorde, barrent partout où ils le peuvent, la route à l'avion franco-anglais. Argument politique: des dépenses de prestige, on en fera toujours, l'essentiel est de choisir celles qui sont à la fois utiles et réellement prestigieuses, et c'est le cas de celle-là. Argument psychologique, enfin: dès la mise en service, les voyageurs se bousculeront malgré le prix des places et les compagnies se précipiteront malgré le prix de l'avion.

Pourquoi? Parce que Concorde existe et vole, c'est un fait. Parce que Concorde, c'est le plus bel avion du monde. Parce que Concorde, c'est un bon produit industriel — qu'il faut encore améliorer, certes — qui incorpore dans sa fabrication une matière première qui n'a pas de prix: la part du rêve.

Pierre Viansson-Ponté, *Le Monde*

atterrir: to land

son (m): sound

vol (m): flight

jouet (m): toy

exploiter: to operate, run
dossier (m): file
comptable (m): accountant
bilan (m): balance-sheet
règlement (m): rule
évaluation (f): estimate
établir: to draw up
frais (m.pl): costs
addition (f): bill
faire escale: to land
charger: to fill up with
carburant (m): fuel
folie (f): madness
aube (f): dawn
pétrole (m): oil, petroleum
s'obstiner: to persist
réquisitoire (m): charge, indictment
partial: prejudiced, biased
appareil (m): (air)craft
salarié (m): wage-earner
en chômage: out of work
course (f): race
barrer: to block
dépenses (f.pl): expenses

se bousculer: to rush, flood in

compagnie (f): airline

améliorer: to improve
matière première: raw material

Further Vocabulary

la date limite fixée pour la ratification:
the deadline for ratification
ce formidable ouvrage de 50 km de long:
this tremendous feat of engineering, 50 km long
il serait mené à bien:
it would be successfully completed
des sommes considérables, fussent-elles d'origine privée:
... even though they came from private sources
raconté ainsi: put like that
songez donc: just think

les quelque 80 tonnes: the 80 or so tons (see 15.4)
à l'aube de la crise du pétrole:
just as the oil crisis is about to break
personne n'en veut:
nobody wants (anything to do with) it
aux défenseurs de Concorde de plaider leur cause:
it's up to Concorde's supporters to make their case heard.
partout où ils le peuvent: wherever they can
la part du rêve: the dream element, factor

Verb Constructions

permettre qch.: to make sth. possible
appartenir à qch.: to belong to sth.
renoncer à qch.: to give sth. up
décider de qch.: to reach a decision about sth.
revenir sur qch.:
to go back on sth., reverse (a decision)

appeler qn. à faire qch.: to call on s.o. to do sth.
renoncer à faire qch.: to drop the idea of doing sth.
s'efforcer de faire qch.: to endeavour to do sth.
risquer de faire qch.: to be likely to do sth.

A Questions à préparer

(1) 1 'Le tunnel, c'est fini': pourquoi?
2 Pourquoi le gouvernement britannique a-t-il attendu le 20 janvier 1975 pour annoncer qu'il abandonnait le projet?
3 Où en étaient les travaux à ce moment-là?
4 Quand les travaux devaient-ils se terminer?
5 Qu'est-ce que le projet avait d' 'exemplaire'?
6 Qu'est-ce qui justifiait, selon Londres, l'abandon du projet?
7 Comment l'opinion publique aurait-elle peut-être réagi, si l'on avait poursuivi la construction du tunnel?
8 Qui sont les perdants, dans l'abandon du projet?
9 'Ils ont perdu la foi': expliquez.
(2) 10 Résumez 'l'exploit' dont parle l'auteur.
11 Pourquoi dit-on de Concorde que c'est 'un jouet de grand luxe'?
12 Pourrait-on dire la même chose du tunnel sous la Manche?
13 Pour quelles raisons les experts, les comptables et les bureaucrates jugent-ils que Concorde est impossible?
14 Quels arguments les défenseurs de Concorde peuvent-ils avancer?
15 Comment la décision prise par les Américains pourrait-elle servir Concorde?
16 L'auteur décide-t-il pour ou contre Concorde? Quel est son argument, à lui?

B Sujets de discussion

(1) La construction du tunnel est-elle indispensable pour surmonter la barrière que constitue la Manche entre la Grande-Bretagne et l'Europe?
(2) Concorde, une erreur? Justifiez votre opinion.
(3) Lequel des deux projets est le plus utile, le tunnel sous la Manche, ou Concorde?

❖ C Sujet de rédaction à discuter

Pour ou contre le tunnel sous la Manche.

(1) 'Ce projet vieux de deux siècles': dès 1882 on avait réussi à creuser une section de tunnel de près de deux kilomètres de long: pourquoi les gouvernements de Londres et de Paris ont-ils, pendant plusieurs décennies, refusé de pousser les travaux plus loin? Que pouvait-on craindre?

(2) Quelles sont, à votre avis, les principales raisons qui ont poussé les gouvernements britannique et français à reprendre leurs études sur ce projet au début des années 60? Quelle est maintenant l'opinion de l'Anglais moyen sur ce projet: enthousiaste, indifférente ou hostile?
(3) Quels sont, à votre avis, les avantages à long terme d'un tunnel, pour le transport de marchandises (par conteneurs ou par wagons pleins) ou pour le tourisme, par exemple? Comment un tunnel contribuerait-il à resserrer les liens politiques et culturels entre l'Angleterre et l'Europe continentale?
(4) Le percement d'un tunnel poserait-il des problèmes pour les régions voisines du tunnel? Comment assurer la sécurité du tunnel contre une attaque terroriste?

Plan proposé: (1) Les hésitations des gouvernements à l'égard de la construction du tunnel: résumé de la situation actuelle. (2) Les avantages commerciaux et culturels d'une amélioration des communications entre l'Angleterre et l'Europe continentale. (3) Les problèmes que créerait le tunnel. (4) On a dit que si le tunnel n'est pas construit, 'tout le monde sera perdant.' Êtes-vous d'accord?

D Sujet de rédaction

'Sera-t-on désormais capable de décider d'un grand projet qui engage l'avenir?'
'Des dépenses de prestige, on en fera toujours.' Discutez.

Plan proposé: (1) Les conquêtes de la science et de la technologie qui, en un siècle, ont transformé le monde (la machine à vapeur, l'électricité, l'énergie nucléaire, l'ordinateur, le machinisme, l'automation; l'automobile, l'avion, la fusée, le satellite, le téléphone, la radio, la télévision). Au début du siècle on croyait à la science: tout était possible; maintenant on a perdu la foi. Pourquoi? Ces découvertes ont amélioré le sort de l'humanité, mais elles ont aussi créé des problèmes nouveaux, et même des dangers. Lesquels? (2) De même, en construisant des appareils supersoniques tels que Concorde, l'homme a résolu d'importants problèmes techniques, mais il en a créé d'autres. Lesquels? (3) 'Des dépenses de prestige, on en fera toujours.' Donnez quelques exemples récents de projets 'de prestige'. Comment justifier ces dépenses? Y a-t-il un grand projet que vous aimeriez voir réalisé? Lequel? Pourquoi?

Grammar

1 The Infinitive

(a) **As a noun equivalent** (see also 12.5)

— *arrêter Concorde coûterait aussi cher que de pour-suivre la production. Abandonner le projet, c'est mettre trente mille salariés en chômage.*

— *l'essentiel est de choisir celles qui...*

(b) **After prepositions** (see also 2.1)

The infinitive may follow all prepositions except *en*:

— *Sera-t-on désormais capable de décider...?*

— *Aux défenseurs de Concorde de plaider leur cause*

— *sans faire escale:* without landing

— *après avoir dépensé...:* after spending...

— *avant d'entamer l'ouvrage:*
before starting on the work

But

en annonçant qu'il renonce au tunnel:
in (by) announcing that it is abandoning the tunnel

(c) **After *pour*, expressing purpose**

— *l'investissement prévu pour construire une ligne nouvelle*

— *pour charger les 80 tonnes de carburant*

When there is a change of subject, *pour que* + subjunctive must be used (see 5.1c).

In some idiomatic uses, the idea of purpose is not always present:

— *Pour rendre public cet abandon, il a attendu la dernière minute:*
Before announcing its decision, it waited until the last minute.

Le Parlement avait examiné le projet plusieurs fois déjà, toujours pour le rejeter:
... always rejecting it in the end.

(d) ***Assez (trop) ... pour* + infinitive**, and similar phrases

— *les difficultés ont paru assez sérieuses pour justifier:*
... serious enough to justify ...

un avion trop lourd pour dépasser quatre heures de vol:
... too heavy to fly for more than four hours

Ils avaient investi trop d'argent pour vouloir renoncer au projet.

Ils n'ont pas encore fait des recherches suffisantes (suffisamment de recherches) pour savoir si le projet est viable.

(e) **After adverbs introducing questions** (see 9.2)

— *pourquoi s'obstiner, pourquoi nier l'évidence?*
Que répondre à un tel réquisitoire?
Où trouver l'argent nécessaire?

2 Participles

The present participle

(a) Used as in English instead of a clause introduced by *qui*:

— *un avion consommant 20 tonnes à l'heure:*
an aircraft consuming (which consumes) 20 tonnes an hour

— *une autorité supérieure disposant des deux voies:*
a higher authority controlling (which controlled) both routes (passage 18)

(b) Used to give a reason or an explanation:

— *l'investissement prévu ayant quadruplé en deux ans:*
since the planned investment had quadrupled in the space of two years

— *la route ne prenant que ceux qui rapportent:*
(with) the road taking only those which pay (passage 18)

Ne sachant que faire, ils sont entrés dans un café:
As they didn't know what to do, ...

(c) Used with *en* to form adverb phrases of time, manner and means:

— *en faisant l'acquisition de sa redoutable machine.*
when he acquired ... (passage 16)

en se prononçant pour le tunnel, le gouvernement avait...:
in declaring itself in favour of the tunnel, the government had ...

Elle travaillait en riant:
She laughed as she worked.

Il est sorti en courant: He ran out.

The adverb *tout* may be added either (i) to stress that the two actions are simultaneous, or (ii) to express concession:

(i) — *tout en encombrant les routes:*
whilst (at the same time) causing congestion on the roads (passage 18)

(ii) — *tout en ayant été financé totalement par de l'argent privé:*
although financed entirely from private sources.

3 Word Order

(a) **Emphasis** in French is generally achieved by changing the normal word order in a phrase or sentence, so as to place in a prominent or stressed position some word or phrase which would otherwise be in a subordinate position:

— *Des arguments, ils en ont.*

— *des dépenses de prestige, on en fera toujours*

— *Ce projet vieux de deux siècles, tout indiquait qu'il serait enfin mené à bien d'ici à 1981.*

Note, in these examples, the addition of the personal pronoun (*en; le,* etc.; *il,* etc.).

C'est and *ce sont... qui (que)* can also be used to emphasise a word or phrase (see 4.1a).

(b) Emphasis can also be achieved by the addition of a stressed pronoun (*moi,* etc.), a demonstrative pronoun (*ce, cela*), or even a noun which sums up the previous idea:

— *Les travaux, eux aussi, avaient été poursuivis ...*

— *Le tunnel, c'est fini.*

— *au tarif de la première classe au moins et encore, cela ne suffira pas.*

— *Quitter Paris à 7 heures du matin... seul Concorde pouvait permettre cet exploit.*

Le Concorde à Toulouse.
'... la part du rêve...'

Exercises

(1) The Infinitive Translate:
1 Relations were not always good enough to encourage close cooperation between our two countries. 2 Motorists didn't wait for the tunnel to be built before taking their cars across the Channel! 3 After examining the project the government considered that the costs were too high. 4 The project appeared difficult, if not impossible, to complete successfully. 5 Why deny the facts? The government was having a lot of difficulty beating inflation. 6 To stop the Concorde project means throwing thirty thousand people out of work. 7 The most important thing was to overcome the difficulties without increasing the expenses. 8 British Rail had planned big investments so that a new line might be built. 9 Before leaving Paris at three o'clock in the afternoon, he had a coffee in the Champs-Elysées. 10 He travelled from Paris to London in twelve hours without spending any money.

(2) Participles Translate:
1 Motorists going from Dover to Calais between now and the year 2000 will realise the advantages of a tunnel. 2 As they didn't know when work would be continued, the builders closed up the entrance to the tunnel. 3 Although they had declared themselves in favour of the project the governments refused to invest large sums in it. 4 Many of Concorde's defenders lost heart as they learnt of the enormous increases in costs. 5 At the last minute one of the workers ran back into the tunnel to look for something.

(3) Word Order Change these sentences so as to give emphasis to the phrases in italics:
1 On avait signé *le traité* le 17 novembre 1973. 2 On a poursuivi *les travaux* jusqu'au dernier moment. 3 Ils avaient *des problèmes*. 4 *Certaines difficultés financières* ont forcé le gouvernement à abandonner le projet. 5 *Le général* avait perdu la foi. 6 *Les investisseurs* ne voulaient plus du projet. 7 *Personne* ne voulait *de Concorde, cette folie à l'aube de la crise du pétrole*. 8 Le gouvernement ne s'intéressait plus *au projet*.

(4) Comparison (Revise 1.4, 3.2 and 11.3) Translate:
1 The Channel Tunnel was going to be more than twice as long as the longest tunnel under the Alps. 2 Some people maintained that the building of the tunnel was to be the most wonderful achievement of the age. 3 For the government it was more important to overcome the economic difficulties than to go on with work on the tunnel. 4 The building of the tunnel was going to cost more than the government had planned. 5 Concorde is the finest plane in the world, but it is so expensive that no one will be able to buy it. 6 As soon as it comes into service Concorde will be used by holidaymakers as well as by businessmen, despite the price of the seats. 7 More and more people are crossing the Channel nowadays. 8 Concorde will be the most beautiful, the most modern, the fastest plane in the world . . . and the least popular!

Du bruit autour des aéroports

Le problème du bruit

Le problème du bruit est l'un des plus préoccupants du monde moderne et les médecins unanimes dénoncent depuis longtemps déjà le bruit comme un fléau. Ce n'est pas en le niant ou en tentant de ridiculiser ses victimes, comme on le fait volontiers pour les déflagrations supersoniques, qu'il sera résolu. Et si le bruit est devenu intolérable, cela tient essentiellement à deux causes: l'extension des villes et l'augmentation de la puissance des avions.

préoccupant: worrying
dénoncer: to condemn
fléau (m): scourge
nier: to deny
déflagration (f): bang

L'extension des villes

Lorsque l'aviation a pris son essor, les aérodromes étaient à la campagne. Mais en cinquante ans les villes ont démesurément grandi. Londres s'étend maintenant presque jusque jusqu'à la mer et Paris en prend le chemin. Les aérodromes devront-ils, de décennie en décennie, reculer devant cet envahissement et décamper à peine installés? Et l'aéroport Charles-de-Gaulle, à Roissy, n'est-il pas lui-même déjà menacé?

démesurément: enormously
grandir: to grow
s'étendre: to stretch, extend
décennie (f): period of ten years
reculer: to retreat
envahissement (m): invasion
décamper: to move on

En fait, la fuite des aérodromes devant le bâtiment n'est pas une solution aussi logique qu'il paraît à première vue.

fuite (f): flight

D'abord parce qu'un aéroport international est un puissant pôle d'attraction et qu'il crée sa propre ville. On l'a bien vu à Orly qui abrite maintenant vingt-cinq mille personnes. Et les gens qui vivent de l'aéroport préfèrent évidemment habiter à proximité de leur lieu de travail. Assez paradoxalement d'ailleurs, c'est sur leur lieu de travail même et à l'intérieur des bâtiments spécialement insonorisés, qu'ils souffrent le moins du bruit.

abriter: to house, employ
lieu (m): place

insonoriser: to sound-proof

Ensuite parce que la raison d'être de l'avion est la vitesse. Ce l'était déjà avec les avions à hélices, puis plus encore avec les avions à réaction. On est passé en quinze ans de 330 km/h à 900 km/h de croisière. Ce le sera davantage avec les supersoniques, en attendant les hypersoniques qui pointent à l'horizon. Or cette vitesse 'commerciale' de ville à ville serait gravement atteinte par un éloignement excessif des aéroports.

hélice (f): propellor

or: now in fact
atteint: affected

Enfin, où trouver l'emplacement qui convient dans le désert souhaité et d'ailleurs vite peuplé? En fait, on estime généralement que trente kilomètres du centre de la ville est une distance à ne pas dépasser. Mais, à l'allure où poussent les villes, qu'est-ce que trente kilomètres?

estimer: to estimate
allure (f): speed, rate
pousser: to grow

L'augmentation de la puissance des avions

D'autre part la taille et la puissance des avions commerciaux ont augmenté à une cadence effarante et qui a dépassé toutes les prévisions. Les trente-cinq passagers de 1946 sont devenus cent cinquante en 1960 et seront bientôt cinq cents. Où s'arrêtera-t-on dans cette voie qui fera de l'avion le transport démocratique par excellence avec des tarifs qui concurrenceront ceux de l'autocar?

taille (f): size
cadence (f): rate
effarant: terrifying

Car si dix pour cent seulement de la population utilise actuellement l'avion, il n'en sera plus de même dans moins de dix ans. Le foudroyant succès d'Air Inter (qui dessert depuis 1960 les principaux centres de province) le prouve, et cette ligne n'en est pourtant qu'à ses débuts.

foudroyant: overwhelming
desservir: to serve

Le Bourget: l'aéroport et l'autoroute du Nord.
'Les aérodromes, devront-ils reculer devant l'extension des villes?'

Deux solutions possibles

Que faire pour résoudre le problème?

D'abord penser les futurs aérodromes en fonction du bruit. Car s'il n'est guère possible de trouver d'autres palliatifs que ceux utilisés actuellement sur les aérodromes en service (vols de nuit des réacteurs, etc.) on doit prévoir sur les axes des pistes futures de larges bandes interdites à l'habitation et réservées aux terrains de sport et aux usines déjà bruyantes par nature. Un atelier de chaudronnerie s'inquiétera peu du décollage du 'Concorde' qui rendrait intenable la vie d'une école maternelle. Mais on doit chercher surtout à supprimer le bruit à sa source.

On a réussi à rendre les automobiles silencieuses. Pourquoi les avions auraient-ils droit à l'échappement libre? Parce qu'aucun gouvernement ne s'est jamais occupé de la question. Les silencieux sont-ils possibles? Oui, répondent les constructeurs, mais en pénalisant les avions qui les emploieront car les silencieux mangent de la puissance et du poids. Quelle compagnie accepterait, dans ces conditions, de se voir, elle seule, pénalisée si une loi internationale impérative n'obligeait pas toutes les compagnies à s'aligner sur le silencieux choisi?

Seule une loi valable pour tous peut les y contraindre.

Pierre Voisin, *Le Figaro*

réacteur (m): jet
piste (f): runway
bande (f): strip
bruyant: noisy
chaudronnerie (f): boiler works
décollage (m): take-off
intenable: unbearable
échappement (m): exhaust
silencieux (m): silencer
poids (m): weight
compagnie (f): airline
loi (f): law
impératif: mandatory
valable: valid

Verb Constructions

souhaiter qch.: to wish for sth.
concurrencer qch. (qn.): to compete with sth. (s.o.)
vivre de qch.: to make a living from sth.
s'occuper de qch.: to tackle, deal with sth.

s'aligner sur qch.: to fall into line with sth.
avoir droit à qch.: to be entitled to sth.
réussir à faire qch.: to succeed in doing sth.
contraindre qn. à faire qch.: to force s.o. to do sth.
tenter de faire qch.: to try to do sth.

111

Further Vocabulary

lorsque l'aviation a pris son essor:
in the early days of flying
Paris en prend le chemin: Paris is going that way.
à peine installés: almost before they have been built
900 km/h de croisière: a cruising speed of 900 k.p.h.
qui pointent à l'horizon: which will soon be here

par un éloignement excessif des aéroports:
if airports were too far out
l'emplacement qui convient: the right site, a suitable site
une distance à ne pas dépasser:
the maximum distance
interdites à l'habitation:
where no housing would be allowed

A Questions à préparer

1 Le problème du bruit est-il nouveau?
2 Quelles réactions cause-t-il?
3 Aux débuts de l'aviation, où étaient les aérodromes?
4 Quels changements sont apportés par l'extension des grandes villes?
5 Comment un aéroport international crée-t-il sa propre ville?
6 Pourquoi le bruit est-il moins gênant à l'intérieur qu'à l'extérieur?
7 Pourquoi ne faut-il pas situer les aéroports trop loin des villes?
8 Quelles recommandations l'auteur fait-il concernant (a) les aéroports et (b) les avions, pour essayer de résoudre le problème du bruit?

(2) Quels sont les facteurs dont il faut tenir compte, selon vous, dans le choix de 'l'emplacement qui convient' pour un nouvel aéroport?
(3) (a) Pour qui un aéroport international est-il 'un puissant pôle d'attraction'? Quels services et quelles installations y trouve-t-on?
   (b) Quand le nouvel aéroport Charles-de-Gaulle sera en fonctionnement complet, il employera soixante-dix mille personnes. Quels problèmes cela pose-t-il pour l'aménagement et l'organisation de l'aéroport et de ses environs?
(4) Quelles seraient les conséquences pour l'aménagement des villes de demain, des mesures proposées par l'auteur de cet article?

Plan proposé: (1) L'avenir des transports aériens: évolution probable. (2) L'emplacement de l'aéroport: résumez le problème et proposez une solution. (3) Le problème du bruit: comment sera l'aménagement des villes de demain? (4) L'augmentation de la planification dans la société de demain: comment envisagez-vous cette société: avec plaisir ou avec inquiétude?

B Sujet de rédaction à discuter

Les rapports entre les villes et les aéroports de demain.
(1) Quels développements prévoyez-vous dans les transports aériens au cours des 30 prochaines années?

L'aéroport Charles-de-Gaulle à Roissy.
'Où trouver l'emplacement qui convient dans le désert souhaité?'

Grammar

1 Auxiliary Verbs *rendre, faire*

(a) — (le) décollage du 'Concorde' qui rendrait intenable
la vie d'une école maternelle
— On a réussi à rendre les automobiles silencieuses.
'to make' (something or someone) followed by an
adjective: *rendre* (see 13.1*d*).

(b) — cette voie qui fera de l'avion le transport démocratique par excellence.
'to make' (something or someone) followed by a
noun: *faire de* (see 5.3*a*).

2 Personal Pronouns

(a) Idioms with *en*

(i) — cette ligne n'en est qu'à ses débuts:
. . . is still only at an early stage
En être à, en arriver à, en venir à are used when
referring to a stage reached in a process or a
series:
Il en est à son cinquième roman:
He's reached (written, read, published) his fifth
novel.
— on en arrive à oublier:
one comes to forget   (passage 17)
Il en était venu à prendre l'autobus:
He'd been reduced to going by bus.

(ii) — il n'en sera plus de même dans dix ans:
it (the situation) won't be the same in ten years'
time.
Il en est de même pour les aéroports:
The same is true of airports.

(b) Le as verb complement

The neuter pronoun *le* is used with many verbs, such
as *être, vouloir, dire, penser, savoir* and *faire*, to stand
for an adjective, an idea or clause previously
mentioned:
— la raison d'être de l'avion est la vitesse. Ce l'était
déjà... Ce le sera davantage...:
. . . It was already so . . . It will be even more so . . .
(elles) leur permettent, s'ils le veulent....:
they enable them, if they want to . . .   (passage 12)
— Le ski n'est pas encore aussi démocratisé qu'on
le dit:
Skiing is not yet as open to all (popularised) as
people say   (passage 13)
— Ce n'est pas en le niant..., comme on le fait
volontiers...:
It is not by denying it . . ., as people are apt to
do . . .
Here *le* refers to an action (*en le niant*). Note that *faire*
is used in a similar way to 'do' in English.

3 Negatives   Multiple Negatives

Two or more negative adverbs may be used in the same
phrase in French; care is needed when translating into
English:
— aucun gouvernement ne s'est jamais occupé de la question:
no government has ever dealt with the question.

Il n'en sera plus jamais de même:
It will never be the same any more.
Les gouvernements ne font jamais rien:
Governments never do anything.
The normal word order in such combinations is (1) *plus*,
(2) *jamais*, (3) any other.

4 Adjectives

— les médecins unanimes dénoncent le bruit:
doctors unanimously condemn noise.
Often in French an adjective is used when the corre-
sponding English phrase is constructed with an adverb.
The adjective may be isolated for emphasis:
— Silencieuse, la compagnie partit:
Silently the company moved off. (retranslation 11)

A common example occurs when 'only' is used to restrict
the subject of a sentence:
— **Seule** une loi valable pour tous peut les y contraindre:
Only a law . . .
Note further examples of this usage from your own read-
ing.

5 The Article

Use and omission of the indefinite article after ***comme***
(a) **Use** (i) when the phrase implies repetition of the verb:
— Les médecins dénoncent le bruit comme un fléau:
Doctors condemn noise as (they would condemn)
a scourge.
(ii) when an idea of comparison is present:
Il était fort comme un bœuf:
He was as strong as an ox.
(b) **Omission** (i) when the person or thing referred to is

placed in a particular category:
— beaucoup d'étudiants travaillent comme garçons de
café:
. . . work as waiters.   (passage 4)
Il travaillait à Orly comme inspecteur:
He worked at Orly as an inspector.
(ii) when **comme** means 'considered as a':
Prenons comme exemple le cas du Bourget:
Let us take as an example . . .
In this use it is equivalent to *en tant que*. (see 1.3*b*(iii))

---

6 Prepositions

à — *les avions à hélices (à réaction):*
propeller-driven (jet-propelled) planes (see 14.6)
— *à proximité de...:* near to . . .
— *à l'intérieur de...:* inside . . .
— *à première vue:* on first sight

en — *les aérodromes en service:*
the aerodromes in use
— *en fonction de...:*
in terms of . . ., in relation to . . .

en and *dans* in expressions of time (see 4.4): *en* means 'in the space of', 'within'; *dans* means 'after', 'at the end of':
— *en cinquante ans:*
in the course of fifty years
— *dans moins de dix ans:*
in less than ten years' time
par — *par pure philanthropie:*
out of pure philanthropy
— *par excellence:* pre-eminently

✿ Drills

(1) **Auxiliary Verb** *faire de*
A propos de l'aviation de l'avenir, vous refusez les hésitations d'une interlocutrice moins optimiste que vous.
Exemple: Concorde? une réussite commerciale?
Réponse: Assurément! On fera de Concorde une réussite commerciale.
1 L'avion? un moyen de transport démocratique?
2 Nous? les aristocrates de l'air?
3 Les vols supersoniques? un plaisir ouvert à tous?
4 Le nouvel aéroport? un centre d'activité commerciale?
5 La voiture? un moyen de transport démodé?

(2) **Auxiliary Verb** *rendre*
L'aviation de l'avenir. (suite de la conversation)
Exemple: Les avions? silencieux?
Réponse: Mais oui, on les rendra silencieux.
1 Le bruit? tolérable?
2 Les bâtiments? habitables?
3 Les aéroports? moins bruyants?
4 La vie à proximité des aéroports? plus acceptable?
5 Les habitants? moins hostiles aux aéroports?

Exercises

(3) **Personal Pronouns** *en* and *le* Translate:
1 The supersonic aeroplane is no longer in its early stages. 2 We have now reached the fourth possible site for an airport. 3 A silencer should be fitted to every plane, as is done with cars. 4 London now spreads to the sea, and the same is true of Paris. 5 Noise around airports is a difficult problem; it will be even more so when supersonic aircraft are used.

(4) **Negatives** Translate:
1 They never do anything. 2 They never help anybody. 3 No airport will ever have such a large capacity. 4 This solution will never again be possible. 5 There will no longer be anyone living near the airport.

(5) **Verb Constructions** (revision exercise) Translate:
1 They had tried to compensate for the disadvantages of building the school near the airport by making the walls soundproof. 2 If Air Inter has been successful, this is due to two factors: the frequency of the services and the low fares which compete with those of the railways. 3 Passengers hate to waste time travelling between their homes and the airport: what's the point of siting an airport more than ten miles from the town centre, they wonder. 4 Working as a director for Air Inter, he made it the most successful company in Europe. 5 The new Transport Institute had been entrusted with a study of the future of air transport in this country. 6 The company had been thinking of building a factory there, but was forbidden to do so. 7 The minister, in encouraging the company to develop a silencer, said that such a development would benefit not only the company, but the whole country. 8 Only those living close to the airport were concerned with the problem, of course. 9 The two governments had hoped to make Concorde a commercial success. 10 No one will be allowed to build a block of flats near the airport, since such a development would be likely to cause accidents.

Grand Ensemble des Courtillières, près de Pantin: immeuble serpentant de 560 mètres de longueur, comportant 450 logements.

La montagne

Ils quittent un à un le pays
Pour s'en aller gagner leur vie
Loin de la terre où ils sont nés
Depuis longtemps ils en rêvaient
De la ville et de ses secrets
Du formica et du ciné
Les vieux ça n'était pas original
Quand ils s'essuyaient machinal
D'un revers de manche les lèvres
Mais ils savaient tous à propos
Tuer la caille ou le perdreau
Et manger la tomme de chèvre

Pourtant que la montagne est belle
Comment peut-on s'imaginer
En voyant un vol d'hirondelles
Que l'automne vient d'arriver.

Deux chèvres et puis quelques moutons
Une année bonne et l'autre non
Et sans vacances et sans sorties
Les filles veulent aller au bal
Il n'y a rien de plus normal
Que de vouloir vivre sa vie
Leur vie ils seront flics ou fonctionnaires
De quoi attendre sans s'en faire
Que l'heure de la retraite sonne
Il faut savoir ce que l'on aime
Et rentrer dans son H.L.M.
Manger du poulet aux hormones

Pourtant que la montagne est belle etc.   *Jean Ferrat*

revers (m) *de manche:* end of sleeve
caille (f): quail
perdreau (m): young partridge
tomme (f) *de chèvre:* goat's cheese
hirondelle (f): swallow

flic (m)(sl): cop
fonctionnaire (m and f): (government) official
de quoi: enough (money)
s'en faire (sl): to be worried

H.L.M. à Sarcelles: 'les Hôpitaux de la Longue Maladie'
(Jean-Luc Godard).
'J'ai mis trois mois à reconnaître mon bâtiment.'

Le logement en France

(1) L'aide de l'Etat

L'Etat n'est pas lui-même constructeur de logements, mais il intervient dans le financement de la construction de 85% des logements par l'aide qu'il accorde aux constructeurs et aux occupants. Les aides principales accordées par l'État sont:

Les prêts H.L.M. (habitations à loyer modéré)

La législation sur les H.L.M. a pour objet de faciliter la construction de logements destinés 'aux personnes et aux familles de ressources modestes'. Pour que cet objet soit atteint, l'État consent des prêts à taux réduits et à long terme à des organismes qu'il contrôle, et qui doivent équilibrer leurs dépenses et leurs recettes sans faire de bénéfices.

Les primes et les prêts

Le régime des 'primes et prêts' est ouvert, sous certaines conditions, à tout constructeur construisant pour la location ou l'accession à la propriété.

Les aides à l'occupant comportent (*a*) l'allocation de logement, qui compense l'effort que les jeunes ménages ou les familles ayant des enfants à charge consentent pour se loger dans des conditions convenables, et (*b*) l'allocation-loyer, qui allège les charges de loyer des personnes ayant de très faibles ressources.

logement (m): housing, dwelling
occupant (m): occupier

loyer (m): rent
ressources (f.pl): income, resources
consentir qch.: to grant sth.
équilibrer: to balance
recettes (f.pl): income
bénéfice (m): profit

location (f): renting, letting
accession (f) *à la propriété:* buying (one's own home)
comporter: to comprise
allocation (f): grant, allowance
avoir qn. à charge: to provide for s.o.
convenable: decent
alléger: to alleviate, relieve

116

(2) Nombre de logements achevés en France (en milliers)

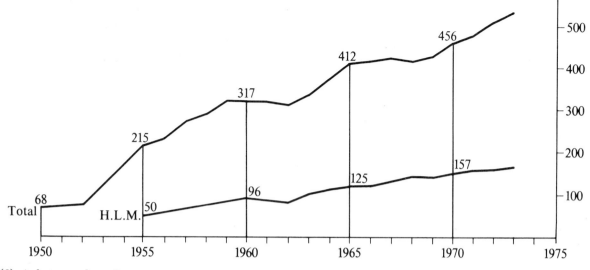

(3) Acheter ou louer?

On peut distinguer quatre catégories principales: (*a*) l'occupant est propriétaire de son logement; (*b*) il accède à la propriété en remboursant un emprunt à long terme; (*c*) il est locataire dans le secteur privé; (*d*) il est locataire d'un logement de type H.L.M.

Voici, pour six pays de l'Europe occidentale, les pourcentages de logements dans chaque secteur (chiffres de 1970):

Secteur:	France	Belgique	Pays-Bas	Allemagne fédérale	Italie	Grande-Bretagne
logement en propriété	37	44	12	28	45	22
accession à la propriété	5	10	16	11	7	24
location, secteur privé	41	40	22	44	36	19
location, type H.L.M.	10	2	35	12	8	28
autres formes de location	6	4	10	5	4	3

(1) 1 Comment l'Etat (ou les collectivités locales) aide-t-il les constructeurs et les occupants (*a*) en France, (*b*) dans votre pays?

2 Pourquoi cette aide est-elle accordée?

(2) 3 Comment la construction de logements en France a-t-elle évolué dans les vingt dernières années?

4 La proportion d'H.L.M. dans le nombre de logements construits a-t-elle augmenté ou diminué depuis 1955?

5 Depuis 1955, le nombre annuel de mariages en France a été de l'ordre de 300 à 350 mille: comparez ce chiffre au nombre annuel de logements construits au cours de la même période.

(3) 6 Dans quels pays l'accession à la propriété est-elle le plus favorisée?

7 Quelles différences y a-t-il entre ces pays quant au secteur locatif?

accéder à: to attain, achieve
rembourser: to repay
emprunt (m): loan
locatif: rented

22

Peut-on vivre hors les murs?

⬡ Entre 1954 et 1962, Paris a perdu 80 000 habitants. Dans le même temps, sa banlieue en gagnait 500 000. Hospitalière et tentante, par ses constructions bon marché, ses immeubles en location et ses espaces presque verts, la périphérie accueille, d'un même cœur, à Bougival, à Argenteuil, à Chaville, à Sarcelles, les provinciaux montés ou descendus vers Paris. Les vrais Parisiens aussi, las d'être mal logés ou pas logés du tout, commencent à émigrer hors les murs. (Cet exode, d'ailleurs, n'est pas spécifiquement parisien: Marseille, Lyon, Lille, Bordeaux et bien d'autres villes le connaissent aussi).

> *hospitalier:* inviting
> *tentant:* tempting
> *immeuble* (m): block of flats
> *périphérie* (f): outskirts
> *accueillir:* to welcome
> *loger:* to house
> *d'ailleurs:* moreover

L'habitant du grand ensemble (de 1 000 à 2 000 logements) n'a ni les mêmes problèmes, ni les mêmes facilités que celui de la 'petite résidence' (50 à 300 appartements), ni les mêmes frais, ni les mêmes joies que l'heureux propriétaire d'une villa dans un jardin. Entre la femme qui vit à 20 kilomètres du centre, travaille à Paris et prend matin et soir le train ou l'autobus, et celle qui passe sa journée, seule à broder derrière sa fenêtre ou à s'occuper de son jardin il y a plus qu'un monde: un abîme.

> *appartement* (m): flat
> *frais* (m.pl): expenses
>
> *broder:* to embroider
> *abîme* (m): gulf

Françoise B., secrétaire, a deux enfants de 10 et 4 ans et habite un H.L.M. à l'Haÿ-les-Roses, dans la banlieue sud. Voici sa journée:
Lever à 7 heures moins le quart. Toilette des enfants. Petits déjeuners. Petit ménage. Autobus, une heure. Journée entière à Paris. Les enfants sont demi-pensionnaires. Le soir, son mari ou une femme de ménage les fait dîner et sur-veille leur coucher. Françoise quitte son bureau vers 7 heures et quart. Une demi-heure de métro, autant d'autobus, quinze ou vingt minutes d'attente. Elle arrive chez elle à 9 heures moins 20. Elle dîne. Elle se couche. Et le lendemain elle recommence.
— Qu'est-ce qui vous manque le plus?
— Une vraie vie familiale. Voir mes enfants le soir. Leur faire réciter leurs leçons... leur parler... Tout ce temps, je le perds dans l'autobus!
— Et sur le plan matériel?
— Une voiture, naturellement, puisqu'elle résoudrait d'un coup tous mes pro-blèmes. La voiture, en banlieue, c'est aussi indispensable que les chaussures. En ce moment, au fond, c'est comme si j'allais nu-pieds.
— Quand faites-vous les gros travaux de la maison?
— Le samedi après-midi et le dimanche!
— Quand vous reposez-vous?
— Très rarement. De temps en temps!
— Vous sortez le soir, quelquefois?
— Encore plus rarement. Les enfants ne savent pas encore rester seuls. Et même si je les fais garder, il y a les transports. Enfin, j'ai tout de même quelques amis motorisés... et gentils.
— Que pensez-vous du groupe résidentiel où vous habitez?
— Il me paraît parfaitement réussi. Il a été conçu à l'échelle humaine, avec même, il me semble, un certain luxe d'espaces inutiles; des pelouses; des jeux pour les enfants. Le samedi, après l'école, le dimanche, je peux les laisser dehors. Il me suffit de jeter un coup d'œil par la fenêtre pour les surveiller un peu. En tout cas, je n'ai pas besoin de les traîner dans un square poussiéreux ou de faire dix kilomètres pour les aérer.

> *toilette* (f): washing and dressing
> *ménage* (m): housework
> *demi-pensionnaire:* at school all day
> *autant:* as much again
>
> *leçon* (f): learning homework
>
> *d'un coup:* at a stroke
>
> *garder:* to look after
> *tout de même:* nevertheless
> *réussi:* successful
> *conçu:* planned
> *échelle* (f): scale
> *pelouse* (f): lawn
> *traîner:* to drag
> *square* (m): public garden
> *poussiéreux:* dusty

—Si vous aviez le choix entre cet appartement, en banlieue, et un autre à Paris, que choisiriez-vous?

—Celui-ci. À Paris, je n'aurais ni ce calme, ni ce soleil, ni, pour le même loyer (relativement élevé cependant), un appartement aussi confortable.

cependant: however
rêve (m): dream

—Et si vous choisissiez la maison de vos rêves, ce serait quoi?

—Une maison individuelle et un jardin, naturellement!

Prenons maintenant un exemple masculin: Pierre M., ingénieur.

ingénieur (m): engineer

—Où habitiez-vous avant de vous installer en banlieue? Comment expliquez-vous votre choix?

—J'avais un tout petit appartement à Paris. A deux, c'était supportable. Avec mon premier enfant, c'est devenu difficile. Avec le second, ce n'était plus possible. Dès que nous avons pu, nous l'avons vendu et nous sommes devenus copropriétaires de la 'Petite résidence' de F. (2 000 personnes). Les appartements étaient bien conçus, suffisamment isolés les uns des autres pour qu'on se sente chez soi. Avec les primes et les prêts, leur prix était abordable. Et nous avions envie d'être un peu hors de Paris; de voir des arbres; surtout, d'avoir de la place, au-dedans et au-dehors.

supportable: bearable

copropriétaire (m and f): co-owner
suffisamment: sufficiently
prime (f): subsidy
prêt (m): loan
abordable: within reach
ennuyer: to give trouble

—Qu'est-ce qui vous ennuie le plus dans votre grand ensemble?

—Les dissensions entre copropriétaires, les pétitions de toutes sortes, qui aboutissent à la formation de petits groupes ennemis, sans que jamais rien de cohérent soit entrepris pour obtenir des résultats positifs: l'aménagement d'un vrai parc de jeux surveillé pour les enfants, par exemple, ou un club pour les adolescents. A cet égard, il y aurait beaucoup à faire. La 'Petite résidence' de F. est réussie du point de vue de l'architecture, mais il y manque toutes les réalisations collectives qui en auraient fait une réussite de l'urbanisme.

aménagement (m): setting-up
parc (m) *de jeux:* play area

urbanisme (m): town-planning

Meudon-la-Forêt: piscine pour enfants. '... *les réalisations collectives qui en auraient fait une réussite de l'urbanisme.*'

— Est-ce que votre femme travaille ou s'occupe de la maison?

— Elle s'occupe des enfants. Elle reste à la maison. Bien sûr, de temps en temps, elle a des crises de cafard. Le grand ensemble, pour une femme qui reste là toute la journée, ce n'est pas drôle.

— Est-elle satisfaite des commerçants installés à sa porte?

— Non, pas du tout. Ils sont seuls. Ils ne craignent pas la concurrence. Ils pratiquent n'importe quels prix.

— Laissez-vous vos enfants jouer dehors sans surveillance?

— Au début, nous l'avons fait. Puis nous nous sommes aperçus que dans un groupe de 2 000 personnes c'était exactement comme si on les laissait jouer sur le trottoir d'une grande ville. Les mêmes dangers, les mêmes risques. Trop de parents ne s'en rendent pas compte. Un 'espace vert' d'H.L.M. n'est pas le jardin d'une villa, ni même une garderie.

— Souffrez-vous de l'éloignement? Du temps perdu en transports?

— Oui, c'est embêtant. Mais je laisse ma voiture à la porte de Paris, et dans le métro je peux lire, me reposer un peu, et même aux heures d'affluence, j'ai ainsi un petit moment où je peux me faire conduire et ne penser à rien de précis.

— Sortez-vous quelquefois le soir?

— Très rarement. Les enfants. La fatigue de la journée. Pas envie de ressortir. Nous lisons beaucoup... quand nous ne sommes pas trop fatigués. Et le dimanche, nous nous promenons, à pied, dans la campagne.

— Envisagez-vous de rester définitivement où vous êtes?

— J'espère pouvoir acheter une vraie maison, avec un jardin.

Une vraie maison... Un vrai jardin... et le dimanche à la campagne, sans voitures, sans embouteillage... Leur rêve à tous. Leur dimanche à tous. La banlieue n'est plus ce qu'elle était avant la guerre. Mais de la banlieue d'autrefois, il reste encore ce repos dominical, et ce rêve de paix individuelle. Il ne faudrait pas le gâcher. Pourtant, si tous les banlieusards des grands ensembles le réalisaient, nous aurions demain un million de villas, avec jardins. A raison de 300 m² par maison (un minimum), Paris s'étendrait, au moins, jusqu'au Havre. Entre cette solution et celle de la cité-caserne, rejetée catégoriquement par tous ceux qui y vivent, et ne souhaitent qu'en sortir, il doit y avoir, tout de même, un moyen terme. ⬡

Colette Gouvion, *L'Express*

drôle: funny
commerçant (m): shopkeeper
concurrence (f): competition
craindre: to fear
surveillance (f): supervision
s'apercevoir: to realise
garderie (f): day-nursery

embêtant: annoying
heures (f) *d'affluence:* rush hours

embouteillage (m): traffic jam
dominical: Sunday
gâcher: to spoil
banlieusard (m): suburbanite
réaliser: to achieve
caserne (f): barracks

Notes

exode: Emigration de population (*a*) de la campagne vers les villes, (*b*) du centre des villes vers la banlieue.

les grands ensembles: Une loi de 1973 interdit toute nouvelle construction d'ensembles de plus de cinq mille habitants.

un H.L.M.: officiellement employé au féminin, ce terme est encore quelquefois employé au masculin.

Verb Constructions

souhaiter faire qch.: to wish to do sth.
avoir envie de faire qch.: to want to do sth.
avoir besoin de faire qch.: to need to do sth.
se hâter de faire qch.: to hurry to do sth.
envisager de faire qch.: to intend to do sth.
avoir qch. à faire: to have sth. to do
aboutir à qch.: to result in sth.

se rendre compte de qch.: to realise sth.
    manquer (1) personal use (*manquer à qn.*)
qu'est-ce qui vous manque?: what do you miss?
(*elle me manque:* I miss her.)
        (2) impersonal use (*il manque à qch.*)
il y manque toutes les réalisation collectives:
all the social amenities are lacking (it has none of the social amenities).

Further Vocabulary

une cité: a housing estate (often pre-war)
un grand ensemble:
a large housing estate (post-war)
une petite résidence:
a small estate (private development)
un groupe résidentiel: an estate (general term)
sur le plan matériel: financially speaking
pour les aérer: to get them into the open air

les réalisations collectives:
facilities for the community, social services
à cet égard: in this respect
elle a des crises de cafard: she gets depressed
ils pratiquent n'importe quels prix:
they charge what they like
aux heures d'affluence: in the rush-hours
ce repos dominical: the peace and quiet of Sunday
un moyen terme: a middle way

A Questions à préparer

1 Pourquoi la population de la banlieue parisienne a-t-elle augmenté?
2 D'où viennent ces nouveaux habitants?
3 Pourquoi beaucoup de Parisiens sont-ils obligés d'aller vivre en banlieue?
4 Quels sont les problèmes que présente la vie en banlieue à Mme B.?
5 Mais quels en sont aussi les avantages?
6 Pourquoi préfère-t-elle ne pas vivre à Paris?
7 Pourquoi M. M. a-t-il dû vendre l'appartement qu'il avait à Paris?
8 En quoi son nouvel appartement lui a-t-il apporté ce qu'il cherchait?
9 D'après ce qu'en dit M.M., quelle impression avez-vous du système de copropriété?
10 Pourquoi 'la Petite Résidence de F.' n'est-elle pas une 'réussite de l'urbanisme'?
11 Pourquoi ne laissent-ils pas jouer leurs enfants sans surveillance?
12 Comment Pierre M. a-t-il résolu le problème du trajet quotidien?
13 Pourquoi ne sortent-ils pas souvent le soir?
14 Pourquoi la banlieue ne pourra-t-elle plus être ce qu'elle représentait aux yeux des Parisiens d'autrefois?

B Sujets de discussion

1 Qu'est-ce qu'une 'vraie maison', aux yeux des gens cités dans l'article? Et pour vous?
2 La vie en banlieue est-elle plus supportable pour une femme qui travaille que pour celle qui ne travaille pas?

3 Qu'est-ce que les deux couples cités dans l'article ont gagné en quittant Paris pour la banlieue, et qu'est-ce qu'ils ont perdu?
4 Voyez-vous un 'moyen terme' entre la cité-caserne et un million de villas avec jardins? Lequel?

C Sujet de rédaction

Paris ou la banlieue?

Les Dupont, qui habitent à Paris, sont en visite chez les Durand, qui habitent la banlieue. Les Dupont aimeraient 'émigrer hors les murs', mais ne se sont pas encore décidés; les Durand, eux, ont pris cette décision il y a quelques mois.

Imaginez leur conversation, à partir de cette question de M. Durand: 'Alors ce déménagement, c'est pour quand?'...

Avant d'écrire votre rédaction, il vous faudra considérer les questions suivantes:

Les Dupont: Quelles sont leurs conditions de logement? Ont-ils des enfants? Où le mari travaille-t-il? Possèdent-ils une voiture? Quels sont les avantages qu'ils trouvent à vivre dans Paris? et les inconvénients?

Les Durand: Où vivaient-ils avant de s'installer en banlieue? Dans quelles conditions? Qu'est-ce qui les avait décidés à 'émigrer'? Comment est l'appartement qu'ils ont trouvé? En sont-ils satisfaits? Pourquoi?

❂ D Sujet de rédaction

Paris ou la banlieue: les avantages et les inconvénients.

Grammar

1 Adjectives
Agreement
(*a*) — *ses constructions bon marché:*
    its low priced property
  Bon marché — originally *à bon marché* — never agrees.
(*b*) — *la banlieue sud*
  Nord, sud, est and *ouest* are always invariable.

(*c*) — *Une demi-heure de métro*
  — *Les enfants sont demi-pensionnaires.*
  — *nu-pieds:* barefoot
Demi and *nu* placed before the noun are invariable. When placed after the noun, they agree (*demi* in the singular only).
    trois heures et demie; pieds nus; tête nue

2 Negatives

(a) **Sans** and **sans que** are used without *ne*, and may be combined with other negatives:

> *Ils laissent jouer les enfants sans aucune surveil lance:*
> ... without any supervision.
> *Il est parti sans rien dire à personne:*
> ... without saying anything to anyone.

— *sans que jamais rien de cohérent soit entrepris:*
without anything coherent ever being started. (see 17.1)

(b) — *ne penser à rien de précis*
> *Toute la journée elle ne parle à personne.*
> *Elle ne s'est plainte d'aucun problème.*
> *Rien, personne* and *aucun* can be used after a preposition.

3 The Article

Partitive *de*

— *rien de précis:*
> nothing precise (nothing in particular)

Partitive *de* is used before adjectives and nouns after these pronouns: *rien, quelque chose, personne, quelqu'un, ceci, que, quoi, ce qui, ce que:*

> *Qu'y a-t-il de nouveau?*
> *Quoi de neuf?*
> *La banlieue a ceci de particulier que ses habitants viennent du Midi:*
> The suburb is unusual in that its inhabitants come from the south.

4 Indefinite Pronouns

Use of *tout*: 'all of them', 'both of them'   (see 14.4*b*)

— *Leur rêve à tous:* The dream of all of them.

There is no construction in French corresponding to the English 'all of', 'both of':

> *Elles sont toutes venues:* All of them came.

> *Elle les a tous vus:* She saw all of them.
> *Elle leur a parlé à tous les deux:*
> She spoke to both of them.
> *Elle les a vues toutes les deux:*
> She saw both of them.

5 Stressed Pronouns

To reinforce the possessive adjective

The possessive adjective can be strengthened by the use of the stressed pronoun in a construction similar to the above use of *tout*:

> *leur rêve à eux:* **their** dream
> *mon rêve à moi:* **my** dream

6 'Out (of)', 'outside'

(a) **Adverb: 'out', 'outside'**

(i) — *Vous sortez le soir, quelquefois?:*
> Do you ever go out in the evening?

The meaning of 'out' is generally expressed by the **verb** in French. The means of 'going' is often expressed by an adverb phrase of manner:

> *sortir en courant (à la hâte):* to run out

(ii) — *Laissez-vous vos enfants jouer dehors?:*
> Do you let your children play outside?

dehors: 'out of doors', 'in the open'

(iii) — *de la place, au-dedans et au-dehors:*
> more room inside and out.

Au-dehors is used when a contrast with ***au-dedans*** is expressed or implied.

(b) **Preposition: 'out of', 'outside'**

(i) — *nous avions envie d'être un peu hors de Paris:*
> we wanted to live a little way out of Paris.

Hors de ('out of', 'outside') is used when it means the opposite of *dans* ('into', 'inside').

— *(ils) commencent à émigrer hors les murs.*

In certain phrases, e.g. *hors jeu* ('out of play'), *hors la loi* ('outside the law'), there is no *de*.

(ii) — *jeter un coup d'œil par la fenêtre:*
> to glance out of the window.
> *La voiture s'est arrêtée devant leur porte:*
> The car stopped outside their door.
> *Il a sorti la clef de sa poche:*
> He took the key out of his pocket.
> *Il a pris la clef dans sa poche:*
> He took the key out of his pocket.

Note that there are many cases where the meaning of 'out of', 'outside' is expressed by the **verb** and an appropriate **preposition.**

> — *je laisse ma voiture à la porte de Paris:*
> I leave my car outside Paris (i.e. at the city boundary).

Note the use of a **prepositional phrase** to make the situation more explicit.

7 Prepositions

à
— *au fond:* fundamentally
— *à raison de....* at the rate of . . .
— (*un appartement*) *à deux·*
  (a flat) with two of us in it
— *à l'échelle humaine:* on a human scale
— *qui vit à vingt kilomètres du centre:*
  who lives twenty kilometres from the centre

de
— *d'un même cœur:*
  with equal warmth, equally   (see 6.6)
de means 'with' after innumerable adjectives:
— *est-elle satisfaite des commerçants?:*
  is she satisfied with the shopkeepers?
  être content de, fâché de...:
  to be pleased with, angry with . . .

de... à
— *de 1 000 à 2 000 logements:*
  between 1,000 and 2,000 homes (see 10.6)

en
— *ses immeubles en location:*
  its rented properties   (see 14.6)
— *en banlieue:* in the suburbs   (see 2.6)
— *en ce moment:* at present, just now

dans
— *dans la campagne:*
  in the countryside   (see 2.6)
  à la campagne:
  in the country (as opposed to the town)

par
— *par ses constructions:*
  because of, through its buildings   (see 17.6)

vers
— *vers sept heures et quart:*
  at about a quarter past seven

♦ Drills

(1) The Article   Partitive *de*
'Le grand ensemble pour une femme qui reste là toute la journée, ce n'est pas drôle.' Interview.
Exemple: Vous avez sûrement quelque chose d'intéressant à faire?
Réponse: Non, à vrai dire, je n'ai rien d'intéressant à faire.
1 Du moins vous avez rencontré une voisine agréable?
2 Mais vous connaissez sûrement quelqu'un d'intelligent avec qui parler?
3 Mais le grand ensemble a sûrement quelque chose de bon à offrir?
4 Au moins il y a quelque chose de nouveau qui vous intéresse?
5 J'imagine que vous espérez trouver quelque chose de plus agréable?

(2) The Subjunctive   After *sans que*
Un de ces nouveaux banlieusards est interviewé par une journaliste, étonnée par les inconvénients que doivent subir les habitants de ces grands ensembles.
Exemple: La cité a été construite, mais le public n'a pas pu voir les plans?
Réponse: Oui, en effet, elle a été construite sans que le public ait pu voir les plans.
1 Il manque des cinémas et des théâtres, mais on ne sait pas pourquoi?
2 On a construit des logements, mais rien n'a été aménagé pour les jeunes?
3 On laisse jouer les enfants dehors, mais personne n'est là pour les surveiller?
4 Des associations existent, mais on n'y fait rien de positif?
5 Les résidents ont formé des groupes, mais vous ne pouvez jamais vous mettre d'accord?

Exercises

(3) Partitive *de*   Translate:
1 Show me something interesting. 2 What's new today? 3 Have you done anything amusing recently? 4 The estate is unusual in that it has its own swimming pool and several day nurseries. 5 In that estate you'll find everything that's new in town-planning. 6 There's nothing nicer or gentler than a disinterested human being.

(4) Indefinite Pronoun *tout*   Translate:
1 Both of them came. 2 I was able to speak to all of them. 3 It was the idea of all of them. 4 It was the idea of both of them. 5 All of them miss her. 6 Both of us miss her.

(5) 'out (of)', 'outside'   Translate:
1 Children should not be left outside without supervision. 2 Inside it was always dark, and outside the children could not play. 3 More and more people will decide to live outside the large towns. 4 When they come home in the evenings, they have no wish to go out again later. 5 No child can fall out of these windows. 6 She spends all her day looking out of the window. 7 The stairs are just outside their door. 8 The same plan is brought out every year.

Vivre à Sarcelles

Tout l'avenir des grands ensembles est mis en question avec l'expérience de la plus grande banlieue-dortoir de la région parisienne: le grand ensemble est-il la meilleure solution du problème du logement?

Sarcelles: d'énormes cubes gris dans la brume, les 'blocs' percés de fenêtres éclairées, des arbres tous semblables, des allées larges qui se ressemblent à s'y méprendre.

— J'ai mis trois mois à reconnaître mon bâtiment. Je me trompais toujours. Nos rues se ressemblent tellement qu'on ne sait jamais comment indiquer le chemin aux rares amis qui viennent nous voir...

— Le soir, que faire? Pas de cinéma, pas de théâtre, à Sarcelles. Alors on regarde un peu la télé et on se couche tôt. D'ailleurs tout le monde est tellement fatigué! Et il faut repartir le lendemain matin, aller à pied à la gare, reprendre le train dans le froid, s'engouffrer dans le métro, recommencer... Ah, vivre dans Paris! ou même à Tours, à Orléans!

D'après un récent sondage, 70% des habitants de Sarcelles ne s'y sentent pas heureux, et 60% préféreraient trouver un logement à Paris... Mais le droit de vivre à Paris se paie cher, très cher. L'appartement de 4 pièces, confort minimum, qui se loue à Sarcelles 296 francs charges comprises, coûterait au moins 1 000 francs place d'Italie ou 900 francs à Belleville. Alors, on reste, on continue cette ronde épuisante, on acquiert une sorte de résignation faite de fatigue, d'abandon et de repli sur soi. Pour ceux qui travaillent à Paris et qui ne font que dormir à Sarcelles, le grand ensemble c'est l'ennemi, le cauchemar, le symbole de 'ce qu'il faut supporter dans la vie...'

Pour les autres, c'est-à-dire pour les femmes qui peuvent rester chez elles, Sarcelles offre un autre visage: l'espace retrouvé, la lumière et les arbres, le soleil parfois, les enfants enfin lâchés au grand air. Un nouveau mode de vie se crée, qui n'est ni l'anonymat glacé parisien ni le corset rigide des tabous provinciaux.

— J'ai vécu quelques années en province: on savait tout de suite qui était qui. Vous étiez aussitôt étiquetée, classée, cantonnée dans un cercle avec interdiction d'en sortir. Moi qui avais l'habitude de Paris où je passais des mois sans même connaître mon voisin de palier, j'ai été plutôt étonnée, mais ici à Sarcelles, tout est nouveau. Il y a... comment dire? un brassage plus facile. Les femmes se rencontrent dans les magasins, à la sortie de l'école. Elles se reconnaissent, se saluent. Paris et ses magasins manquent un peu, au début. Puis on s'habitue, on y va de moins en moins. Une fois par mois, au plus, et encore, lorsque je ne peux faire autrement! Mais tout n'est pas parfait encore.

A Sarcelles on compte une centaine d'associations diverses pour 50 000 habitants, mais elles n'ont que des objectifs limités, sociaux ou culturels. La revendication effraie encore. Ce besoin diffus commence pourtant à se cristalliser en véritable réaction de défense. En février dernier, les habitants de Sarcelles ont élu un 'conseil de résidents'. C'est peut-être là que se joue l'avenir de Sarcelles et, par voie de conséquence, celui de toutes les 'banlieues-dortoirs'...

— Je crois qu'on commence ici à comprendre une chose, me dit Claude Neuschwander, président du conseil de résidents, et Sarcellois par choix. Le problème n'est plus de savoir s'il convient ou non de vivre dans un grand ensemble. Le problème est de savoir comment y vivre. Car Paris est plein et, dans dix ans, tous les Parisiens pratiquement habiteront en banlieue. Ils feraient bien de s'habituer à cette idée et de s'y préparer. Au lieu de condamner 'l'univers

dortoir (m): dormitory

brume (f): mist
éclairer: to light (up)
semblable: alike
allée (f): avenue
large: broad
rare: few

s'engouffrer: to be swallowed up

ronde (f): round
épuisant: exhausting
acquérir: to acquire
abandon (m): surrender
cauchemar (m): nightmare
supporter: to put up with
lâcher: to let loose
mode (m): way, form
glacé: cold
corset (m): straitjacket
étiqueter: to label
classer: to classify
cantonner: to confine
palier (m): landing
saluer: to greet
et encore: and even then

diffus: vague, unformulated

conseil (m): council

pratiquement: almost

concentrationnaire' de Sarcelles, ils feraient mieux d'imaginer déjà leurs formes de vie future pour pouvoir, le moment venu, les proposer, voire les imposer, aux pouvoirs publics qui ne demandent au fond qu'à être suscités...

voire: and even
au fond: after all
susciter: to arouse

Josette Alia. *Le Nouvel Observateur*

Notes

place d'Italie: Quartier situé au sud du centre de Paris; beaucoup d'immeubles nouveaux y ont été construits ces dernières années.
Belleville: Quartier du nord-est de Paris; l'augmentation des loyers en chasse progressivement sa population ouvrière.

Verb Constructions

se sentir (heureux): to feel (happy)
s'habituer à qch.: to get used to sth.
se préparer à qch.: to prepare for sth.
imposer qch. à qn.: to impose sth. on s.o.
Paris et ses magasins manquent:
one misses Paris and its shops.
se tromper de qch.:
to choose, go to, etc. the wrong one

il convient de faire qch.:
it is advisable, a good thing, to do sth.
faire bien (mieux) de faire qch.:
to do well (better) to do sth.
mettre (du temps) à faire qch.:
to take (time) to do sth.
demander à faire qch.: to ask (permission) to do sth.
    Compare this construction, where there is no personal object, with *demander à qn. de faire qch.*

Further Vocabulary

qui se ressemblent à s'y méprendre:
which look identical
le droit... se paie cher: the right ... is expensive
qui se loue 296 francs: which costs 296 francs to rent
(le) repli sur soi: withdrawal
avec interdiction d'en sortir: with orders not to leave it
il y a un brassage plus facile:
it's easier to meet (mix with) people

je ne peux faire autrement: I can't avoid it
la revendication effraie encore:
people are as yet afraid to make demands.
C'est là que se joue l'avenir:
that's where the future is being decided
par voie de conséquence: therefore, consequently
l'univers concentrationnaire: the prison-like world
le moment venu: when the time comes

A Questions à préparer

1 Quand on arrive à Sarcelles, que voit-on d'abord?
2 Quels problèmes ces constructions posent-elles aux habitants?
3 Pourquoi rêvent-ils d'habiter Paris ou même la province?
4 Et pourtant, pourquoi restent-ils à Sarcelles?
5 Pourquoi les femmes qui ne travaillent pas à l'extérieur préfèrent-elles Sarcelles (a) à la vie de province, (b) à Paris?
6 Quelle est l'importance de la formation d'un conseil de résidents à Sarcelles?
7 Quelle est, en définitive, la situation qu'il faut envisager pour les habitants?

les ensembles   blocks of flats.
meprendre

B Sujet de rédaction à discuter

ou (*a*) Imaginez un dialogue entre un des habitants d'une cité nouvelle (telle que Sarcelles par exemple) et l'architecte responsable de sa planification, dialogue où chacun des partis en présence essaie de faire comprendre à l'autre les problèmes qui l'ont confronté, et de répondre aux objections soulevées par l'autre.
ou (*b*) Interview avec l'architecte responsable de la planification d'une cité nouvelle.

Quelques questions à considérer: (1) Quelle a été la conception des urbanistes qui ont créé Sarcelles? Qu'ont-ils voulu faire? (2) A quels besoins sociaux ont-ils dû répondre? (3) 'Tous les immeubles se ressemblent': justifiez ce fait du point de vue des autorités responsables de la construction de Sarcelles: opposez le point de vue des habitants. (4) Pourquoi y a-t-il un 'brassage plus facile' dans des ensembles tels que Sarcelles? (5) Quels arguments pourrait-on avancer pour ou contre le point de vue de M. Neuschwander?

Grammar

1 Pronominal Verbs

(a) — *70% des habitants de Sarcelles ne s'y sentent pas heureux:*
70% of the inhabitants of Sarcelles do not feel happy there.

Verbs such as *sentir, croire, estimer, trouver,* are used pronominally when followed by an adjective, past participle or phrase, with the verb *être* understood.

— *Je me sens soulagé:* I feel relieved.   (passage 14)

— *Je me sens comme au cinéma;*
I feel as if I was at the pictures.   (passage 25)

— *je me croirais aux Vingt-quatre heures du Mans:*
I could believe that I was at le Mans. (passage 14)

— *il s'estime frustré:*
he feels (considers himself) frustrated.   (passage 17)

(b) Revise 2.2, then see Exercise (1).

2 Auxiliary Verbs

(a) *faire bien (mieux) de...*

    (i) With no idea of comparison:

      — *Ils feraient bien de s'habituer à cette idée:*
They had better (they would do well to) get used to this idea.

    (ii) When one course of action is preferred to another:

      — *Au lieu de... ils feraient mieux d'imaginer...:*
Instead of . . . they would be better advised to think out . . .

Compare this construction with *il vaut mieux:* 'it is better to'.

Il vaut mieux vivre à la campagne:
It is better to live in the country.

Il vaudrait mieux qu'ils s'habituent à cette idée:
It would be better for them to get used to this idea.

Note: the subjunctive is required in the verb following *que,* as in the last example.   (see 31.1a)

(b) *ne faire que* 'only'

    — *Pour ceux qui... ne font que dormir à Sarcelles:*
For those who only sleep at Sarcelles (i.e. and work in Paris).   (see 13.1a)

Compare:

ceux qui ne dorment qu'à Sarcelles:
those who sleep only in Sarcelles (i.e. and not anywhere else).

3 The Infinitive

(a) *de savoir*   (see 13.4)

    — *Le problème n'est plus de savoir s'il convient ou non de vivre dans un grand ensemble:*
The problem is no longer whether living in a housing estate is a good thing or not.

(b) — *Le soir, que faire?:* . . . what is there to do?

    — *Il y a... comment dire?:*
There is . . . how can I put it?

(For this use of the infinitive see 9.2d.)

4 Participles

— *296 francs charges comprises:*
. . . expenses included

les petites résidences exceptées:
apart from the small estates

Used as an adjective, the past participle agrees with its noun. But certain past participles can be used as prepositions, in which case they are invariable:

y compris les charges: including expenses

excepté les enfants: except for children

compte tenu des obstacles:
in view of the obstacles

étant donné les circonstances:
under (in view of) the circumstances

The conjunction *étant donné que* is also found:

Etant donné que les bâtiments se ressemblent:
Seeing that . . .

5 Stressed Pronouns

Verb agreement

— *Moi qui avais l'habitude de Paris...*
C'est moi qui ai les ennuis!

Ce n'est pas nous qui avons fait cela!
When a stressed pronoun is followed by *qui,* the verb in the relative clause agrees with the pronoun.

6 Word Order

c'est... qui (que) (relative); *c'est... que* (conjunction)
— *C'est peut-être là que se joue l'avenir de Sarcelles:*
    Perhaps it is here that the future of Sarcelles lies (is at stake).
The construction *c'est (ce sont)... que* can be used to emphasise almost any part of a sentence (pronoun, noun, noun phrase, adverb, adverb phrase). For example, the following sentence contains at least four elements which could be emphasised in this way:
— *En février dernier, les habitants de Sarcelles ont élu un conseil de résidents.*
(a) *C'est en février dernier que les habitants de Sarcelles...*
(b) *C'est à Sarcelles que les habitants ont élu...*
(c) *Ce sont les habitants de Sarcelles qui ont élu...*
(d) *C'est un conseil de résidents que les habitants de Sarcelles...*

7 Prepositions

à — *au grand air:* in the open air
de — *mon voisin de palier:*
    my next-door neighbour (in a block of flats) (see 10.6)
    — *percés de fenêtres:*
    pierced with windows (see 14.6)

en — *se cristalliser en...*
    to crystallize into . . . (see 13.5)
    — *l'avenir est mis en question:*
    the future is challenged, called into question (see 18.5 and 19.5)

Exercises

(1) **Pronominal Verbs** Make a list of the pronominal verbs in the passage, together with their translation. Place each of them in one of the following categories:
1 Reciprocal action e.g. *se rencontrer*
2 Reflexive action e.g. *se laver*
3 Passive construction used in English e.g. *se vendre*
4 Simple active verb used in English e.g. *se souvenir*

(2) **Pronominal Verbs** Translate:
1 They thought they were threatened. 2 One could easily believe one was in the United States. 3 She thought she was perfect! 4 The flats that can be rented in Paris cost a lot. 5 A new way of life is being created at Sarcelles. 6 The two women had seen each other first at the school gates. 7 At first she had wondered how she was going to adapt to the new situation; but she quite soon got used to it.

(3) **Translate:**
1 The authorities had better listen to these opinions. 2 Those who only work in Paris cannot understand all its problems. 3 We who live in houses often forget the problems of life in flats. 4 Many women who move to Sarcelles, including those who come from provincial towns, very soon get used to life there. 5 Several dormitory-suburbs similar to Sarcelles have been built around Paris: the question is whether or not they are the best solution to the housing problem. 6 It was the chairman of the residents' council who asked to see the minister, not the members themselves. 7 Most of the new arrivals took some time to recognise their own block of flats, since the streets were so much alike. 8 It would be better for you to go and see the flats before you write your article.

(4) **Word Order** Use *c'est (ce sont)... qui (que)* to give an appropriate emphasis to these statements:
1 Les 'vrais' Parisiens commencent à émigrer hors les murs. 2 Le soir, son mari ou une femme de ménage fait dîner les enfants. 3 J'avais un tout petit appartement à Paris. 4 La 'Petite résidence' est réussie du point de vue de l'architecture. 5 Ma femme s'occupe des enfants. 6 60% des habitants de Sarcelles préféreraient trouver un logement à Paris. 7 Le droit de vivre à Paris se paie cher. 8 Sarcelles offre un autre visage pour les femmes qui peuvent rester chez elles. 9 Les femmes se rencontrent dans les magasins. 10 Dans dix ans tous les Parisiens habiteront en banlieue.

24

Mourenx: ville neuve

Dans les dernières années, grâce aux gisements de gaz dans la région de Lacq, petit village des Pyrénées-Occidentales, des industries modernes dotées d'un potentiel considérable se sont implantées dans une région agricole.

L'automation et la mécanisation ont fait que les usines, malgré leur envergure, n'ont pas eu à employer un nombre très élevé d'ouvriers. A Lacq se trouvent les installations nécessaires pour l'extraction du gaz, auxquelles sont venues s'ajouter plusieurs usines fabriquant des produits divers. Le personnel de ces usines n'habite pas Lacq. La décision fut prise tout au début de créer une ville nouvelle à quatre ou cinq kilomètres, à Mourenx.

Mourenx est une ville neuve surgie dans une commune rurale qui avait, avant l'ouverture des chantiers, moins de 250 habitants; avec ses 12 000 habitants, elle est devenue la quatrième ville du département. Pour trouver des cas semblables, il faudrait aller dans les zones minières du Nord et de l'Est, mais là il s'agit d'ensembles résidentiels (ne constituant pas nécessairement des villes au sens propre du terme). Mourenx est, dans sa région, une exception. Les communes environnantes ont subi des accroissements plus ou moins sensibles de population, ont connu quelques constructions, mais la ville du complexe industriel de Lacq, c'est Mourenx.

La ville, construite dans les bois et encadrée de montagnes, a été conçue pour loger le personnel des industries du complexe. Progressivement, les promoteurs et l'administration départementale ont pris conscience qu'il ne suffisait pas de loger, qu'il fallait faire habiter, c'est-à-dire créer les bases d'une existence globale. Seulement, Pau est à vingt kilomètres, et une bonne partie des cadres supérieurs de l'industrie, malgré la création d'une zone de pavillons coquets hors des ensembles d'immeubles collectifs, préfère résider à Pau; une partie importante des habitants de Lacq possède des voitures et va faire ses achats à Pau. La contradiction est flagrante: pour faire de Mourenx une ville, il faudrait y implanter des services, un complexe commercial aussi complet que possible. Le souci de rentabilité, aggravé par les habitudes déjà prises d'évasion de la clientèle vers les magasins palois qui sont particulièrement attrayants, freine les initiatives. Mourenx n'est plus tout à fait un centre-dortoir, mais elle n'est pas encore tout à fait une ville, avec sa vie de cité. Le sera-t-elle jamais? Son destin n'est-il pas de s'intégrer dans une grande agglomération paloise de disposition linéaire? Et peut-être un jour, quand le gaz sera épuisé, de se retourner vers le marché d'emploi de la ville de Pau.

Pierre George, *Population*

gisement (m): field, deposit
s'implanter: to be established
agricole: agricultural
envergure (f): size
fabriquer: to manufacture

surgir: to spring up
chantier (m): site

minier (adj): mining
constituer: to form

environnant: surrounding
sensible: noticeable
encadrer: to enclose
promoteur (m): developer
loger: to house
global: complete
cadres (m) *supérieurs*: managerial staff
création (f): building, establishment
pavillon (m): small villa
coquet: stylish
rentabilité (f): profitability
évasion (f): escape
palois: of Pau
attrayant: attractive
freiner: to hold back, hinder
destin (m): future role
agglomération (f): conurbation

Further Vocabulary

industries modernes dotées d'un potentiel considérable: modern industries with considerable potential.
Note the use in French of a past participle to support the preposition (see passage 9).

l'automation et la mécanisation ont fait que...: the result of automation and mechanisation has been that...

auxquelles sont venues s'ajouter... to which have been added...

avant l'ouverture des chantiers: before work began on the site

(des) ensembles résidentiels: housing estates
les communes... ont subi des accroissements: there have been increases in the districts.
(elles) ont connu quelques constructions: there has been some building in...
Note that the construction with a verb is preferred here to *il y a eu dans les communes...*
ils ont pris conscience que...: they became aware, realised, that...
un complexe commercial: a shopping centre

Mourenx: une ville neuve surgie dans une commune rurale.

A Questions à préparer

1 Comment Lacq est-il devenu un centre industriel?
2 Pourquoi les usines n'emploient-elles qu'un petit nombre d'ouvriers?
3 Quelle différence y a-t-il entre Mourenx et les ensembles résidentiels des zones minières?
4 'Loger' est une chose, 'habiter' une autre. Comment voyez-vous cette différence?
5 Comment la proximité de Pau a-t-elle influencé les préférences de ceux qui sont employés à Lacq?
6 Quel a été l'effet de ces préférences sur l'implantation des services à Mourenx?
7 Quel pourrait être le rôle de Mourenx quand le gaz de Lacq sera épuisé?

B Résumé

Résumez en 200 mots les circonstances qui ont conduit à la création de cette ville neuve et les difficultés qui s'opposent à son développement futur. (Procédé: voir page 26.)

C Sujets de discussion

1 Existe-t-il dans votre région des exemples d'usines 'implantées dans la campagne'? Pourquoi s'y sont-elles établies? Quels sont les avantages et les désavantages de leur situation: pour les employeurs, le personnel et la communauté locale?
2 Connaissez-vous une ville nouvelle? Pourquoi a-t-elle été créée? Quelle est sa situation par rapport à d'autres centres de population? Représente-t-elle une réussite ou un échec sur le plan d'urbanisme? Pourquoi?

D Sujet de rédaction

Un ouvrier agricole de la région raconte comment la découverte de gaz à Lacq et la création de Mourenx ont changé sa vie, et celle de la population locale.

Grammar

1 Tenses

Sequence in time clauses   (see 5.2 and 20.1)

— *peut-être un jour, **quand le gaz sera épuisé**, (son destin est) de se retourner:*

perhaps one day, **when the gas has run out,** (its fate is) to go back... (i.e. it will go back...)

In time clauses, following such conjunctions as *quand, lorsque, dès que, aussitôt que, après que, à peine* (+inversion of verb and subject) *que,* expressing simultaneous or successive actions, the tense must be in sequence with the tense in the main clause:

(a) **referring to simultaneous actions**

> *Il sort quand il fait beau:*
> He goes out when it is fine.
> *Il sortira dès qu'il **fera** beau:*
> He will go out as soon as it **is** fine.
> *Il a dit qu'il sortirait quand il **ferait** beau:*
> He said he would go out when it **was** fine.
> *Il est sorti quand il a fait beau:*
> He went out when it was fine.
> *Il sortit quand il fit beau:*
> He went out when it was fine.
> *Il sortait quand il faisait beau:*
> He used to go out when it was fine.

(b) **referring to successive actions**

> *Il sort quand il a fini:*
> He goes out when he has finished.
> *Il sortira dès qu'il **aura** fini:*
> He will go out as soon as he **has** finished.
> *Il a dit qu'il sortirait après qu'il **aurait** fini:*
> He said he would go out after he **had** finished.
> *Il est sorti quand il a eu fini:*
> He went out when he had finished.
> *Il sortit quand il eut fini:*
> He went out when he had finished.
> *Il sortait quand il avait fini:*
> He used to go out when he had finished.

Notes (i) *... quand il eut fini: ...* when he had finished. The past anterior tense, formed from the past historic of the auxiliary verb and the past participle, is required when the main verb is in the past historic tense, and the actions in the two clauses are successive.

(ii) *... quand il a eu fini: ...* when he had finished. This tense, called the 'Passé Surcomposé' in French, is required when the main verb is in the perfect tense and the actions are successive.

2 Agreement of Verb

After collective nouns (see also 8.4)

— *une bonne partie des cadres supérieurs... préfère résider à Pau.*

— *une partie importante des habitants de Lacq possède des voitures et va faire ses achats à Pau.*

In these examples, the verb is singular because the subject is felt to be *une partie.* Collective nouns such as (*un*) *bon nombre* ('several') and *la plupart* ('most') are followed by a plural verb:

> *Un bon nombre d'industries se sont déjà implantées.*
> *La plupart des habitants se déclarent satisfaits.*

La majorité is followed by either a singular or a plural verb, depending on the emphasis given:

> *La majorité des personnes interrogées a répondu affirmativement.*
> *La majorité des magasins sont attrayants.*

Note that 'most' followed by a singular noun is translated by *la plus grande partie:*

> *La plus grande partie de la ville a été construite après la guerre.*

3 Word Order

Inversion of verb and subject

(a) In main clauses:

> — *A Lacq se trouvent les installations nécessaires pour...*

In main clauses beginning with an adverb or adverb phrase, it is possible to place the verb before its subject, particularly when the noun is linked to a following phrase or series of phrases.

(b) In relative clauses:

> — *auxquelles sont venues s'ajouter plusieurs usines fabriquant des produits divers.*
> — *c'est à cette déesse que sont consentis les grands sacrifices.* (passage 18)
> — *les deux tiers de ce qu'a coûté à ce jour Concorde* (passage 20)

Inversion of verb and subject is frequent in relative clauses when the subject is longer than the verb, or when the subject is given particular emphasis.

4 Prepositions

à is used to express distance (see 22.7):

> — *une ville nouvelle à quatre ou cinq kilomètres:*
> a new town four or five kilometres away
> — *Pau est à vingt kilomètres:*
> Pau is twenty kilometres away

à
> — *au sens propre du terme:*
> in the proper sense of the word

de
> — *le souci de rentabilité:*
> concern for profitability
> — *de disposition linéaire:*
> linear, built along an axis

❖ Drill

(1) **Tense Sequence** In Time Clauses

Un agriculteur de la région de Lacq pense à vendre sa ferme pour chercher un emploi plus intéressant. Il parle de ses projets, en répondant aux questions d'une journaliste.

Exemple: Vous vendrez la ferme? Vous avez trouvé un emploi?

Réponse: Pas encore, mais je la vendrai quand j'en aurai trouvé un.

1 Vous chercherez un poste dans le gaz? On demande des ouvriers?

2 Vous habiterez à Mourenx? Y a-t-il des logements à vendre?

3 Vous achèterez un pavillon? On commence à en vendre?

4 Vous ferez vos achats à Pau? Vous connaissez la ville?

5 Vous passerez plus de temps en Espagne? Vous avez appris l'espagnol?

Exercises

(2) **Tense Sequence**

Exemple: Quand est-ce qu'il part?
Réponse: Il part quand on a fini.
Exemple: Quand est-ce qu'il partit?
Réponse: Il partit quand on eut fini.

1 Quand est-ce qu'il partira? 2 Quand est-ce qu'il partirait? 3 Quand est-ce qu'il partait? 4 Quand est-ce qu'il partit? 5 Quand est-ce qu'il part? 6 Quand est-ce qu'il partira?

(3) **Tense Sequence** Translate:

1 The workers go to Pau as soon as they have finished work. 2 When we have enough money we will buy a pretty house in the country. 3 They said they went to Pau whenever they had the time. 4 Usually they spend the evening in Pau, but yesterday they returned home as soon as they had finished shopping. 5 A shopping centre will be opened in Mourenx, when the houses have all been built. 6 The gas fields were discovered after they had sold their house. 7 I was told that I should go and see Mourenx when I was next in the area. 8 The authorities promised that a swimming pool, two cinemas and a theatre would be built, as soon as the shopping centre was open. 9 They thought they would go back to the north when the gas finally ran out. 10 No sooner were the gas fields discovered than factories were built in the region.

(4) **Translate:**

1 As soon as a shopping centre is built in Mourenx, a large proportion of the propulation will go less often to Pau. 2 The majority of the industries were established in the last fifteen years. 3 Most of those who work at Lacq live in Mourenx. 4 Most of the attractive shops which are necessary for the establishment of a real shopping centre are in Pau. 5 There is an estate of private houses, where only a minority of the managerial staff live.

Lacq: des industries modernes dans une région agricole.

VI
L'Industrie et L'Automation

Les usines

Se regardant avec les yeux cassés de leurs fenêtres
Et se mirant dans l'eau de poix et de salpêtre
D'un canal droit, tirant sa barre à l'infini,
Face à face, le long des quais d'ombre et de nuit,
Par à travers les faubourgs lourds
Et la misère en guenille de ces faubourgs,
Ronflent terriblement les fours et les fabriques.

Ici, entre des murs de fer et de pierre,
Des mâchoires d'acier mordent et fument;
De grands marteaux monumentaux
Broient des blocs d'or sur des enclumes,
Et, dans un coin, s'illuminent les fontes
En brasiers tors et effrénés qu'on dompte.

Là-bas, les doigts méticuleux des métiers prestes,
A bruits menus, à petits gestes,
Tissent des draps avec des fils qui vibrent,
Légers et fins comme des fibres.

Au long d'un hall de verre et de fer,
Des bandes de cuir transversales
Courent de l'un à l'autre bout des salles,
Et les volants larges et violents
Tournent, pareils aux ailes dans le vent
Des moulins fous, sous les rafales.

Un jour de cour, avare et ras,
Frôle, par à travers les carreaux gras
Et humides d'un soupirail,
Chaque travail.

Et tout autour, ainsi qu'une ceinture,
Là-bas, de nocturnes architectures,
Voici les docks, les ports, les ponts, les phares
Et les gares folles de tintamarres;
Et plus lointains encore les toits des autres usines
Et des cuves, et des forges, et des cuisines
Formidables de naphte et de résines
Dont les meutes de feu et de lueurs grandies
Mordent parfois le ciel à coups d'abois et d'incendies.

Au long du vieux canal, à l'infini,
Par à travers l'immensité de la misère
Des chemins noirs et des routes de pierre,
Les nuits, les jours, toujours
Ronflent les continus battements sourds,
Dans les faubourgs,
Des fabriques et des usines symétriques.

Emile Verhaeren: *Les Villes tentaculaires*

se mirer: to be reflected
poix (f): pitch
tirer: to stretch out
ombre (f): darkness, shadow
faubourg (m): (working-class) suburb
guenille (f): rags
ronfler: to rumble, roar
four (m): furnace
fabrique (f): factory
fer (m): iron
acier (m): steel
mordre: to bite
marteau (m): hammer
enclume (f): anvil
fonte (f): metal casting
brasier (m): blazing fire
tors: writhing
effréné: uncontrolled
dompter: to subdue
métier (m): loom
preste: nimble
menu: tiny
tisser: to weave
fil (m): thread
fin: delicate
cuir (m): leather
volant (m): flywheel
moulin (m): windmill
rafale (f): gust of wind
jour (m): (day)light
avare: mean
ras: hugging the surfaces
frôler: to touch lightly
carreau (m): window-pane
gras: greasy
soupirail (m): ventilator
ceinture (f): belt
phare (m): lighthouse
tintamarre (m): loud noise, din
cuve (f): vat, tank
naphte (m): mineral oil
meute (f): pack of hounds
lueur (f): glow of light
aboi (m): barking (of dogs)

325 000 francs

La proposition

Bernard Busard, ouvrier, 22 ans, veut épouser Marie-Jeanne Lemercier, lingère, 25 ans. Elle accepte, à condition qu'ils quittent Bionnas, ville industrielle du Jura. Busard trouve un snack-bar qu'ils pourront gérer, sur la grande route Paris–Lyon; mais il lui faut encore trouver près de la moitié de la caution qui est demandée, soit 325 000 francs (anciens).

Il propose à un camarade, un Bressan, d'origine paysanne, de travailler à l'usine pendant six mois à une presse à injecter qui fabrique des jouets en matière plastique, en alternant chacun quatre heures de travail et quatre heures de repos, la machine fonctionnant ainsi vingt-quatre heures sur vingt-quatre. Le camarade accepte.

épouser: to marry
lingère (f): seamstress
gérer: to run
la moitié: a half
caution (f): deposit
soit: i.e., in other words
jouet (m): toy

La machine

Busard contempla avec plaisir, allongée devant lui comme un bel animal, la puissante machine qui allait lui permettre d'acheter la liberté et l'amour.

Le ventre dans lequel ses mains allaient avoir à travailler pendant cent quatre-vingt-sept jours n'était plus séparé de lui que par le réseau à jours octogonaux de la grille de sécurité. Le moule ne s'ouvrira que quand il aura levé la grille, ne se fermera que quand il l'aura abaissée. C'est pour l'empêcher d'oublier par mégarde sa main dans la matrice, au moment où celle-ci se ferme. Ce ventre peut à l'occasion se transformer en mâchoire capable de broyer n'importe quel poing.

Dans le ventre à serpentins, la matière plastique refroidit en trente secondes. L'ouverture et la fermeture du ventre, et l'injection de la matière en fusion exigent dix secondes. La presse fabrique un objet toutes les quarante secondes.

ventre (m): belly
réseau (m): mesh
jour (m) hole
moule (m): mould
abaisser: to lower
par mégarde: carelessly
matrice (f): mould
mâchoire (f): jaw
broyer: to crush
poing (m): fist
serpentins (m.pl): coil tubing
exiger: to require, take

Le travail

Le travail consiste à trancher le 'cordon' de matière plastique qui relie la matrice au cylindre, puis à casser en deux le jouet qui est composé de deux parties identiques, et enfin à le jeter dans une caisse.

Les trois gestes: trancher, séparer, jeter, n'exigent que dix secondes. Il restait à Busard près de vingt secondes à attendre, avant que s'allume le voyant rouge qui indique que la matière injectée est refroidie. C'est son temps de repos.

Le voyant rouge s'alluma. Busard leva la grille de sécurité. Le ventre s'ouvrit. Busard détacha du moule les carrosses jumelés, baissa la grille, trancha, sépara, jeta, attendit...

Les presses, mues électriquement, étaient presque silencieuses. A l'entrée des cylindres, les tiges des pistons, polies et luisantes comme les cuisses des chevaux de course, allaient et venaient, dans une majestueuse lenteur. La lente cadence, imposée par le temps de refroidissement, donnait aux gestes des ouvriers une apparence de solennité. Ils ne parlaient, ne riaient, ni ne chantaient. Le regard perdu, chacun poursuivait son rêve, sa méditation ou son calcul, détachait, tranchait, séparait, jetait une fois toutes les quarante secondes, ou toutes les cinquante, ou toutes les trente, selon l'objet fabriqué.

trancher: to cut
cordon (m): cord, strand
caisse (f): box
relier: to join
geste (m): movement
voyant (m): light
carrosse (m): coach
jumelé: twin

mouvoir: to move, drive
tige (f): shaft
polir: to polish
luisant: shining, gleaming
cuisse (f): thigh
cadence (f): rate of working
solennité (f): solemnity

UNIT 25

La grille de sécurité

Quand le Bressan vient le relayer, Busard lui explique le fonctionnement de la presse, et notamment de la grille de sécurité.

Pourquoi cette grille, puisque l'ouvrier, durant les dix secondes entre l'ouverture et la fermeture du ventre, a trois fois le temps d'ôter de la matrice l'objet moulé?

Busard répondit que le risque était que l'ouvrier s'endormît, la main dans le ventre de la presse. Il y avait eu énormément de mains broyées à Bionnas, avant que l'Inspection du Travail imposât la mise en place des grilles de sécurité. Le Bressan estima qu'il fallait être bien feignant pour s'endormir au cours d'un travail qui demandait si peu de peine. Busard ne lui décrivit pas la somnolence que provoque la répétition indéfinie des mêmes gestes et dont il est d'autant plus difficile de se défendre qu'ils n'exigent ni effort, ni attention. Le paysan s'en apercevrait bien.

— C'est comme cela, dit Busard.

La manœuvre de la grille constitue deux des six opérations que l'ouvrier doit accomplir au cours de chaque opération: ouvrir la grille, détacher l'objet, fermer la grille, trancher, séparer, jeter. La manœuvre de la grille constitue le tiers de son travail, le tiers de sa fatigue. Il a fait depuis longtemps le calcul. Beaucoup d'ouvriers suppriment le coupe-circuit que le mouvement de la grille met en action: c'est très simple.

En se décidant à travailler à l'atelier, Busard s'était juré de respecter la règle de sécurité. Il ne touchera jamais au coupe-circuit.

Comme tous les jeunes gens nés à Bionnas, il connaissait toute l'étendue de la tentation et du danger. Il préférait le tiers de travail, de fatigue de plus. Il n'était pas lié à la presse pour la vie, comme la plupart de ses camarades d'atelier. Lui, dans six mois, il traitera dans son snack-bar les passagers des longues voitures qui glissent sur la Nationale N°. 7; Marie-Jeanne, à la caisse enregistreuse, additionnera les recettes; ils économiseront pour acheter la Cadillac; ils deviendront à leur tour des clients des snack-bars...

L'accident

Les six mois se sont presque écoulés; la fatigue a produit sur les deux jeunes hommes des effets de plus en plus marqués. La veille du dernier jour, Marie-Jeanne vient apporter une collation à Busard:

C'était la première fois que Marie-Jeanne venait à l'usine. Elle portait un imperméable bleu pâle, d'une matière presque transparente, à la mode. Elle s'avança dans l'atelier, un peu raide sur des talons hauts. Elle avait la bouche maussade. Elle détestait d'avance l'usine. La lumière froide des tubes fluorescents, les presses allongées comme de grands animaux, les moules qui s'ouvraient et se refermaient lentement — broyeurs de mains, elle le savait — c'était bien ce qu'elle avait toujours imaginé. Elle sentait tous les regards fixés sur elle.

— Tu es gentille d'être venue, tu es gentille, dit Busard à Marie-Jeanne. On touche à la fin. Tu vois que j'avais raison...

Les bans étaient publiés. Ils devaient se marier le dimanche suivant et dès le lendemain partir pour le snack-bar. Il savait tout cela, qu'il avait tant souhaité. Mais il n'arrivait pas à être joyeux. Il se demanda pourquoi.

— Je me sens comme au cinéma, dit-il... Ce doit être la fatigue...

Le même soir, Busard découvre que le système de sécurité ne fonctionne plus. S'il ne maintient pas le rythme de son travail, il risque une amende: il décide donc de travailler 'grille levée':

134

Glossary (margin notes):

relayer: to relieve

ôter: to remove
mouler: to mould

énormément: a lot
imposer: to enforce
estimer: to consider
feignant: idle
peine (f): trouble
somnolence (f): drowsiness
indéfini: endless

manœuvre (f): operation
accomplir: to carry out
le tiers: a third

supprimer: to take out, do away with
coupe-circuit (m): cut-out
atelier (m): workshop
jurer: to swear, promise
étendue (f): extent
lier: to tie, bind
traiter: to serve
caisse (f) *enregistreuse:* till
recette (f): receipts, takings

s'écouler: to pass by
veille (f): day before
collation (f): snack

raide: stiff
talon (m): heel
maussade: sullen, irritable

maintenir: to keep up
rythme (m): rate
amende (f): fine

Le petit temps gagné, à ne pas lever et baisser la grille, lui fit le même effet que quand on pose un fardeau. Il était plus léger, il respirait mieux. Mais il pensait: 'Je dois arrêter la presse et remettre le coupe-circuit'.

fardeau (m): load

Il sentait cela très vivement. Il savait tout du danger de travailler sans dispositif de sécurité. Rien qu'à y penser, il sentait dans sa main le broiement du moule qui se referme. Mais il se dit aussi:

vivement: strongly, sharply
dispositif (m): device

— Si je replace le coupe-circuit, je perds plus d'une minute, j'ai l'amende et je n'aurai pas fini demain à huit heures.

replacer: to put back

C'était absurde. Qu'il fabrique 201 780 carrosses au lieu de 201 960, qu'il gagne 324 700 francs au lieu de 325 000, cela ne pouvait plus rien changer à son destin. Mais depuis six mois et un jour, tout son comportement était réglé sur un but unique: fabriquer 201 960 carrosses, en 2 244 heures de travail, pour gagner 325 000 francs.

comportement (m): behaviour
but (m): goal, object
unique: single

A trois heures du matin, il doit aller réveiller le Bressan. Mais, en attendant, ses gestes deviennent de plus en plus lents; la marge de sécurité dont il dispose se rétrécit; il se répète sans cesse: 'Je vais me faire pincer les doigts. Je ne dois pas me faire pincer les doigts.'

se rétrécir: to grow narrower
pincer: to nip, catch
lâcher: to leave, let go

Il espéra qu'un autre ouvrier se ferait pincer les doigts avant lui. Il entendra le cri. Il lâchera la presse pour se précipiter au secours de l'autre. Dans ces cas-là tous les ouvriers de l'atelier abandonnent leurs presses et courent au secours du blessé. Il fera comme les autres. Le temps que la voiture ambulance arrive, l'horloge marquera trois heures. Sauvé.

Il regarda l'horloge: deux heures vingt-cinq. Il trancha la carotte, sépara les carrosses. Il dit à voix haute:

— Assez plaisanté!

plaisanter: to joke

Il jeta dans la caisse les deux carrosses symétriques. Il décida: 'Je vais replacer le coupe-circuit...' Le voyant rouge s'alluma. Il détacha, trancha, sépara, jeta, détacha, trancha...

L'horloge marqua deux heures quarante-deux. Il poussa un cri. L'ouvrier de la presse la plus proche se trouva tout de suite près de lui. La main était engagée jusqu'au poignet dans le moule fermé.

poignet (m): wrist
hurler: to scream
soutenir: to support
s'affaisser: to collapse
poitrine (f): chest
accourir: to come running
pression (f): pressure
brûlure (f): burn
coude (m): elbow
chair (f): flesh
os (m): bone
emplir: to fill
fuser: to spurt out
garrot (m): tourniquet

Busard avait la bouche grande ouverte, comme pour hurler, mais aucun bruit n'en sortait. L'ouvrier passa les mains sous ses épaules pour le soutenir.

Le moule s'ouvrit. Busard s'affaissa contre la poitrine de l'ouvrier.

Les autres accouraient. L'un d'eux était déjà au téléphone. Le Bressan dormait toujours.

La main tout entière était broyée. Une pression de plusieurs milliers de kilos. Des brûlures jusqu'au coude: un volume de matière en fusion exactement égal à celui de la chair et des os qui emplissait le moule avait fusé par les joints. On lui fit un garrot. L'ambulance arriva. Les autres ouvriers retournèrent à leurs presses.

Roger Vailland: *325 000 francs*

Notes

325 000 francs: the equivalent, in 1954, of about £330.
carotte: Le 'cordon' de matière plastique entre la matrice et le cylindre.

Roger Vailland.

Verb Constructions

se défendre de qch.: to guard against sth.
disposer de qch.: to have sth. at one's disposal
régler qch. sur qch.: to direct sth. at, towards, sth.
toucher à qch. (1) to meddle, interfere, with sth.
il ne touchera jamais au coupe-circuit:
he will never touch the cut-out mechanism.
                (2) to be close to, near to, border
                        on, sth.
on touche à la fin:
we're nearly there (it's nearly over).
arriver à faire qch.:
to manage to do sth., succeed in doing sth.
se décider à faire qch.:
to make up one's mind to do sth.
gagner (du temps) à faire qch.:
to gain (time) by doing sth.
il reste à qn.... à faire qch.:
s.o. still has...to do sth.
jurer de faire qch.: to promise, swear, to do sth.
proposer à qn. de faire qch.:
to suggest to s.o. to do sth.

Further Vocabulary

les tiges des pistons allaient et venaient:
the piston rods went to and fro (back and forth).
la somnolence que provoque....
the drowsiness caused by...
tu es gentille d'être venue: it was nice of you to come
le rythme de son travail: his rate of working
(il) lui fit le même effet:
it had the same effect on him
le temps que la voiture ambulance arrive:
by the time the ambulance arrives

A Questions à préparer

1 Pourquoi Busard veut-il travailler douze heures par jour pendant six mois à une presse à injecter?
2 A quoi sert la grille de sécurité? Comment fonctionne-t-elle?
3 Comment les ouvriers aux presses passaient-ils leur 'temps de repos'?
4 Comment un travail qui demande 'si peu de peine', peut-il provoquer la somnolence?
5 Pourquoi beaucoup d'ouvriers suppriment-ils le coupe-circuit?
6 Quelle différence Busard voit-il entre sa situation et celle de ses camarades d'atelier?
7 Pourquoi Marie-Jeanne détestait-elle tant l'usine?
8 Dans quel état d'esprit Busard se trouvait-il la nuit de l'accident?
9 Pour quelles raisons Busard n'arrête-t-il pas la presse pour remettre le coupe-circuit?
10 Comment en arrive-t-il à espérer qu'un autre ouvrier se ferait pincer les doigts?

B Sujets de discussion

1 Quelles sont les fonctions de l'Inspection du Travail? Pourquoi les mesures de sécurité ne sont-elles pas toujours respectées? Est-ce la faute de la direction ou celle des ouvriers?
2 Quelle est l'importance dans l'accident de chacun de ces facteurs: le nombre d'heures de travail; la nature du travail; son rythme; la direction de l'usine; les autres ouvriers; le Bressan; Marie-Jeanne; Busard lui-même?

1 The Subjunctive

(a) Imperfect subjunctive
— *le risque **était** que l'ouvrier **s'endormît***
— *Il y **avait eu** énormément de mains broyées avant que l'Inspection du Travail **imposât** la mise en place de grilles.*

Note The only form of the imperfect subjunctive in common use is the third person singular; with most verbs (except *être, avoir* and *pouvoir*) the present subjunctive is preferred.

(b) The subjunctive is required in certain **time clauses**

(i) ***Avant que*: before**
Le moule s'est refermé avant que Busard ait pu retirer sa main.
Ne may be added, particularly in sentences such as the following:
*Dis-lui d'arrêter, avant que le travail **ne** le tue.*

(ii) ***Jusqu'à ce que, en attendant que*: until**
*Restez là **jusqu'à ce que** (**en attendant que**) je revienne.*
'To wait until' is translated by *attendre que*:
Maintenant il faut attendre que la presse soit réparée.

(iii) ***Ne... pas avant que*: not until**
Le moule ne s'ouvrira pas avant qu'il ait levé la grille.
Alternatively, *ne... que quand* may be used with the indicative:

— *Le moule ne s'ouvrira que quand il aura levé la grille.*
Note the tense used after *quand*. (see 24.1*b*)

(iv) If the subject of the two clauses is the same, an **infinitive** construction is used instead of *avant que*:
Elle détestait l'usine avant même d'y aller.
Ne commencez pas avant d'avoir vérifié le coupe-circuit!

(v) A **noun** construction may be used instead of the subjunctive:
Il faut attendre son départ.
Ne partez pas avant son arrivée.
Restons là jusqu'à son retour.

(c) The subjunctive is required in **conditional clauses** introduced by *à condition que, pourvu que, supposé que, à moins que*, and in clauses introduced by *que* (whether):
— *à condition qu'ils quittent Bionnas:*
on condition that (provided that)...
pourvu qu'il maintienne le rythme de son travail...
provided he maintains...
— *Qu'il fabrique..., qu'il gagne...:*
whether he manufactures..., whether he earns...
à moins qu'il ne se fasse pincer les doigts:
unless he has his fingers caught.
Note *A moins que* is followed by *ne*.

2 Adverbs

(a) (i)
— *Le regard perdu, chacun poursuivait son rêve:*
With a far-away look...
— *le risque était que l'ouvrier s'endormît, la main dans la presse:*
...with his hand in the press.
'With' is not translated in adverb phrases of this type.

(ii) — *Il propose à un camarade de travailler, en alternant chacun quatre heures de travail et quatre heures de repos:*
...(with) each one working and resting four hours alternately.

— *la machine fonctionnant ainsi vingt-quatre heures sur vingt-quatre:*
(with) the machine thus working round the clock.
Note that *en* is not used with the participle when a new subject is introduced. (See also 20.4)

(b) Many adverb phrases are formed from a **preposition** plus a **noun**:
— *Busard contempla avec plaisir;* —*oublier par mégarde;* —*il se répète sans cesse;* —*Il dit à voix haute.*
Further examples of these should be noted; collect and compare examples from the 'Prepositions' sections in these grammar notes.

3 Adjectives

(a) **Adjectives of colour**
— *un imperméable bleu pâle:* a light blue raincoat
une robe bleu foncé: a dark blue dress
Compound adjectives of colour are invariable.
Similarly, nouns used as adjectives of colour are invariable: *des rideaux orange, citron, marron*

(b) **Agreement of other compound adjectives**

— *Busard avait la bouche grande ouverte:*
Busard's mouth was wide open.
If the first adjective in a compound is used adverbially (*des enfants nouveau-nés:* new-born children), it is invariable. The two most common exceptions to this rule are *grand ouvert* and *nouveau venu* (newcomer):
les nouveaux venus: the new arrivals.

4 Negatives

(a) — *Rien qu'à y penser:*
Merely (just) thinking about it.
rien qu'à le regarder:
simply by looking at him.

(b) — *ils n'exigent ni effort, ni attention:*
they demand neither effort nor concentration. (see 7.3*c*)
Note that *ni* may qualify the verb, in which case *ne* must be repeated before each verb:
— *Ils ne parlaient, ne riaient, ni ne chantaient:*
They neither talked, nor laughed, nor sang.

5 Prepositions

à — *une presse à injecter:* an injection press
— *le réseau à jours octogonaux:*
   the octagonal-patterned grille   (see 14.6)
— *le ventre à serpentins:*
   the body of the machine with its channels   (see 14.6)
— *à la mode:* in fashion, fashionable
— *au téléphone:* on the telephone   (see 11.5)

de — *son temps de repos:* his rest time   (see 10.6)
— *des chevaux de course:* racehorses   (see 10.6)
— *d'avance:* in advance
— *de plus:* in addition, extra

en — *des jouets en matière plastique:*
   plastic toys   (see 14.6)
— *(la) matière en fusion:* molten plastic
   (see 14.6)
— *se transformer en mâchoire:*
   to change into a jaw   (see 13.5)
— *casser en deux:* break into two   (see 13.5)
— *la mise en place de....*
   the installation of...   (see 19.5)
— *(qu'il) met en action:*
   which it operates   (see 18.5)

sur — *qui glissent sur (la route):*
   which glide along the road
   marcher dans la rue: to walk along the street
   le long de: alongside

🔲 Drills

(1) The Subjunctive   After *avant que*
Busard explique au Bressan le fonctionnement de la machine.
Exemple: Bon. D'abord il faut lever la grille. Puis le moule s'ouvrira.
Réponse: Donc il ne s'ouvrira pas avant que je lève la grille.
1 C'est ça! Quand la matière s'est refroidie, tu peux lever la grille.
2 C'est ça! Et quand le voyant rouge s'allume, tu retires l'objet.
3 C'est ça! Ensuite tu remets la grille et le moule se fermera.
4 C'est ça! Maintenant la grille est en position. Alors tu recommences.
5 C'est ça! Tu sais, il y a eu beaucoup de mains broyées. Alors on a posé les grilles.

(2) Auxiliary Verb   *devoir:* 'to be (due) to'   (revision: see 1.2a)
Deux voisins parlent des espérances de Busard et de Marie-Jeanne que l'accident a détruites.
Exemple: C'était convenu qu'il achèterait un snack-bar?
Réponse: Oui. Il devait en acheter un.
1 Et c'était convenu qu'il le payerait 325 000 francs?
2 Et c'était convenu qu'il terminerait demain?
3 Et c'était convenu qu'ils se marieraient?
4 Et c'était convenu qu'ils quitteraient la ville?
5 Et c'était convenu qu'il ne travaillerait plus à l'usine?

(3) Negatives   *ne... ni... ni* and *ne... ni ne*
Vous êtes le directeur de l'usine. Des reporters vous posent des questions.
(a) *Exemple:* Le travail que faisait Busard exigeait-il effort ou attention?
   Réponse: Non! Il n'exigeait ni effort ni attention.
   1 Les tâches demandent-elles intérêt ou intelligence?
   2 Est-ce que Busard s'est montré prudent ou circonspect?
   3 Est-ce que la direction s'est montrée négligente ou irresponsable?
(b) *Exemple:* Et au moment de l'accident, est-ce que les ouvriers parlaient ou écoutaient la radio?
   Réponse: Non! Ils ne parlaient ni n'écoutaient la radio.
   1 Ils se détendaient ou se reposaient, peut-être?
   2 En général, est-ce qu'ils rient ou chantent?
   3 Et la direction, est-ce qu'elle tolère ou encourage les imprudences?

Exercises

(4) The Subjunctive   Put the verb in brackets into the appropriate tense of the subjunctive:
1 Le moule ne s'ouvrait pas avant qu'il (lever) la grille.
2 Il décida d'y travailler jusqu'à ce qu'il (gagner) les 325 000 francs.   3 Elle n'aime pas que son mari (aller) travailler à l'usine.   4 Elle voudrait qu'il (choisir) un métier moins dangereux.   5 Elle aurait voulu qu'il (refuser) cette sorte de travail.

(5) The Subjunctive   Translate:
1 The workers will certainly succeed in finishing the job, provided there is no accident.   2 No one sent for help until le Bressan saw that the victim had collapsed. 3 Busard was on the telephone: he was speaking in a loud voice and suggesting to Marie-Jeanne that she should wait at the factory gate until he arrived.   4 He had sworn to continue making these plastic toys, until he had earned the money.   5 The workers waited until the ambulance had arrived before going back to their presses.

(6) Translate:
1 The factory had the same effect on the two newcomers as on the others.   2 He was sitting with his elbows on the table.   3 Merely thinking of the accident, one could imagine the whole scene. 4 He looked at her with amazement: she was wearing a pale blue dress and orange shoes!   5 They could see the newcomers through the wide-open window: they were walking bareheaded in the hot sun.

26

Les révoltés de la Rhodia
révolté (m): rebel

Rhodiaceta, c'est l'une des deux sociétés textiles que possède le plus grand trust de France: Rhône-Poulenc.

Rhodiaceta possède des usines à Besançon (3 000 ouvriers), dans la région lyonnaise (7 000) et à Roussillon (4 000).

🎲 Le 9 mars, armé d'un magnétophone, j'ai pénétré dans l'usine Rhodiaceta de Besançon, en grève depuis le 25 février et occupée par les ouvriers. Avec une spontanéité et une franchise totales, ils m'ont parlé trois heures durant, abordant et débattant entre eux tous leurs problèmes, immédiats ou non. Voici quelques extraits de cet enregistrement.

— Nous travaillons en feu continu: la boîte ne s'arrête jamais. Il y a quatre équipes qui font tourner l'usine 24 heures sur 24. Ce qui veut dire que nous avons un dimanche de libre par mois. Les autres dimanches, nous travaillons soit de matin, soit de nuit, soit d'après-midi. La vie familiale est complètement sabotée. Quand nous travaillons de nuit, il n'y a pas de contact avec la famille. Le gars dort quand ses enfants sont là, et quand il part au boulot le soir, ça lui ôte beaucoup de contact avec les enfants. D'autant que la majorité des gars de la Rhodiaceta habite dans des H.L.M. où il est très difficile de dormir convenablement, d'avoir une vie qui soit en rapport avec le travail qu'on nous demande. Les structures sociales que subissent les gars de Rhodiaceta n'apportent rien qui puisse améliorer la dureté des conditions de travail. En fait, ce que nous vivons à côté, en tant qu'hommes, eh bien, ça rejoint encore ce que nous vivons à l'usine.

— Il y a des gars parmi nous qui ont bientôt dix ans d'équipe. Que sont-ils devenus? Ils ont des maladies d'estomac; ils ne sont peut-être pas alcooliques, mais ils vont de plus en plus vers des destinations comme ça... Un gars qui reste dans un H.L.M., quand il a fait une nuit de travail et qu'à 10h ou à 9h du matin les voisins commencent à balayer et à taper sur le chauffage central, il ne peut plus rester chez lui, il sort. C'est parmi les gars les plus anciens dans la boîte qu'on trouve ceux qui se sont mis à boire, parce que c'est la seule issue, si l'on peut dire.

— Ce qu'il y a aussi, c'est que le travail nous abrutit tellement, c'est qu'ils cherchent à ce qu'on soit toujours des prolos, des gars incultes qui sont là pour travailler et c'est tout. Comment voulez-vous qu'un gars qui a bossé huit heures à Rhodia cherche à se développer intellectuellement? C'est presque impossible. Le gars, il rentre, s'il a la télé, il s'endort devant au bout d'une heure.

— Quelle est votre revendication essentielle?
— La grève est partie des ouvriers qui travaillent en 4/8 (quatre équipes de huit heures chacune), des ouvriers de fabrication. On travaille deux jours de matin, deux jours d'après-midi et trois jours de nuit. Puis, théoriquement, deux jours de repos à la fin du cycle, mais qui ne font pas deux jours: puisque nous terminons à 4h du matin, il faut bien qu'on se repose jusqu'à midi. Le lendemain, on l'a au complet, sauf que le soir, il faut déjà se coucher de bonne heure, car il faudra se lever à 3h du matin pour prendre le poste à 4h. Alors on demande des jours de repos supplémentaires, une vie matérielle un peu plus forte. Nous

---

Glossary (right margin):

société (f): firm
trust (m): conglomerate firm

magnétophone (m): tape-recorder
grève (f): strike
franchise (f): frankness
enregistrement (m): recording
boîte (f) (sl): works
équipe (f): shift
vouloir dire: to mean
soit... soit: either ... or
saboter: to ruin
gars (m) (sl): mate, bloke
boulot (m) (sl): work
ôter: to remove, take away
d'autant que: and besides
convenablement: decently
subir: to put up with
dureté (f): harshness
rejoindre: to amount to, resemble
estomac (m): stomach
rester (sl): to live

balayer: to sweep
taper: to bang
chauffage (m): heating
issue (f): escape
abrutir: to make stupid
inculte: uncultured
bosser (sl): to work

revendication (f): demand
essentiel: basic
partir de: to start with, among
fabrication (f): production
théoriquement: in theory
au complet: in full
poste (m): shift

avons des frais supplémentaires du fait que nous travaillons huit heures: huit heures sans manger, c'est inhumain. Nous demandons une prime à chaque poste, un appoint pour manger la nuit. Il y a aussi 20% de femmes dans la boîte qui font aussi un travail à la maison. Depuis dix ans, nous demandons la sortie le samedi à midi pour le poste des femmes. C'est normal: il y a des courses à faire, du travail à la maison, et ça permettrait à la femme d'avoir un rapport de femme avec la famille. Elle ne peut pas, puisqu'elle termine son travail à 14 h et, le temps qu'elle rentre chez elle, le samedi est gâché.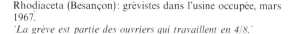

frais (m.pl): expenses
du fait que: because
prime (f): bonus
appoint (m): allowance
courses (f.pl): shopping

gâcher: to spoil

Chris Marker, *Le Nouvel Observateur*

Note

prolo: prolétaire; ouvrier considéré du seul point de vue de la force de travail qu'il met à la disposition de ses employeurs.

Further Vocabulary

abordant et débattant tous leurs problèmes:
setting out and discussing all their problems
en feu continu: round the clock
qui font tourner l'usine:
which keep the factory at work
qui soit en rapport avec...: having any bearing on...

ce que nous vivons à côté: the life we lead outside
que sont-ils devenus?: what has become of them?
comment voulez-vous que...?: how do you expect...?
une vie matérielle un peu plus forte:
better living conditions, more money
c'est normal: it's only right
le temps qu'elle rentre: by the time she gets home

Rhodiaceta (Besançon): grévistes dans l'usine occupée, mars 1967.
'La grève est partie des ouvriers qui travaillent en 4/8.'

A Questions à préparer

1 Comment l'usine peut-elle tourner vingt-quatre heures sur vingt-quatre?
2 Quel est l'effet du travail de nuit sur la vie familiale?
3 Quelles sont les conséquences du travail en équipe pour la santé de l'ouvrier?
4 Quels problèmes la vie en H.L.M. pose-t-elle à l'ouvrier qui rentre après une nuit de travail?
5 Que fait-il pour échapper à cette situation?
6 De quoi l'un des ouvriers se plaint-il quant à l'attitude des patrons envers eux?
7 De quoi un ouvrier qui a travaillé huit heures à l'usine est-il capable?
8 Parmi quel groupe d'ouvriers la grève a-t-elle commencé?
9 Pourquoi ni l'un ni l'autre des jours de repos n'est-il complet?
10 Qu'est-ce qu'ils revendiquent (a) pour les ouvriers qui travaillent en équipe, (b) pour les ouvrières?
11 Pourquoi cette revendication particulière pour les femmes?

B Sujets de discussion

1 Quelles sont les conséquences du travail en équipe pour la santé et l'équilibre mental des ouvriers, et pour leur vie familiale? Avez-vous vu autour de vous des exemples semblables à celui qui est donné dans ce texte?
2 Ces ouvriers accusent les patrons de vouloir les maintenir toujours à l'état de 'prolos': pensez-vous que les responsabilités des grandes sociétés comme Rhône-Poulenc envers leurs ouvriers se limitent aux huit heures de travail quotidien?
3 Par quelles mesures matérielles, éducatives, culturelles, une société industrielle pourrait-elle compenser ou améliorer la dureté des conditions de travail de ses ouvriers?

C Sujet de rédaction

Interview avec le directeur d'une société industrielle qui, interrogé sur son attitude envers la condition matérielle et morale de ses ouvriers, propose des mesures de conciliation et d'amélioration.

Grammar

1 The Subjunctive

The subjunctive is required in a relative clause referring to a hypothetical situation, or one whose existence is questioned, doubted or denied (see also 18.1b):

— *il est très difficile d'avoir une vie qui soit en rapport avec le travail:*
it is very difficult to have a way of life which is in keeping with ...

Je cherche un travail qui soit intéressant et rémunérateur: y a-t-il quelqu'un qui puisse m'en trouver un':
I am looking for work which is interesting and well paid; is there anyone who can find it for me?
Y a-t-il des H.L.M. où il soit facile de dormir?
Are there any council flats where it's easy to sleep?
— *Les structures sociales n'apportent rien qui puisse améliorer la dureté...:*
The social framework offers nothing which can improve the harshness ...

2 The Article

— *avec une spontanéité et une franchise totales:*
with complete spontaneity and frankness.
— *dotées d'un potentiel considérable:*
with considerable potential   (passage 24)

— *dans une majestueuse lenteur:*
with majestic slowness   (passage 25)
The indefinite article is used in French after prepositions when followed by an **abstract noun + adjective.**

3 Prepositions

de — *nous travaillons... de matin... de nuit... d'après-midi:*
we work on the morning... the night ... the afternoon shift
de + adjective:
— *un dimanche de libre:* one Sunday off
C'était encore une journée de perdue:
... another day wasted.
en — *en grève:* on strike   (see 14.6)
durant often follows the noun in expressions of time:
— *trois heures durant:*
during (for all of) three hours

entre and *parmi* can both mean 'among':
entre is used when the emphasis is on the relationships within a group:
— *débattant entre eux tous leurs problèmes:*
arguing among themselves ...   (see also 6.3a(ii))
This is often the case with verbs and expressions containing an idea of choice or distinction:
Entre toutes ces revendications ils ne savaient pas laquelle choisir.
parmi is used when the group is viewed as a whole:
— *parmi les gars les plus anciens:*
among the men who've been here longest
Ils comptent parmi les ouvriers les mieux payés de la région:
They're among the best-paid workers in the area.

3 Prepositions contd.

devant, derrière, avant, après, avec, contre and ***depuis*** can be used as adverbs:

    — *Le gars, il rentre, s'il a la télé, il s'endort devant...:*
    ...he falls asleep in front of it...
Note that the English 'it' is not translated in *il s'endort devant:*

    La grève d'abord; les revendications après:
    The strike first; our demands later (afterwards).

Ils vont devant; je reste derrière:
They go first; I stay at the back.
Il se met devant la porte; je reste derrière:
He stands outside (by) the door; I stay behind it.
Voici une boîte; il n'y a rien dedans:
Here's a box; there's nothing in it.
Il y avait une table; je me suis mis dessus:
There was a table; I sat on it.
Note that the adverbs corresponding to *dans, sur* and *sous* are *dedans, dessus* and *dessous.*

🎲 Drills

(1) **The Subjunctive** In Relative Clauses
Dans une interview un reporter interroge un ouvrier sur les revendications de son syndicat.
Exemple: Les conditions de travail sont trop dures?
Réponse: Oui, ce que nous voulons, c'est des conditions de travail qui soient moins dures.
1 Dans votre vie familiale vous avez peu de contact avec les enfants?
2 Et les salaires ne tiennent pas compte de la dureté des conditions de travail?
3 Dans les logements il y a trop de bruit?
4 Et les horaires ne vous permettent pas de mener une vraie vie familiale?
5 Et dans les appartements vous ne pouvez pas vous reposer convenablement?

(2) **The Subjunctive** After Negatives
Suite de l'interview.
Exemple: Il y a bien des H.L.M. qui sont insonorisés, non?
Réponse: Non! Il n'y a pas d'H.L.M. qui le soient.
1 Mais il y a certains ouvriers qui veulent accepter ces conditions, non?
2 Mais il y a sûrement des ouvriers qui ont envie de recommencer le travail?
3 Il y a au moins une femme qui ne se plaint pas des conditions?
4 Mais qui est contre la grève alors? Y en a-t-il quelques-uns?
5 Qu'est-ce qui peut vous faire changer d'avis? Il doit y avoir quelque chose!

Exercises

(3) **The Subjunctive** Put the clause into the correct tense and mood (indicative or subjunctive):
1 Il n'y a personne dans l'usine qui ne (avoir refusé de faire la grève). 2 Ils n'ont pas refusé de débattre les problèmes qui (avoir provoqué la grève). 3 A l'usine on trouve des ouvriers qui (s'être mis à boire). 4 La majorité des gars habite dans des H.L.M. où il (être difficile de dormir). 5 Ils cherchent des logements où il (être plus facile de dormir). 6 Ils voudraient des conditions qui (être plus convenables). 7 Ils demandent une vie matérielle qui (être un peu plus forte). 8 Ils ne refuseront pas des propositions qui (pouvoir améliorer la situation). 9 Il n'y a pas d'ouvrier qui ne (être en faveur de ces mesures). 10 Il y a des femmes à l'usine qui (faire aussi un travail à la maison).

(4) **The Subjunctive** Translate:
1 There was not one worker who did not speak to him with considerable frankness. 2 They did not think they had any problems which could not be solved. 3 There was no factory in the area which did not have these problems. 4 The strikers were hoping to obtain working conditions which would make their life easier. 5 How do you expect me to believe that?

(5) **Prepositions** (revision) Translate:
1 Amongst other things the workers were talking of the effects of the strike on their home-life. 2 For three hours they argued amongst themselves about the claims they wanted to make. 3 They were demanding three extra rest days a month. In addition, they wanted improvements in their working conditions. 4 I looked into the room: there was no one inside. I went to the table and put the book down on it. 5 The strikers were talking to a man with grey hair, and a black beard: he was their leader. 6 We had been on strike for three months when we were told that it was up to each one of us to decide whether we wanted to go on with it. 7 After a while one comes to forget the reasons for the strike! 8 No sooner had he seen the headlines on the front of the paper than he asked for some writing paper. 9 One of his workmates lived more than twenty kilometres from the factory in a pretty red-roofed house in the country. 10 Strikers can be divided into two categories: those who are basically satisfied with their job and merely want to improve it; and others who seek to obtain political changes.

27

Les retombées de mai

retombées (f.pl): consequences (*lit:* fall-out)

La crise qui a secoué la France au début de l'été 1968 a été marquée par un mouvement de grève généralisée parmi neuf millions de travailleurs. Dans bon nombre de cas, les ouvriers ont occupé les usines, ce qui n'était pas arrivé depuis 1936. Une grève de cette envergure, maintenue pendant plusieurs semaines, pose à des millions de familles des problèmes d'ordre financier; mais elle pose aussi, à de nombreux couples, des problèmes affectifs.

secouer: to shake

envergure (f): size, scale
maintenir: to keep up
affectif: emotional

'La peau qui bronze, le soleil qui cuit, la mer, la montagne, les excursions, tout ça, c'est pour les autres.' Chez Nicole, 32 ans, épouse d'un rectifieur de chez Renault, on ne part pas. En août, les trois garçons iront en colonie parce que 'c'est nécessaire pour leur santé'; le père et la mère resteront chez eux.

peau (f): skin
cuire: to roast, burn
rectifieur (m): fitter

Nicole, qui habite une cité de banlieue, fera partie de la masse énorme de ceux qui ne partent pas — et ce ne sera pas la première fois: avec un salaire unique de 1 000 F par mois et trois enfants, il est pratiquement impossible de partir en vacances. Le mois d'août, elle le passera en tête à tête avec son mari. Ensemble, ils feront leurs comptes: financiers et affectifs.

unique: single

Sur le plan financier, cinq semaines de grève réduisent un budget comme celui de Nicole à néant. Les petites économies ont fondu comme neige au soleil et ce mois-ci, le mari n'a touché que la moitié de son salaire: c'est une catastrophe. Pour arrondir, Nicole faisait des ménages. Pendant la grève, les femmes qui l'employaient sont restées à la maison et lui ont fait savoir qu'elles n'avaient pas besoin d'elle. 'Notre plus grosse charge, c'est le loyer: 366,71 F par mois. Toutes nos allocations y passent: allocations familiales (213,50 F), allocation de salaire unique (97,25 F), allocation logement (110 F). La vie augmente et les commerçants de la cité, très peu nombreux, sont déjà plus chers qu'à Paris.'

réduire: to reduce
néant (m): nothing
économies (f.pl): savings
fondre: to melt
toucher: to receive
arrondir: to make ends meet
charge (f): expense
allocation (f): allowance
vie (f): cost of living

Sur le plan affectif, les cinq semaines de grève ont creusé un fossé entre Nicole et Pierre, son mari. Ils les ont vécues dans deux mondes différents. Lui, délégué syndical, militant acharné, en pleine action sur les lieux du combat. Elle, bloquée dans la cité, occupée par ses problèmes personnels, son loyer à payer, ses gosses à nourrir, elle s'est sentie oubliée, abandonnée. Du coup, leurs rapports se sont aigris.

creuser: to dig
fossé (m): trench
délégué syndical: shop steward
militant (m): active member (of union or party)
acharné: dedicated
bloqué: trapped, stuck

Nicole qui disait, aux premiers jours: 'S'il n'y avait pas les enfants, j'irais à l'usine avec lui...', a oublié son enthousiasme. Elle s'inquiète pour ses petits et ne comprend plus ce qui se passe. Elle ne comprend pas que le père, bien qu'il ne soit presque plus jamais à la maison (car il continue à militer), se bat pour elle et pour les gosses, pour sa propre dignité. Elle répète: 'Toutes vos belles phrases, cela ne remplit pas mon porte-monnaie.' Peu à peu, elle devient sourde et aveugle à tout ce qui a fait la vie de son homme. La lutte ouvrière, l'occupation de l'usine, pour elle, c'est le foyer déserté, le père qui ne s'occupe plus des enfants. Le syndicat lui a pris son mari, l'a exclue d'une action qui la dépasse: c'est l'ennemi. Pierre, lui, veut préparer l'avenir, il dit: 'On recommencera' mais il le dit entre ses dents pour ne pas être entendu.

gosse (m and f): child, kid
du coup: as a result
(s')aigrir: to become bitter
militer: to work (for a union or party)
sourd: deaf
aveugle: blind
lutte (f): struggle
foyer (m): home
syndicat (m): union
dépasser: to go beyond

Jacqueline Dana, *Le Nouvel Observateur*

Notes

1936: La victoire du Front populaire, composé des trois partis de gauche, aux élections de 1936, fut suivie d'une vague d'enthousiasme, de grèves et d'occupations d'usines.

colonie: centre de vacances; chaque année, en France, deux millions d'enfants et de jeunes passent quelques semaines de leurs vacances à la campagne, à la mer ou à la montagne, sous la surveillance d'animateurs qualifiés.

Verb Constructions

prendre qch. à qn.: to take sth. from s.o.
  Note that this construction with *à* is used with all verbs denoting removal of something from someone, e.g. *voler, acheter, cacher, emprunter.*

s'inquiéter pour qn.: to be worried on s.o.'s account
(*s'inquiéter de qch.:* to be worried about sth.)
se battre pour qn. (pour qch.): to fight for s.o. (for sth.)
(*se battre contre qn. (contre qch.):* to fight s.o. (sth.))

Further Vocabulary

d'ordre financier: financial
sur le plan financier:
financially, as far as money is concerned
Nicole fera partie de la masse énorme...:
Nicole will be one of the millions...

ils feront leurs comptes: they'll take stock
Nicole faisait des ménages: Nicole went out charring.
(elles) lui ont fait savoir: they informed her
en pleine action sur les lieux du combat:
at the centre of the struggle

A Questions à préparer

1 Qu'est-ce qui montre l'importance de la grève de mai 1968?
2 Pourquoi Nicole et son mari ne pourront-ils pas partir en vacances?
3 Pourquoi envoient-ils leurs enfants dans des colonies de vacances?
4 Que leur ont coûté les cinq semaines de grève?
5 Pourquoi la grève a-t-elle empêché Nicole d'équilibrer le budget familial?
6 Quelle est pour eux la plus grosse dépense chaque mois?
7 Comment la grève a-t-elle creusé un fossé entre Nicole et Pierre?
8 Dans quelle mesure Nicole a-t-elle perdu son enthousiasme pour la lutte que mène son mari?
9 Que signifient la grève, et la lutte syndicale, pour Pierre?

B Sujet de rédaction à discuter

Imaginez un dialogue entre Pierre et Nicole, la grève terminée, où ils expriment chacun leur attitude envers la grève: Elle — problèmes financiers (lesquels en particulier?); soucis pour les enfants (santé, bonheur); sa solitude, son sentiment d'être abandonnée; incompréhension devant la lutte menée par son mari. Lui — importance de la grève pour eux et pour les ouvriers en général; nécessité de continuer la lutte, de rester unis, de ne pas perdre ce qui avait été gagné; accepter des difficultés, des problèmes maintenant, pour sauvegarder un avenir meilleur.

C Sujet de rédaction

Pour quelles raisons fait-on la grève?

Manifestants à Billancourt en juin 1968.
'*On recommencera...*

Grammar

1 The Subjunctive

— *le père, bien qu'il ne soit presque plus jamais à la maison, se bat pour elle:*
...although he's hardly ever at home ...

The subjunctive is used in subordinate clauses after *bien que* and *quoique*: 'although'. (see 9.2*b*)

2 Demonstrative Pronouns

— *La peau qui bronze, le soleil qui cuit... tout ça, c'est pour les autres:*
...all that is for other people.
— *les trois garçons iront en colonies parce que c'est nécessaire pour leur santé:*
...it is necessary for their health.
— *ce ne sera pas la première fois:*
it won't be the first time.
— *il est pratiquement impossible de partir en vacances:*
it is practically impossible...

— *Notre plus grosse charge, c'est le loyer:*
Our biggest expense is the rent.
— *Toutes vos belles phrases, cela ne remplit pas mon porte-monnaie.*
— *c'est l'ennemi:* it is the enemy
Revise the demonstrative pronouns, in particular the uses of *ce* (4.1*a*) and *il* (7.5). Note that *c'est* is used frequently in the passage for emphasis, as in the first example above.

3 Personal Pronouns

— *Le mois d'août, elle le passera en tête à tête...*
Les vacances, ils les passeront en colonie.
Moi, la grève, je n'y pense plus.
La grève, on n'en parle plus.

If the object of a verb is placed first in the sentence for emphasis, it is then repeated by the appropriate object pronoun. This dislocation of the sentence is characteristic of spoken French.

4 The Article
Omission in French

— *Dans bon nombre de cas:* In a good many cases.

The article is omitted in the phrases *bon nombre de...* and *nombre de...*

5 The Infinitive

—*son loyer à payer:* her rent to be paid

— *ses gosses à nourrir:*
her children to be fed   (see 4.3)

6 Prepositions

à — *comme neige au soleil:* like snow in the sunshine

en— *en tête à tête avec....:* alone with ...
—*(ils) iront en colonie:*
they will go to holiday camp.

Exercises

(1) **Demonstrative pronouns**   Translate:
1 You must not be worried about that.   2 It was the financial problems that worried her most.   3 It was soon impossible to carry on the struggle.   4 Why do you strike? Because it's necessary sometimes.   5 All that is nothing when it's a matter of the children's future.   6 Financially, the biggest problem is the cost of food.   7 Whether she understands his reasons or not is difficult to say.   8 That was the situation in a good many factories.   9 It is easy to spend one's savings, less easy to begin again afterwards.   10 Those are the principal allowances.

(2) **Verb Constructions** (revision)   Translate:
1 They longed to spend their holidays at the seaside.
2 Pierre hurried to arrive at the factory in time for the meeting.   3 Nicole had many problems to solve.
4 They wondered whether, in the end, all their sacrifices would lead to nothing.   5 Pierre realised that Nicole was no longer interested in the struggle.
6 Pierre was no longer able to look after the children, and they missed him a lot.   7 She told herself that she had better get used to their new way of life.   8 She hid from Pierre the fact that she had had to borrow money from her friends.   9 She was feeling happier now that the strike was drawing to an end.   10 It was not without difficulty that she had managed to make ends meet.

Les Français au travail

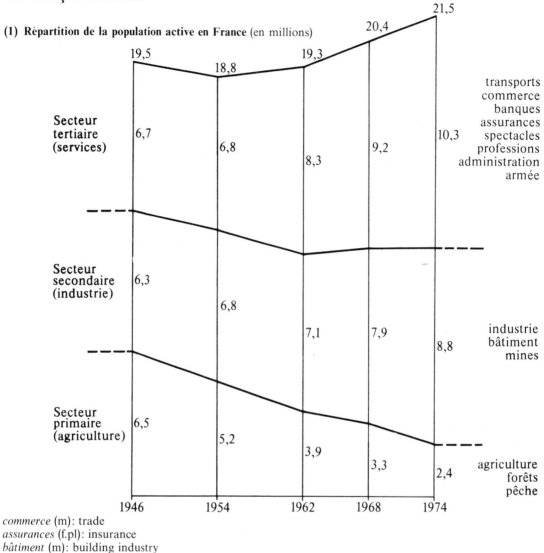

(1) Répartition de la population active en France (en millions)

commerce (m): trade
assurances (f.pl): insurance
bâtiment (m): building industry
pêche (f): fishing

(2) Evolution de la population active par catégorie de 1954 à 1968

Catégorie	Augmentation ou diminution en pourcentage
Cadres moyens	+82
Professions libérales et cadres supérieurs	+79
Employés	+46
Ouvriers	+18
Artisans et commerçants	−15
Agriculteurs	−38
Salariés agricoles	−50
Ensemble de la population active	+7

(1) 1 Quelles sont les principales variations, dans les trente dernières années, quant au nombre des personnes employées dans chacun des trois secteurs d'activité?

2 De 1954 à 1962, le nombre des travailleurs dans le secteur agricole a diminué de 25%. Dans le même temps, la production agricole a augmenté d'au moins 25%: comment expliquer ce fait?

(2) 3 Pour quelles catégories le nombre des personnes employées a-t-il augmenté le plus?

4 D'après ces chiffres, avez-vous l'impression que les diplômes et les qualifications sont plus ou moins utiles qu'avant?

Les fous du travail

Ces dernières années, un nouveau virus a jailli de la psychologie des profondeurs : les Anglo-Saxons l'ont baptisé *industrial neurosis*. Les Français, selon le degré du mal, parlent de 'fatigue industrielle' ou de 'névrose du travail'.

jaillir: to spring (up)
profondeur (f): depth
névrose (f): neurosis

Un travailleur sur trois, qu'il soit cadre, employé ou ouvrier, est un malade mental. Plus précisément : 30% de la population industrielle présentent des manifestations nerveuses pathologiques. Ce n'est pas une interprétation hallucinée des statistiques mais le prix de notre pain quotidien. On s'est surtout inquiété, jusqu'à présent, des accidentés physiques du travail — cent mille chaque année. Mais le nombre des handicapés mentaux croît encore plus vite. Depuis un siècle, il s'est exactement multiplié par dix.

halluciner: to delude

croître: to increase, grow

La fatigue nerveuse remplace la fatigue musculaire

Et pourtant, disent les maîtres de l'industrie, le bonheur lui aussi a ses chiffres : en 1874, un ouvrier travaillait de douze ans à sa mort, douze heures par jour, six jours par semaine, cinquante-deux semaines par an. Du berceau au cimetière, le total de la facture s'élevait à deux cent vingt mille heures. En 1974, cet ouvrier ne travaille plus que de seize à soixante-cinq ans, huit heures par jour, cinq jours par semaine, quarante-huit semaines par an et l'addition se monte à quatre-vingt-quatorze mille heures, soit 55% de moins qu'il y a un siècle. Plus réduit, le travail est aussi devenu physiquement moins pénible, grâce à l'automation.

berceau (m): cradle
facture (f): bill
addition (f): bill
soit: i.e., that is to say
pénible: hard, arduous
paria (m): outcast
trimer (sl): to work hard
décharger: to relieve
charger: to weigh down
charge (f): burden
cadence (f): rate of working
chaîne (f): production line
créateur (adj.): creative
brin (m): strand
corbeille (f): basket
fil (m) *de fer:* wire

Vérités élémentaires qui ne sont pas tout à fait vraies. D'abord parce qu'il y a encore des parias qui triment dix ou quinze heures par jour. Surtout parce que la quantité du travail est une chose et sa qualité une autre. Si elles ont déchargé l'homme physiquement, musculairement, les machines l'ont en revanche chargé mentalement.

Ces 'charges mentales', comme les nomment les psychiatres, sont bien connues : cadences, bruit, pollution, travail à la chaîne, horaires tournants. Les machines ont fait écran, un écran d'ennui, entre l'homme et son travail, lui retirant la signification créatrice qu'y trouvait autrefois l'artisan. Il existait alors un rythme propre des matériaux : le brin de raphia qui devenait corbeille, le bois

DESSIN DE FOLON

qui devenait table, le fil de fer qui faisait un panier à salade. Selon les psychiatres, plus le niveau mental d'un individu est atteint, plus il a besoin de voir le résultat rapide de son travail qui acquiert alors une sorte de caractère magique. Un maçon disait à un médecin d'entreprise: 'Quand je vois le plâtre durcir, que la brique commence à prendre, je suis heureux.'

Seulement, voilà, la société industrielle, en instaurant la course au rendement, le mythe de la productivité, a banalisé le travail. Le graveur de Corrèze, le maréchal-ferrant des Basses-Alpes sont passés O.S. à Pechiney, fraiseur à Billancourt: la petite couturière bretonne est montée 'bonniche' à Paris. Ils travaillaient à proximité de leur maison, intégrant souvent vie familiale et vie professionnelle. Aujourd'hui, ils font deux à trois heures de trajet quotidien, rentrent le soir pour avoir juste le temps d'embrasser les gosses, d'allumer une heure la télé et de se coucher dans des banlieues-carcasses, carcérales. Les femmes au travail, dont le chiffre croît sans cesse, sont, elles, encore plus coincées, entre le bureau et le ménage, la crèche et le bus.

L'ennui, l'angoisse et l'intolérance

Devant la montée des périls mentaux, les médecins, les syndicats commencent à s'inquiéter car la fatigue nerveuse, contrairement à la fatigue musculaire, ne se répare pas en dormant. Elle est même source d'insomnie. Or la fatigue et le désespoir ont changé de visage. Le désespoir n'est plus celui qu'éprouvait jadis le mineur du Nord, cloué entre le coron et les courées, contraint de faire descendre avec lui dans la mine son fils de quatorze ans. C'est celui de cet O.S. de Renault au Mans qui dit: 'Je fais trois mille cinq cents fois par jour le même geste. Je sais ce que je ferai demain, dans six mois, dans dix ans. Rentré chez moi, même la télé ne m'intéresse plus. Je ne supporte pas le moindre cri de mes gosses. Je suis usé nerveusement jusqu'à la moelle.'

Et encore, lui ne fait pas les trois-huit. Selon l'Institut des Sciences sociales, 71% des travailleurs par équipe présentent des troubles du comportement— angoisse, irritabilité, dépression, perte de sommeil.

L'accident mental du travail est moins spectaculaire que l'accident physique, moins décelable évidemment. Le cerveau ne tombe pas en panne d'un seul coup. Le premier signal d'alarme, c'est l'intolérance aux bruits, l'intolérance aux autres. Le travailleur ne fréquente plus la cantine, va seul au café, engueule sa femme... Puis, second degré, le rendement professionnel baisse, précédé parfois par un effort de surcompensation—l'ouvrier accélère les cadences, le cadre emporte des dossiers à la maison.

Comment échapper au virus? L'environnement, les conditions familiales peuvent être déterminants. D'autre part, plus la personnalité est forte, moins sont grandes les exigences à l'égard du milieu, et plus l'individu est indépendant par rapport à son travail: autre théorème de la psychiatrie. Reste à savoir si, chez les plus défavorisés, l'argent ne crée pas une dépendance obligatoire.

'L'homme n'est pas fait pour travailler, la preuve, c'est que ça le fatigue.' Il y a de la vérité dans ce mot d'humoriste. Tension des O.S., dépression des standardistes, irritabilité des routiers, surmenage des cadres, aboulie des femmes de ménage, ce sont les prodromes de l'an deux mille. Les accidents de demain auront lieu dans notre tête.

Patrick Séry: *Le Nouvel Observateur*

---

panier (m) *à salade*: salad shaker
durcir: to harden
prendre: to set
rendement (m): (1) output
banaliser: to make ordinary, uninteresting
graveur (m): engraver
passer: to become
fraiseur (m): fitter
couturière (f): dressmaker
bonniche (f): maid
carcasse (f): skeleton
carcéral: prison-like
coincer: to corner
ménage (m): housework
crèche (f): day-nursery
angoisse (f): anxiety
montée (f): rise
éprouver: to feel
jadis: formerly
clouer: to pin down
coron (m): row of (miners') cottages
courée (f): backyard (of miners' houses)
contraint: obliged, forced
geste (m): movement
usé: worn out
moelle (f): marrow
trouble (m): disturbance
comportement (m): behaviour
perte (f): loss
sommeil (m): sleep
décelable: detectable
cerveau (m): brain
engueuler (sl): to shout at
degré (m): step, stage
rendement (m): (2) efficiency
déterminant: decisive
exigence (f): demand
milieu (m): surroundings
défavorisé: unfortunate
preuve (f): proof
standardiste (m or f): switchboard operator
routier (m): lorry driver
surmenage (m): overwork
aboulie (f): listlessness
prodrome (m): first symptom

Note

O.S.: ouvrier spécialisé, sans qualification professionnelle

Verb Constructions

s'inquiéter de qch.: to be concerned about sth.
s'élever à qch.: to reach, amount to sth.
se monter à qch.: to come to, amount to sth.
retirer qch. à qn.: to take sth. away from s.o.

(**Note** other verbs used in this way: *acheter, arracher, cacher, emprunter, prendre.*)
changer de visage: to change one's appearance
(Similarly: *changer d'aspect, d'avis, de place, de train.*)

Further Vocabulary

ces dernières années: in recent years
horaires tournants: shift working
(elles) ont fait écran: they have formed a screen
ils font deux à trois heures de trajet quotidien:
they spend two or three hours a day travelling
pour avoir juste le temps d'embrasser les gosses:
with just time to kiss the kids goodnight
(elle) ne se répare pas en dormant:
it cannot be restored through sleep

elle est même source d'insomnie:
it is even a cause of insomnia
et encore, lui ne fait pas les trois-huit:
and he's not even on shift work
d'un seul coup: all at once
(il) ne fréquente plus la cantine:
he doesn't go to the canteen any more
reste à savoir si: it remains to be discovered whether

A Questions à préparer

1 Quelle est l'importance du problème de la fatigue industrielle?
2 Pourquoi la fatigue physique de l'ouvrier n'est-elle plus aussi grande qu'il y a un siècle?
3 Cette amélioration a-t-elle touché tous les travailleurs?
4 Quelles sont les charges mentales imposées par la machine?
5 Quelle est la différence essentielle entre le travail artisanal et le travail industriel?
6 Quels autres facteurs, en dehors du travail lui-même, tendent à augmenter la fatigue (a) des hommes, (b) des femmes au travail?
7 Comment la fatigue nerveuse est-elle différente de la fatigue musculaire?
8 D'où vient le désespoir de beaucoup d'ouvriers aujourd'hui?
9 Quel est l'effet du travail en équipe sur la plupart des ouvriers?
10 A quels signes peut-on reconnaître la fatigue nerveuse?
11 Pourquoi un individu doué d'une personnalité forte a-t-il plus de chances d'échapper à cette maladie?

B Sujet de rédaction à discuter

'L'homme n'est pas fait pour travailler, la preuve, c'est que ça le fatigue.' Discutez.
(1) Les différentes formes de travail et la fatigue qu'elles engendrent (a) au siècle dernier, (b) aujourd'hui, (c) en l'an 2000.
(2) Dans quelle mesure les changements survenus depuis un siècle ont-ils amélioré le sort du travailleur? Dans quelle mesure ont-ils rendu sa vie plus pénible? Donnez des exemples.
(3) Comment pourrait-on encore améliorer les conditions du travail (a) afin de le rendre moins pénible, (b) afin de limiter les risques de fatigue nerveuse?
(4) Ce 'mot d'humoriste' vous semble-t-il finalement juste, faux, ou dangereux?

Grammar

1 Number and Measurement

(a) Number

(i) — *cent mille:* a hundred thousand
   cent and *mille* are not preceded by an article.

(ii) — *deux cent vingt mille heures*
   — *trois mille cinq cents fois*
   — *quatre-vingt-quatorze mille heures*
   In the plural, *mille* is invariable, but *vingt* and *cent* add *s* when they are not followed by another numeral.

(b) Measurement

(i) — *soit 55% de moins qu'il y a un siècle:*
   that's to say 55% less than a century ago.
   De plus and *de moins* are used to show an increase or a decrease in quantity:
   deux ans de plus:
   two years more, two years older
   une fois de plus: once more, once again
   un homme de trop: one man too many

(ii) *De* is also required after verbs expressing increase or decrease:

— *(elle) diminue de 2% per an* (passage 19)
— *(il) augmente chaque année de 13%* (passage 30)

(iii) *Plus de, moins de:* 'more than', 'less than', when followed by a number:
   — *plus de trente fois* (passage 20)

(iv) Relative quantity is often expressed by the adjective *important:*
   — *40% plus important:* 40% larger
   deux fois moins important: twice as small

(v) Note the use of the prepositions *par, pour, sur* in proportions and percentages:
   — *douze heures par jour:* twelve hours a day
   — *quarante-huit semaines par an:*
   forty-eight weeks a year
   soixante et onze pour cent:
   seventy-one per cent
   — *un travailleur sur trois:* one worker in three

2 The Article

(a) The article is **omitted**:

(i) before nouns denoting nationality, profession, title, category, after verbs such as *être, devenir, se faire, passer* and *rester:*
   — *qu'il soit cadre, employé ou ouvrier*
   — *le brin de raphia qui devenait corbeille*
   — *(ils) sont passés O.S. à Pechiney*
   — *(elle) est montée 'bonniche' à Paris.* (see 1.3*b* and 16.5*c*)

(ii) in enumerations:
   — *Ces 'charges mentales' sont bien connues: cadences, bruit, pollution, travail à la chaîne, horaires tournants.* (see 16.5*b*)
   Note The article is frequently omitted when nouns are used in pairs:
   — *intégrant vie familiale et vie professionnelle*

(iii) before a noun used in apposition to a noun or clause:
   — *plus la personnalité est forte,...: autre théorème de la psychiatrie:*
   ...another theory of psychiatry. (see 16.5*a*)

(iv) after *de*, forming an adjective phrase:
   — *un médecin d'entreprise*
   — *ce mot d'humoriste*

(Compare:
   le médecin de l'entreprise où il travaille...
   le mot d'un humoriste célèbre) (see 17.6)

(v) at the beginning of a sentence (where *c'est, ce sont, il y a,* etc., are understood), to create a dramatic impact:
   — *Vérités élémentaires qui ne sont pas tout à fait vraies*
   — *Puis, second degré, le rendement professionnel...* (see 15.5*b*)

(b) The article is **used**:

(i) to generalise a noun:
   — *le travail est devenu moins pénible:*
   work has become less arduous
   — *les machines l'ont chargé mentalement:*
   machines have burdened him mentally
   — *entre l'homme et son travail:*
   between man and his work
   — *la fatigue nerveuse:* nervous fatigue (see 1.3*a*)

(ii) in many other phrases where it is omitted in English: *le soir; la semaine dernière; partir le premier; apprendre le français;* etc. These must be acquired by practice.

3 Comparison

plus... plus: 'the more . . . the more'; **moins... moins:** 'the less . . . the less' (see also 8.2)

(a) — *plus le niveau mental d'un individu est atteint, plus il a besoin de voir...:*
the more an individual's mental capacity is affected, the more he needs to see...

— *plus la personnalité est forte, moins sont grandes les exigences à l'égard du milieu, et plus l'individu est indépendant:*
the stronger the personality is, the smaller are the demands made on the environment and the more independent the individual is.

(Note the word order when adjectives or adverbs are used.)

Plus ils parlent, (et) moins ils sont contents:
The more they talk, the less happy they are.
Plus on a d'amis, moins on se sent seul:
The more friends one has, the less lonely one feels.
Plus vous travaillerez, (et) mieux cela vaudra:
The harder you work, the better.

(b) Revise also *de plus en plus, de moins en moins* (see 3.2) and *plus... que* (see 11.3).

4 Conjunctions

(a) **Repetition**
— *Quand je vois le plâtre durcir, que la brique commence à prendre, je suis heureux:*
When I see the plaster harden, and the brick begin to set, I feel happy.

If two clauses depend on the same conjunction, the second is introduced by *que*. The conjunction must be repeated in French. If the conjunction is *si* ('if'),

the second verb is in the subjunctive. (see 17.3)

(b) **si:** 'although'
— *Si elles ont déchargé l'homme physiquement, les machines l'ont en revanche chargé mentalement:*
Although they have relieved man's physical load,...

Si is frequently used to introduce concessive clauses referring to accepted facts.

5 Prepositions

à — *à proximité de:* near to
— *à l'égard de:* in relation to
de — *d'autre part:* on the other hand
en — *en revanche:* on the other hand
chez — *chez les plus défavorisés:* among the most deprived
dans — *dans six mois:* at the end of six months (see 21.6)

grâce à — *grâce à l'automation:* thanks to automation
jusque — *jusqu'à présent:* until now
— *usé jusqu'à la moelle:* worn down to the bone
par — *douze heures par jour:* twelve hours a day
— *par rapport à:* in relation to
selon — *selon le degré du mal:* according to (depending on) how serious it is

Exercises

(1) **Number and Measurement** Translate:
1 Two hundred and one people. 2 One thousand times bigger. 3 Around the world in eighty days. 4 Three thousand and ninety one. 5 Twice a month. 6 He is two years older than me. 7 Four days out of five. 8 In the year two thousand we will work less than forty hours per week. 9 The number of cars on the roads increases by ten per cent per year. 10 The total came to twenty-one hours.

(2) **The Article** Translate:
1 Although his father was a miner, he had decided to be a doctor. 2 He thought he could make his fortune by working round the clock: an idea which he soon found to be impracticable. 3 Factory accidents are often due to fatigue. 4 He found it difficult to combine family life and union activity. 5 Thanks to automation, work has become much less arduous.

(3) **Comparison** Translate:
1 The more he worked, the happier he became. 2 The richer he became, the less happy he felt. 3 The less responsibilities one has, the more dependent one becomes. 4 Work is becoming less and less interesting. 5 Jobs are changing more and more rapidly. 6 That man does more than you think. 7 He was much more exhausted than he had expected.

(4) Translate:
1 When you go into a factory and hear the noise, you are not surprised workers suffer from nervous fatigue. 2 Automation has taken away the pleasure from work: one only works now for the money. 3 If your job is boring and you can't find another, you feel you are a prisoner for life. 4 Recently doctors have been increasingly concerned about this problem. 5 One worker I knew changed his job every two years.

29

La grande question de ce siècle

— Voilà une société, je parle de la société française, voilà une société dans laquelle la machine est la maîtresse absolue et la pousse à un rythme accéléré dans des transformations inouïes. Une société dans laquelle tout ce qui est d'ordre matériel, les conditions du travail, l'existence ménagère, les déplacements, l'information, etc., tout cela, qui n'avait pas bougé depuis l'Antiquité, change maintenant de plus en plus rapidement et de plus en plus complètement. Une société qui, il y a cinquante ans, était agricole et villageoise et qui, à toute vitesse, devient industrielle et urbaine; une société qui a perdu en grande partie les fondements et l'encadrement sociaux, moraux, religieux qui lui étaient traditionnels; une société qui, en l'espace d'une génération, a subi deux guerres épouvantables, et qui vit maintenant dans une Europe coupée en deux et au milieu d'un monde qui est bouleversé par la fin des empires, par l'avènement d'une foule d'États nouveaux dont les peuples frappent à la porte de la prospérité et d'un monde qui est agité dans ses profondeurs par les conflits absurdes et dangereux en Asie, en Afrique, en Amérique; une société qui, actuellement, dispose d'une information dont les moyens sont colossaux, qui agissent à chaque minute et qui s'emploient essentiellement, vous le savez bien, contre toute autorité, à commencer, s'il vous plaît, par la mienne, et qui tapent sans relâche et presque exclusivement sur le sensationnel, le dramatique, le douloureux, le scandaleux; une société, enfin, qui sait qu'au-dessus de sa tête est suspendue en permanence l'hypothèque nucléaire de l'anéantissement.

Comment est-ce qu'on pourrait imaginer que cette société-là soit placide et soit, au fond, satisfaite? Elle ne l'est certainement pas. Il est vrai que, en échange, si on peut dire, de tous ces soucis, de toutes ces secousses qu'elle nous apporte, la civilisation mécanique moderne répand parmi nous des biens matériels en quantité et en qualité croissantes, et qui, certainement, élèvent le niveau de vie de tous. Il n'est pas douteux qu'en moyenne un Français d'aujourd'hui mange, se vêt, se chauffe, se loge, se soigne mieux que son aïeul, que son travail est moins pénible, qu'il a, à sa portée, des moyens de déplacement et d'information tout à fait nouveaux.

En même temps, il est vrai que la technique et la science, qui se développent parallèlement à l'industrie et aussi vite qu'elle, obtiennent en s'unissant à elle, des résultats saisissants. La locomotive, le téléphone, l'électricité, ça avait été bien. L'auto, l'avion, la radio, c'était mieux. La fusée, la télé, le moteur atomique, le laser, la greffe du cœur, c'est magnifique.

Bref, la civilisation mécanique, qui nous apporte encore une fois beaucoup de malheurs, nous apporte aussi une prospérité croissante et des perspectives mirifiques, ce qui veut dire qu'elle enlace l'homme, quel qu'il soit et quoi qu'il fasse, qu'elle l'enlace dans une espèce d'engrenage qui est écrasant. Cela se produit d'ailleurs pour le travail; cela se produit pour la vie de tous les jours; cela se produit pour la circulation; cela se produit pour l'information, pour la publicité, etc. Si bien que tout s'organise et fonctionne d'une manière automatique, standardisée, d'une manière technocratique et de telle sorte que l'individu, par exemple l'ouvrier, n'a pas prise sur son propre destin, comme pour les fourmis la fourmilière et pour les termites la termitière.

Naturellement, ce sont les régimes communistes qui en viennent là surtout, et qui encagent tout et chacun dans un totalitarisme lugubre. Mais le capitalisme

rythme (m): rate
inouï: extraordinary
ménager (adj.): household
déplacement (m): travel
bouger: to move, change
fondement (m): foundation
encadrement (m): framework
subir: to go through
épouvantable: terrible
bouleverser: to throw into confusion
avènement (m): emergence
agiter: to shake
s'employer: to be used
essentiellement: above all
taper sur (fig.): to emphasize
sans relâche: ceaselessly
douloureux: painful
souci (m): care, worry
secousse (f): shock
répandre: to spread
biens (m.pl): goods
croître: to increase
niveau (m) *de vie*: living standard
se vêtir: to dress
se soigner: to look after oneself
aïeul (m): ancestor
pénible: hard
portée (f): reach
saisissant: striking
fusée (f): rocket
greffe (f) *du cœur*: heart transplant
mirifique: wonderful
espèce (f): kind
écraser: to crush
si bien que: with the result that
destin (m): fate, lot
fourmi (f): ant
fourmilière (f): anthill
lugubre: dismal

lui aussi, d'une autre façon, sous d'autres formes, empoigne et asservit les gens. Comment trouver un équilibre humain pour la civilisation, pour la société mécanique moderne? Voilà la grande question de ce siècle.

empoigner: to seize hold of
asservir: to enslave

— *Extrait de l'entretien radiotélévisé du général de Gaulle, le 7 juin 1968, avec Michel Droit, rédacteur en chef du Figaro littéraire.*

entretien (m): interview
rédacteur (m): editor

Verb Construction

s'unir à qn.: to join forces with s.o.

Further Vocabulary

la machine est la maîtresse absolue:
the machine is in complete control
l'hypothèque nucléaire de l'anéantissement:
the threat of nuclear annihilation

elle l'enlace dans une espèce d'engrenage qui est écrasant:
it imprisons and crushes him in the wheels of the system.
l'ouvrier n'a pas prise sur...:
the worker has no influence over...
qui en viennent là: which reach that point

A Questions à préparer

1 Donnez des exemples qui montrent l'influence exercée par la machine sur les conditions du travail, l'existence ménagère, les déplacements, l'information.
2 Quels étaient les fondements sociaux, moraux et religieux à la base de la société traditionnelle?
3 Comment les changements qui ont affecté la société ont-ils contribué à détruire ces fondements?
4 Quels événements sur le plan international ont bouleversé le monde depuis une génération?
5 Comment les moyens d'information influencent-ils la société?
6 Quels avantages voit de Gaulle dans la civilisation mécanique moderne?
7 Mais par contre, dans quels domaines voit-il aussi la civilisation mécanique asservir les gens?
8 Pour de Gaulle, quels sont les régimes politiques et économiques qui produisent cet asservissement?

B Résumé

Résumez, en quelque 200–250 mots, l'essentiel de l'argument de de Gaulle. N'oubliez pas qu'il s'agit de passer d'un texte **parlé** à un résumé **écrit**.

C Sujet de rédaction à discuter

La civilisation mécanique moderne.
Au cours d'une allocution radiotélévisée prononcée peu après cet entretien, de Gaulle a dit, au sujet de la parti-

cipation, que 'dans chacune de nos activités, par exemple une entreprise ou une université', chacun de ceux qui en font partie devrait être 'directement associé à la façon dont elle marche, aux résultats qu'elle obtient, aux services qu'elle rend à l'ensemble national'. Bref, à la question de savoir comment trouver un équilibre humain pour la civilisation moderne, il préconisait 'la participation à tous les niveaux de la société'.

Essayez de donner votre réponse à la grande question de ce siècle, telle que de Gaulle l'a formulée:

(1) Montrez comment notre civilisation 'asservit' les gens. Quelles sont les frustrations de la vie d'aujourd'hui? En quoi pourrait-on dire que la vie 'agricole et villageoise' était meilleure que la vie 'industrielle et urbaine'?
(2) De Gaulle est-il justifié en comparant la vie de l'individu dans la civilisation moderne à celle de la fourmi dans la fourmilière? Est-ce que les gens qui vivaient dans une société agricole et villageoise avaient davantage 'prise sur leur propre destin'?
(3) Que signifie 'la participation' dans les entreprises et dans l'université? Comment cette solution pourrait-elle améliorer la situation des gens? Est-ce une solution pratique?
(4) Comment voyez-vous l'actuel état du monde? Sommes-nous près de trouver 'un équilibre humain pour la civilisation moderne', ou au contraire est-ce que les gens risquent d'être dans l'avenir encore plus 'asservis' qu'à présent?

Grammar

1 The Subjunctive

(a) — *elle enlace l'homme, quel qu'il soit:*

it ensnares man, **whoever** he is…(i.e. whatever his position in society)

— *…et quoi qu'il fasse:*

…and **whatever** he does.

Revise these constructions from 9.1*a*.

(b) — *Comment est-ce qu'on pourrait imaginer que cette société-là soit placide?:*

How could one imagine that such a society would be calm?

The truth of the statement in the subordinate clause is put in doubt; in such cases the subjunctive is required (see 7.1*b*).

(c) — *Il n'est pas douteux qu'en moyenne un Français mange, se vêt…:*

There is no doubt that …

— *Il est vrai que la civilisation mécanique moderne répand parmi nous:*

It is true that …

The **indicative** is used after impersonal verbs expressing certainty.

2 Conjunctions

— *Si bien que tout s'organise et fonctionne…:*

So that (with the result that)…

— *de telle sorte que l'individu n'a pas prise sur son propre destin:*

so that (in such a way that)…   (see 8.2*a* and 18.1*c*)

3 Prepositions

à — *à sa portée:* within his reach

— *à commencer par…:* starting with…

en is not used with the definite article except before certain nouns beginning with a vowel:

— *en l'espace d'une génération:*

in the space of one generation

en l'air: (into) the air

en l'an 2000: in the year 2000

— *en l'absence de…:*

in the absence of… (passage 33)

en — *en échange de…:* in exchange for

— *le rédacteur en chef:* the chief editor

— *suspendue en permanence:*

permanently suspended

— *en moyenne:* on average

sous — *sous d'autres formes:* in other forms

🎲 Drills

(1) The Subjunctive   After *quel* (etc.) *que*

Comment se libérer des contraintes de la société industrielle? Devant les alternatives vous restez résolument pessimiste.

Exemple: Pensez-vous que cela irait mieux, si nous étions de simples paysans?

Réponse: Qui que nous soyons, cela n'y changerait rien!

1 Pensez-vous que cela irait mieux, si nous vivions dans une société agricole?

2 Pensez-vous que cela irait mieux, si nous faisions de la politique?

3 Pensez-vous que cela irait mieux, si nous étions Américains... ou Russes?

4 Pensez-vous que cela irait mieux, si nous allions vivre ailleurs?

5 Pensez-vous que cela irait mieux, si nous disions 'non' au progrès?

(2) The Subjunctive   After expressions of doubt.

Deux personnes parlent du discours du Général. Elles expriment des doutes quant à certaines de ses déclarations.

Exemple: Il prétend que notre société est placide! Vous diriez cela?

Réponse: Loin de là! Comment pourrait-on dire que notre société soit placide?

1 Il affirme qu'on est satisfait! Vous croyez cela?

2 Il déclare que le capitalisme asservit les gens! Vous pensez cela?

3 Il dit que nous obtenons des résultats saisissants! Vous diriez cela?

4 Il prétend que nous disposons de moyens colossaux. Vous croyez cela?

5 Il déclare que nous faisons des progrès remarquables! Vous pensez cela!

6 Il affirme que nous avons prise sur notre destin! Vous croyez cela?

7 Il prétend que nous avançons à un rythme accéléré! Vous diriez cela?

VII
La Femme au Travail
et dans la Société

Au XIXᵉ siècle.
*Les tâches
deviennent plus
monotones,
mais aussi
moins dures.*

Au XXᵉ siècle.
*La femme
accède à des
emplois de plus
en plus variés.*

Le travail des femmes (1)

Le travail des femmes est souvent présenté comme une nouveauté, comme une conquête du XXe siècle. Cette formulation est un peu excessive, laissant supposer que la femme était jusqu'alors vouée à la tenue de sa maison et à l'éducation de ses enfants.

vouer: to restrict
tenue (f): upkeep

Le phénomène nouveau réside plutôt dans la transformation du cadre de l'activité féminine: s'exerçant, jusqu'alors, uniquement au sein de la cellule familiale, elle va, à partir de la révolution industrielle, trouver place dans une unité de production beaucoup plus large, complètement différente de la famille. De plus, avec le cadre, se transforme la nature du travail féminin: progressivement, la femme se détache des activités considérées traditionnellement comme féminines pour se dépenser dans d'autres secteurs.

s'exercer: to take place
uniquement: solely
cellule (f): cell, unit
unité (f): unit
de plus: in addition
se dépenser: to apply
  oneself

La femme dans l'économie traditionnelle

Dans l'économie traditionnelle où la famille, comprenant plusieurs générations, produit la plupart des produits qu'elle consomme, la femme est chargée de travaux très divers:

comprendre: to include,
  comprise

— elle élève les enfants et nourrit la famille en assurant elle-même la transformation des produits (pain, beurre, etc.);

assurer: to carry out, provide

— elle confectionne les vêtements et certains objets utiles au ménage (balais, savons, etc.);

confectionner: to make
  (clothes)
ménage (m): household

— enfin, elle participe activement aux travaux des champs.

La femme des villes, dans le même temps, a une vie peu différente. Les travaux des champs n'existent pas pour elle, mais elle aide son mari dans les travaux artisanaux.

Si le travail à l'extérieur, tel que nous le concevons aujourd'hui, est peu répandu, il existe toutefois, et on trouve quelques métiers féminins, orientés vers un prolongement des activités de la femme dans sa famille. Ce sont les métiers de l'aiguille, certains travaux artisanaux, certains commerces et les services domestiques.

concevoir: to understand
répandu: common
toutefois: nevertheless
métier (m): craft
prolongement (m):
  extension
aiguille (f): needle
commerce (m): trade

La révolution industrielle: transformation du travail féminin

Les effets de la révolution industrielle se font sentir en France tardivement, vers 1850. Les progrès du machinisme nécessitent une division du travail qui transforme les tâches. Celles-ci deviennent plus monotones, mais aussi moins dures, nécessitant un apprentissage moins long. D'autre part, la grande production a un immense besoin de main-d'œuvre. Suivant les hommes, les femmes vont entrer dans l'industrie et s'y livrer à un type de travail nouveau. En effet les conditions du travail en usine sont très différentes: c'est un travail salarié, s'effectuant en dehors du domicile familial, avec un horaire régulier, obéissant à des contraintes collectives. Les conditions de vie changent aussi: l'urbanisation disperse les différentes générations d'une famille, l'apparition d'objets fabriqués à des prix bas simplifie l'activité de la femme au foyer. Mais, par ailleurs, le travail à l'extérieur pose à la femme des problèmes familiaux qui n'existaient pas auparavant.

tardivement: late
nécessiter: to require
tâche (f): job, task
apprentissage (m): training
  period
main-d'œuvre (f): labour
effectuer: to carry out
domicile (m): home
familial (adj.): family
horaire (m): timetable
contrainte (f): pressure
foyer (m): home
par ailleurs: in other
  respects

La population active féminine se dirige vers le secteur industriel et va augmenter, aux dépens de l'agriculture, à un rythme très rapide jusqu'en 1906, puis diminuer à partir de 1931.

auparavant: before
aux dépens de: at the
  expense of

Malgré certaines améliorations (limitation de la durée du travail, interdiction de certains emplois, interdiction du travail de nuit) les conditions de travail dans l'industrie demeurent encore très dures pour les femmes; l'expansion du secteur industriel étant au cours du XXe siècle ralentie, c'est vers d'autres tâches en plein développement que celles-ci vont se diriger.

interdiction (f): ban

demeurer: to remain

Au XXe: féminisation du secteur tertiaire

Le déplacement d'activité qui s'était fait à la fin du XIXe siècle vers l'industrie, s'opère maintenant vers le secteur tertiaire. Il est général, mais semble être beaucoup plus rapide pour les femmes.

Ce phénomène est dû surtout à la création de multiples tâches dans le secteur tertiaire, tâches qui par leur essence et par leurs conditions de travail conviennent particulièrement aux femmes. Il suffit de citer les activités commerciales (grands magasins, magasins à prix uniques, petits commerces), les activités bancaires, les domaines de l'hygiène (blanchisserie, coiffure, soins de beauté), de la santé (infirmières, puéricultrices), du tourisme, des loisirs, de la recherche, tous secteurs qui connaissent une croissance particulièrement rapide.

blanchisserie (f): laundry
soins de beauté (m.pl):
  beauty treatment
infirmière (f): nurse
puéricultrice (f): child-
  welfare worker

Initialement vouée aux tâches du foyer, participant aux travaux industriels ensuite, envahissant le tertiaire enfin, la femme voit s'élargir le cadre de ses activités, et, depuis quelques décades accède à des emplois de plus en plus variés et de plus en plus élevés.

La Documentation Française, Notes et études documentaires

Verb Constructions

accéder à qch.: to reach, enter sth.
se livrer à qch.:
to devote oneself to, go in for, sth.
obéir à qch. (à qn.): to obey sth. (s.o.)
convenir à qn. (à qch.):
to be suitable for, suited to, s.o. (sth.)
participer à qch.: to take part in sth.
se détacher de qch.: to turn away from sth.

changer de qch.:
to transfer from one thing to another (in the same category)
changer de signification: to change its meaning
(*changer d'avis*: to change one's mind)
(*changer de place*: to move to another seat)
(*changer de train*: to change trains)
il suffit de faire qch.: all one has to do is to do sth.
s'orienter vers qch.: to turn towards sth.
se diriger vers qch.: to go, move, towards sth.

Further Vocabulary

cette formulation est un peu excessive:
that is a somewhat exaggerated way of putting it
la transformation du cadre de l'activité féminine:
a change in the places where women worked
les progrès du machinisme:
advances in the use of machinery

les travaux artisanaux:
making and repairing things
la population active féminine:
the female working population
(*les*) *petits commerces*: small shops

Questions à préparer

(a) L'économie traditionnelle

1 Comment la révolution industrielle a-t-elle transformé le cadre et la nature du travail des femmes?

2 Quelles différences essentielles y a-t-il entre la famille traditionnelle et celle d'aujourd'hui, d'une part dans la composition de la cellule familiale et d'autre part dans la production et la consommation?

3 Quels métiers féminins exerçait-on avant la révolution industrielle?

(b) La révolution industrielle

4 Comment les progrès du machinisme ont-ils favorisé le travail féminin?

5 Quelles contraintes le travail en usine imposait-il aux femmes?

6 Pourquoi, au cours du XXe siècle, les femmes se sont-elles dirigées vers le secteur tertiaire?

(c) Le XXe siècle

7 Quelles sont les activités du secteur tertiaire qui conviennent particulièrement aux femmes?

8 Comment le cadre des activités féminines a-t-il changé depuis la révolution industrielle?

UNIT 30
Grammar

1 Pronominal Verbs

(a) *se faire:*

   (i) combines with an infinitive to form a **passive**:

     — *Les effets de la révolution industrielle se font sentir:*

     ... are felt (see 5.3*b*)

   (ii) used alone, translates 'to take place', 'to carry on':

     — *Le déplacement d'activité qui s'était fait:*

     The move which had taken place.

(b) **Translating the passive** (see 2.2*a*)

   — *avec le cadre, se transforme la nature du travail:*

   as well as its setting, the nature of the work is transformed.

(c) **Intransitive use** (see 2.2*b*)

   — *La notion de 'métier féminin' s'applique à une plus grande variété de postes:*

   The notion of 'women's work' applies to a wider range of jobs.

   Compare:

   On l'applique à une grande variété de problèmes:

   One applies it to a wide range of problems.

Many English verbs can be used either transitively or intransitively without changing their form. Similar verbs in French take the pronominal form when used intransitively. Other examples of (*b*) and (*c*):

— *un travail salarié, s'effectuant en dehors du domicile familial:*

paid work, undertaken (carried on) outside the home.

— *Le déplacement d'activité... s'opère maintenant vers...:*

... is now a move towards ...

— *la femme voit s'élargir le cadre de ses activités....*

... finds that the scope of her activities is growing wider ...

— *s'exerçant, jusqu'alors, uniquement au sein de la cellule familiale:*

working, previously, ...

Collect and study further examples from this book and from your own reading.

2 Auxiliary Verbs

laisser + **infinitive**

The dependent infinitive after *laisser* can have (*a*) a **passive** and (*b*) an **active** meaning:

(a) — *laissant supposer que la femme était vouée à...:* letting it be thought that ...

laissant supposer cela: letting that be thought

The pronoun, noun or noun clause is the object of the dependent infinitive (*supposer*): a **passive** construction is used in English.

(b) — *on les laissait jouer...:* one allowed them to play ... (passage 22)

— *Laissez-vous vos enfants jouer...?:* Do you let your children play ...? (passage 22)

Laissez-vous jouer vos enfants...?

The infinitive may be placed before or after the object, depending on the balance of the sentence.

The pronoun or noun is the object of the auxiliary (*laisser*); the dependent infinitive is **active** in English. **Note** that *regarder, voir, écouter, entendre* and *sentir* can be used in the same ways as *laisser:*

Je l'ai vu approcher: I saw him coming closer.

Je l'entends appeler:

I hear him calling (being called).

If there is a risk of ambiguity, the active meaning may be expressed thus:

Je l'entends qui appelle.

Revise the construction after *faire* (11.1)

3 Adverbs *peu, un peu* (see 13.3)

— *Cette formulation est un peu excessive:* ... somewhat (i.e. a little) excessive

— *La femme a une vie peu différente:* ... little different (scarcely different).

— *Si le travail est peu répandu....* ...: not common ...

Peu is frequently used, as in this last example, to give a negative sense to adjectives and adverbs (e.g. *peu nombreux* for *rare* (passage 27); *peu adroitement* for *maladroitement*). Note the expression:

— *peu à peu:* little by little (gradually) (passage 27)

4 Prepositions

à and *de* must be repeated before each noun or infinitive which they govern (see 11.5):

   — *vouée à la tenue de sa maison et à l'éducation de ses enfants:*

   dedicated to running her household and bringing up her children.

à — *magasins à prix uniques:* chain stores (see 14.6)

de — *proches de...:* near to ...

     — *chargée de travaux:* responsible for work

par — *par ailleurs:* in other respects

vers — *vers 1850:* about (the year) 1850

Exercises

(1) **Pronominal Verbs** Rephrase these sentences so as to use the verb pronominally.

(a) *Exemple:* On applique cette notion à plusieurs postes.

Réponse: Cette notion s'applique à plusieurs postes.

1 Elles faisaient ce travail dans des conditions très dures. 2 On a adapté le travail féminin aux nouvelles conditions. 3 Cela transforme la nature du travail. 4 Cela a détaché la femme des activités traditionnelles. 5 C'est dans le secteur tertiaire qu'on sent les effets de ces progrès.

(b) *Exemple:* La femme était chargée de travaux divers.

Réponse: La femme se chargeait de travaux divers.

1 Les femmes ont été livrées à un type de travail différent. 2 Ce travail est répandu maintenant. 3 Le travail était effectué en dehors du domicile familial. 4 La femme avait été vouée aux tâches du foyer. 5 Les différentes générations d'une même famille avaient été dispersées.

(2) **Auxiliary verbs** *laisser*, etc. Translate:

1 This allows one to think that the work was not suitable for women. 2 I have heard it said that the training period was very long. 3 About the end of the nineteenth century they saw their work change rapidly. 4 Perhaps their husbands did not let them work outside the home. 5 All you have to do is let time pass. 6 The father made his daughter understand that she had to work for him. 7 She had been made to work in the fields, so she changed her job. 8 The importance of women's contribution to industry was quickly recognised. 9 She had the house decorated without permission and was dismissed. 10 He watched the children playing in the street, but he couldn't hear them shouting.

Les femmes au travail

(1) Le nombre des femmes qui travaillent

53% des femmes âgées de vingt-cinq à cinquante-quatre ans ont une activité professionnelle: les femmes constituent 38% de la population active.

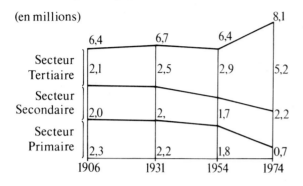

(1) 1 Comment le nombre des femmes au travail a-t-il évolué depuis le début du XX⁰ siècle (*a*) globalement, (*b*) en ce qui concerne les secteurs d'activité?

(2) Les métiers féminins

Les femmes quittent les secteurs traditionnellement féminins, proches de leur activité domestique (textiles, services domestiques) et s'orientent vers des secteurs nouveaux, en général des postes nécessitant une formation technique plus poussée. La notion de 'métier féminin' change donc de signification et s'applique à une plus grande variété de postes (services, emplois de bureau, santé, enseignement).

(*a*) **Nombre de femmes pour 100 travailleurs de chaque catégorie** (en 1968)

Catégorie	Proportions de femmes
Agriculteurs	38
Salariés agricoles	10
Artisans et commerçants	35
Professions libérales et cadres supérieurs	19
Cadres moyens	41
Employés	61
Ouvriers	20
Ensemble de la population active	35%

(*b*) **Proportion de femmes dans l'enseignement et la santé publique** (chiffres de 1962)

Enseignement:
Professeurs du supérieur	21
Assistantes du supérieur	33
Professeurs du secondaire	51
Institutrices	67

Santé:
Médecins	15
Dentistes	28
Pharmaciennes	48
Infirmières	85

(2) 2 Dans quelles catégories d'activité la proportion de femmes est-elle supérieure à la moyenne?
3 D'après ces chiffres, avez-vous l'impression qu'une discrimination subsiste entre 'métiers masculins' et 'métiers féminins'?

Jeune ouvrière aux usines Simca.
*Les parents continuent à envisager sans
faveur le travail pour leurs filles.*

Dans l'industrie pharmaceutique
(Rhône-Poulenc).
*C'est aux femmes que sont confiés les
travaux minutieux.*

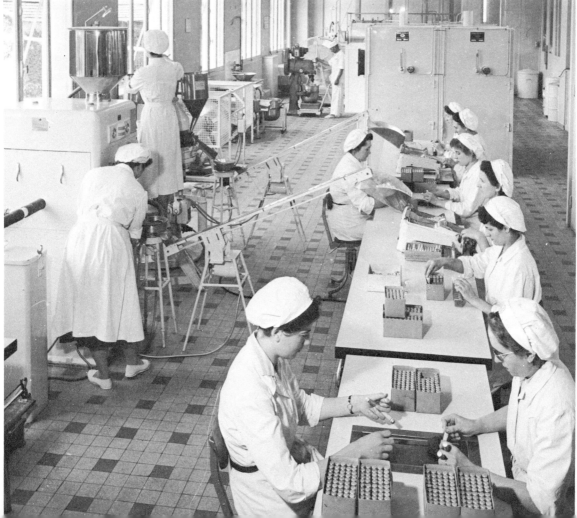

Le travail des femmes (2)

L'attitude des Français envers le travail féminin

Longtemps, l'idéal de la femme française a été le foyer, surtout après son mariage, et elle ne travaillait que lorsqu'elle y était obligée. Toutefois, les femmes commencent à admettre qu'elles peuvent exercer une activité professionnelle sans nuire à leur famille et sans perdre leurs principales qualités, bien au contraire.

    Une enquête effectuée en 1962 dans la région parisienne donnait les chiffres suivants pour les réponses à la question: 'Êtes-vous pour ou contre le travail des femmes?'

admettre: to accept

	Le travail des femmes en général		Le travail d'une femme mariée sans enfant	
	Pour	*Contre*	*Pour*	*Contre*
Hommes	26,7%	56,1%	66,1%	24,5%
Femmes	56,7%	26,7%	83,8%	13,3%

Ces chiffres sont très significatifs: en effet, pour la question de principe, les proportions sont exactement inverses pour les hommes et pour les femmes. Plus de la moitié des femmes sont favorables au travail.

inverse: opposite

L'attitude des parents

Le développement de la formation professionnelle se heurte à des obstacles à la fois d'ordre budgétaire et d'ordre psychologique. Les parents, paralysés par de vieilles habitudes, continuent à envisager sans faveur le travail pour leurs filles. Un tiers d'entre eux seulement acceptent l'idée d'une carrière féminine. L'attitude des parents pèse lourdement sur celle des jeunes filles: conscientes des obstacles auxquels se heurtent la formation et la promotion professionnelle féminines, elles ont moins d'ambition que les garçons et sont prêtes plus facilement à accepter des emplois sans avenir.

    En fin de compte, seules des modifications d'horaires et quelques aménagements sociaux (création et amélioration des crèches, gardiennage de jour des enfants, indemnités de Sécurité sociale pour les mères d'enfants malades) sont susceptibles de modifier immédiatement la situation.

formation (f): training
budgétaire: financial

conscient: aware
promotion (f): advancement

aménagement (m): provision
crèche (f): day-nursery
indemnité (f): benefit
susceptible: likely

La sous-qualification

Alors que 16% des salariés hommes sont classés comme cadres, seules 3% des femmes ont une qualification comparable. Même remarque en ce qui concerne les ouvriers qualifiés: 13% des femmes ont une qualification professionnelle, contre 41% des hommes. Ainsi, il apparaît que la main-d'œuvre féminine est nettement sous-qualifiée.

alors que: whereas

nettement: clearly

Capacités et défauts de la main-d'œuvre féminine

Pour expliquer cette sous-qualification les employeurs mettent souvent en avant un certain nombre d'arguments. Les femmes, disent-ils, sont capables d'effectuer correctement un travail. On leur reconnaît des capacités particulières, telles que la dextérité manuelle, la précision, l'application, la possibilité d'effectuer des travaux monotones, le soin, la patience. C'est à elles que sont confiés les travaux

capacité (f): ability

application (f): diligence
soin (m): care

minutieux, ou demandant de la rapidité et du calme. D'autre part, certains caractères psychologiques tels que douceur, dévouement, compréhension humaine peuvent expliquer que les femmes soient particulièrement appréciées dans les métiers mettant en contact avec le public (vendeuses, hôtesses, serveuses, etc.). métiers utilisant ces qualités: soins aux malades, aux enfants, travail social, métiers mettant en contact avec le public (vendeuses, hôtesses, serveuses, etc.).

minutieux: finicky
douceur (f): gentleness
dévouement (m): dedication

Mais des défauts majeurs contre-balancent ces avantages. La main-d'œuvre féminine manquerait d'ambition, d'esprit d'initiative, elle porterait peu d'intérêt à son travail. Et, surtout, ce serait une main-d'œuvre instable dont le taux d'absentéisme est très élevé. Sur ces deux points — instabilité et absentéisme — les chiffres semblent donner raison aux employeurs.

taux (m): rate

L'instabilité d'abord: dans l'ensemble, il ne s'agit pas d'une propension plus grande à changer de situation. Par contre, il arrive fréquemment que la femme soit amenée à interrompre ou à cesser sa carrière après quelques années de travail: les femmes abandonnent souvent leur emploi après le mariage ou la naissance du premier enfant, quitte à le reprendre plus tard lorsque les enfants auront grandi. Leur durée de vie active est donc plus faible que celle des hommes (en moyenne 22 ans contre 47 ans).

propension (f): tendency
situation (f): job

faible: small, short

L'absentéisme est également plus développé parmi la main-d'œuvre féminine. Le nombre moyen d'absences durant une année s'élève à 2,31 pour les femmes et à 1,47 pour les hommes. Quel que soit son emploi, la salariée 'manque' plus souvent que l'homme occupant un emploi équivalent.

manquer: to be absent

Les principaux reproches (choisis sur une liste) qui sont faits aux femmes par les employeurs:

reproche (m): criticism

Reproches	Cité par
— sont trop souvent absentes	47,5%
— prennent la place des hommes	41,9
— ont un caractère inégal	35,8
— sont des causes de disputes	35,2
— n'ont pas le sens de la mécanique	16,9
— sont incapables de travailler en équipe	14,4

inégal: uneven, unstable

Les causes de l'absentéisme

Pourtant, l'examen des chiffres permet de donner des explications sur ce fait: le taux des absences est en rapport avec le nombre et l'âge des enfants. L'absentéisme est donc lié à des causes d'ordre familial. Aux maladies des enfants, aux démarches à effectuer s'ajoute le surmenage de la mère de famille. Ses travaux ménagers viennent considérablement gonfler la durée effective de la journée de travail. On peut considérer qu'une mère de deux ou trois enfants, employée à l'extérieur pendant 8 heures, effectue chaque jour plus de 15 heures de travail réel.

lier: to link
surmenage (m): overwork
travail ménager: housework
gonfler: to increase
effectif: actual

Répartition (en heures) des tâches journalières:

Nombre d'enfants	Femmes exerçant une profession				Femmes sans profession			
	0	1	2	3+	0	1	2	3+
Travaux de maison	3,9	4,5	5,2	5,5	7,8	7,6	8,0	7,8
Soins aux enfants	—	1,1	1,5	1,6	—	2,4	2,7	3,3
Sommeil	8,7	8,4	8,2	8,1	9,1	9,2	8,8	8,5
Temps qui reste	4,2	3,6	3,8	3,9	7,1	4,8	4,5	4,4
Travail professionnel et trajets	7,2	6,4	5,3	4,9	—	—	—	—

Parallèlement aux causes familiales de l'absentéisme, il existe aussi des raisons professionnelles. L'insatisfaction provoquée par une activité subalterne et monotone entraîne un absentéisme plus élevé. Une main-d'œuvre féminine plus qualifiée aura sans doute un absentéisme plus élevé que la main-d'œuvre masculine, mais cet absentéisme sera nettement plus faible que pour une main-d'œuvre non qualifiée.

Même en tenant compte des 'défauts' de la main-d'œuvre féminine, un développement de la formation serait rentable pour l'économie du pays en même temps qu'il permettrait une amélioration indiscutable de la condition de la femme.

insatisfaction (f):
dissatisfaction
subalterne: inferior
entraîner: to lead to

rentable: profitable
indiscutable: decisive

Lucien Rioux, *France Observateur*

Verb Constructions

peser sur qch.: to influence sth.
se heurter à qch.: to run up against, meet with, sth.
nuire à qn. (à qch.): to harm, be harmful to, s.o. (sth.)

confier qch. à qn.: to entrust s.o. with sth.
donner raison à qch. (à qn.): to back up, justify sth. (s.o.)
amener qn. à faire qch.: to lead, force s.o. to do sth.

Further Vocabulary

exercer une activité professionnelle:
to take a job, go out to work
la formation professionnelle: training for a job
envisager sans faveur: to view unfavourably
(le) gardiennage de jour des enfants:
looking after children during the daytime
elle porterait peu d'intérêt à...:
she is said to take little interest in . . .

leur durée de vie active: their working life
le nombre moyen d'absences s'élève à...:
the average number of absences is . . .
(les) démarches à effectuer: things to be done
parallèlement à...: alongside, together with
il existe des raisons professionnelles:
there are reasons to do with the job.

A Questions à préparer

(a) L'attitude des Français

1 Dans quelle mesure l'idéal de la femme française a-t-il évolué?
2 Pourquoi les femmes hésitaient-elles à exercer une activité professionnelle?
3 Quel est l'obstacle majeur auquel se heurtent la plupart des jeunes filles voulant suivre une carrière?
4 Comment réagissent-elles devant cette situation?
5 Quelles seraient les améliorations souhaitables?

(b) La sous-qualification

6 Quelles sont les capacités particulières que les employeurs reconnaissent aux femmes?
7 Dans quels métiers ces capacités peuvent-elles s'exercer?

8 Quel est le défaut majeur de la main-d'œuvre féminine aux yeux des employeurs?
9 Quelle est la principale raison de l'instabilité de la main-d'œuvre féminine?
10 Les reproches faits aux femmes par les employeurs vous semblent-ils justifiés?
11 Pourquoi la mère de famille est-elle absente plus souvent que l'homme?
12 D'après le tableau donnant la répartition des tâches journalières, comment s'organise une femme qui exerce une profession?
13 Pourquoi un développement de la formation professionnelle féminine serait-il rentable pour l'économie du pays?

B Sujets de discussion

1 Comment améliorer la situation de la femme qui travaille?
2 Comment les hommes verraient-ils une telle amélioration?

C Sujet de rédaction à discuter

(Pour les jeunes filles)

La carrière que je voudrais suivre.
Quelques questions à considérer:
(1) La carrière que vous avez choisie ou que vous choisirez probablement. Les raisons de votre choix; ce qui vous a influencée.
(2) Quand il s'agit de choisir une carrière, les critères sont-ils les mêmes pour les garçons et les filles?
(3) Dites comment vous envisagez cette carrière: un moyen de gagner le plus d'argent possible? une activité pour occuper les années entre les études et le mariage? une profession ou un métier que vous avez l'intention d'exercer toute votre vie, ou que vous pourrez facilement reprendre après avoir élevé une famille?

D Sujet de rédaction

Vivre ma vie.
Imaginez un dialogue entre une jeune fille qui (appuyée par son frère?) veut poursuivre ses études jusqu'à l'université et exercer ensuite une activité professionnelle, et ses parents qui ont du mal à comprendre et à approuver les projets de leur fille.

❥ E Sujet de rédaction

Le devoir de la société est d'aider la femme à vivre au niveau de ses capacités.
Justifiez ce point de vue, et examinez la manière dont la société pourrait améliorer la situation actuelle. Quelques questions à considérer:
(1) Les capacités intellectuelles d'une femme sont-elles différentes de celles d'un homme?
(2) Dans quels domaines ces capacités sont-elles sousestimées ou sous-employées?
(3) Pourquoi en est-il ainsi? Les hommes craignent-ils la concurrence des femmes?
(4) Qu'est-ce qu'il faudra changer pour améliorer la situation (organisation et contenu de l'enseignement, attitude des parents et des employeurs, etc.)? Comment faire accepter des réformes?
(5) Résumez votre point de vue; comment envisagez-vous l'avenir?

Grammar

1 The Subjunctive

(a) After **impersonal** verbs
— il arrive fréquemment que la femme soit amenée à...: it can frequently happen that . . .
The **subjunctive** is required after numerous impersonal verbs expressing:
(i) **possibility**: il arrive que..., il est possible que..., il se peut que...
(ii) **doubt, uncertainty** or **denial**: il semble que..., il n'est pas certain que..., il est peu probable que..., il est douteux que..., il est impossible que...
(iii) **obligation**: il est nécessaire que..., il faut que...
(iv) **emotion**: il est urgent que..., il est important que...: il est étrange que...
(v) **desirability**: il vaut mieux que..., il est préférable que..., il est souhaitable que...
The **indicative** is used after impersonal verbs expressing **probability** or **certainty**: il est probable que..., il apparaît que..., il paraît que..., il est évident que..., il est vrai que..., il est certain que...
But in the negative or interrogative form, verbs in this last group are followed by the subjunctive:
— **Il apparaît que** la main d'œuvre féminine **est** nettement sous-qualifiée.

Est-il certain que la main d'œuvre féminine **soit** sous-qualifiée?
Il n'est pas vrai que la main d'œuvre féminine **soit** sous-qualifiée.
Finally, il semble que used with an indirect object is followed by the **indicative**:
Il me semble que les jeunes filles ont moins d'ambition que les garçons.
— Il semblait à Brûlain qu'ils marchaient depuis des heures. (retranslation 11)
(b) After verbs expressing **understanding** of a fact:
— certains caractères peuvent expliquer que les femmes soient appréciées:...
. . . can explain why women should be (are) appreciated.
Je comprends facilement (Je conçois) qu'elles aient moins d'ambition:
I can well understand why they are less ambitious. (see 7.1d)
(c) **'whatever'** (see 9.1a)
— quel que soit son emploi:
whatever her job (may be)
quelle que soit son attitude:
whatever her attitude (may be)
quels que soient les chiffres:
whatever the figures (may be)

2 Tenses

Conditional

— *La main-d'œuvre féminine manquerait d'ambition:*
  ... is said to lack ambition.
— *elle porterait peu d'intérêt à son travail:*
  ... is thought to show ...

— *ce serait une main-d'œuvre instable:*
  ... is said to be ...
The conditional is used when referring to a reported or unconfirmed fact (see 7.2).

3 Adjective *quitte à*

— *quitte à le reprendre plus tard:*
  with the possibility of taking it up again later.
Quitte à can also be used of an unwelcome possibility: 'at the risk of' or 'even if':

Les femmes veulent à tout prix exercer une activité professionnelle, quitte à accepter des emplois sans avenir:
... even if they have to accept ...
Note that *quitte* is invariable in this construction.

4 Personal Pronouns

(a) **Indirect object pronoun (idiomatic use)**

— *On leur reconnaît des capacités particulières:*
  It is admitted that they have special abilities.
The indirect object pronoun (*lui, leur*) is frequently used in this way with verbs of **thinking** and **knowing**:
  On´ lui suppose des défauts majeurs:
  She is thought to have major faults (it is thought she has ...).
  On leur trouve...:
  They are thought to have (they are found to have)
  On lui sait...:
  He is known to have (people know that he has)

— *je ne lui reconnais aucune autorité...:*
  I don't accept that he has any authority ... (passage 7)

(b) *y* **as verb complement**

— *elle ne travaillait que lorsqu'elle y était obligée:*
  ... when she was forced to.
  Tu es arrivé plus tôt que je ne m'y attendais:
  ... sooner than I expected.
Y stands for a noun, phrase or clause governed by *à*, and in sentences such as the above, it must not be omitted. Compare the use of *le* (10.4) and *en* (27.2)

5 Indefinite Adjective *tel que*

— *des capacités particulières, telles que la dextérité manuelle, la précision...:*
  special abilities, such as ...

— *certains caractères psychologiques tels que douceur, dévouement...:*
  certain psychological characteristics such as ...
Tel que agrees with the preceding noun. (For other examples of *tel* see 9.3*d*.)

6 Prepositions

à — *(les) soins aux malades:* care for the sick
    — *une propension à changer:*
      a tendency to change
d'entre can be used instead of *de* with personal pronouns:
    — *Un tiers d'entre eux seulement accepte l'idée.*
    — *La moitié d'entre elles sont mariées* (passage 30)
    'One of them' may be translated either as *l'un d'eux* (*elles*) or *l'un d'entre eux* (*elles*).

en — *en fin de compte:*
      all things considered, taking everything into account
    — *en même temps que...:*
      at the same time as ...
contre — *contre 41% des hommes:*
      compared with 41% of the men
par — *par contre:* on the other hand

🔊 Drills

(1) The Subjunctive After Impersonal Verbs expressing doubt:

Votre mari est en train de lire, avec intérêt, l'article sur le travail des femmes. Mais vous ne vous laissez pas convaincre.

Exemple: Les femmes n'ont pas d'ambition, paraît-il!

Réponse: Mais te semble-t-il vraiment qu'elles n'en aient pas?

1 Les chiffres sont significatifs, paraît-il!
2 L'industrie tient à améliorer la situation, paraît-il!
3 On voudrait modifier les horaires, paraît-il!
4 Le gouvernement reconnaît la gravité du problème, paraît-il!
5 Les mesures proposées pourront réduire le taux d'absentéisme, paraît-il!

(2) The Subjunctive After Impersonal Verbs

Nouveau dialogue sur le travail des femmes.

Exemple: Il paraît que les femmes n'ont pas d'ambition. Est-ce vrai?

Réponse: Non, il n'est pas vrai qu'elles n'en aient pas.

1 Mais elles sont exploitées, alors? C'est possible, n'est-ce pas?
2 Elles font les travaux monotones. Est-ce étonnant?
3 Alors la société ne reconnaît pas leurs capacités. C'est curieux, n'est-ce pas?
4 On pourrait surmonter toutes les difficultés? Est-ce certain?
5 Mais on modifiera la situation. C'est nécessaire, n'est-ce pas?

Exercises

(3) The Subjunctive Translate:

1 It isn't right for you to do such work. 2 It seems to me that you are right. 3 Does it seem to you that we can do anything? 4 It would be better for society to recognise this fact. 5 I can well understand why women aren't satisfied with their working conditions. 6 Is it true that women are usually given the finicky jobs? 7 It is doubtful whether parents are aware of the possibilities open to their daughters. 8 Whatever the explanations may be, it is clear that women can do certain jobs faster than men. 9 Whatever they do, women usually show particular qualities such as gentleness, care and patience. 10 However dedicated they are, women are usually less qualified than men.

(4) Adjective *quitte à*

Translate the following sentences using *quitte à*.

1 She will marry later even though she may lose her job. 2 She has decided to take a job now, with the possibility of having children later on. 3 She will continue working, although she may well harm her family life. 4 She works hard now, hoping to be able to rest later on. 5 They will continue to do it that way at the risk of being criticised.

(5) Personal Pronouns

Rephrase these sentences so as to use the indirect pronoun idiomatically:

1 On suppose qu'ils ont beaucoup d'intelligence. 2 On croit qu'elle a du talent. 3 On reconnaît que vous possédez des capacités extraordinaires. 4 Je ne savais pas qu'il eût tant de courage. 5 Je ne trouve pas qu'ils aient les qualités nécessaires pour réussir. 6 Ils supposaient que j'avais une grosse fortune.

(6) Personal Pronouns Translate:

1 Educated women are said to earn more than those who are not. 2 A great many girls would follow a career if their parents allowed them to. 3 Society is not as favourable as some people say to the idea of women working. 4 The survey was more interesting than I had expected. 5 According to the survey women work only when they have to.

(7) Translate:

1 According to employers, women lack ambition. 2 They are believed to have important faults. 3 According to some people, going out to work is harmful to a woman's health. 4 Half of them, on average, will have left within six months. 5 One must take into account the facilities that will be needed, such as day-nurseries.

La condition féminine

La sociologue Evelyne Sullerot, spécialisée dans les questions féminines, analyse, dans un entretien avec Tanneguy de Quénétain, les bouleversements sociaux qui vont transformer l'état de femme dans notre société.

bouleversement (m): upheaval

La femme au travail

— Pour vous une femme adaptée à son époque est une femme qui travaille. Pourquoi cette exaltation du travail?

exaltation (f): glorification

Je n'exalte pas le travail pour le travail mais parce qu'il représente, de nos jours, l'accession à la vie culturelle. Accéder véritablement à la culture ce n'est pas seulement la consommer, c'est participer à son élaboration. Et pour cela il faut travailler. Il ne s'agit pas, certes, de n'importe quel travail. Le travail des paysannes ou des ouvrières textiles n'apporte aucun enrichissement culturel. A ce niveau le nombre des femmes au travail ne cesse de décroître depuis 1920.

décroître: to diminish

En revanche, plus une femme est instruite, plus elle travaille hors de son foyer. En 1962, parmi les femmes de 25 à 30 ans (âge où la majorité des femmes ont un ou deux enfants en bas âge), les Françaises qui avaient fait des études supérieures travaillaient dans la proportion de 80%. Parmi celles qui avaient le baccalauréat, la proportion était de 75%. Et parmi celles sans diplôme, 37% seulement travaillaient.

diplôme (m): qualification

Cette évolution doit s'accélérer. Il me paraît absurde qu'une licenciée doive se consacrer uniquement aux soins du ménage. J'y vois une perte sèche pour la société et pour la femme elle-même dans la mesure où elle ne vit pas au niveau de ses capacités. Évidemment cette accession de la femme à un travail intéressant et rémunérateur implique la prise en charge par la société de certaines fonctions traditionnellement réservées à la mère. Je ne conçois pas par exemple que l'on ose construire des ensembles résidentiels sans prévoir une garderie d'enfants. Les femmes d'aujourd'hui sont beaucoup plus disposées que ne veulent le croire les hommes à ce que la société les décharge d'une partie de leurs servitudes domestiques. Beaucoup de bourgeoises envoient leurs enfants à l'école maternelle, ce qui eût été inconcevable il y a cinquante ans.

licencié: graduate
perte (f) *sèche:* net loss

rémunérateur: well-paid

prévoir: to plan

décharger: to relieve
servitudes (f.pl): chores, duties
bourgeois: middle-class
inconcevable: unthinkable

— N'est-il pas paradoxal que les femmes se précipitent ainsi vers le travail au moment où nous allons vers une société des loisirs? N'est-ce pas un mouvement qui va en sens inverse de l'évolution réelle de la société?

Non, car l'accession à la société des loisirs présente des dangers qu'il faut précisément éviter. On estime qu'en 1985 la population active, en France, ne représentera que 38% de la population contre 62% d'inactifs. Alors surgit une première possibilité. Parmi ces 38% d'actifs une division s'établira, de plus en plus nette, entre les responsables qui travailleront de plus en plus et les exécutants qui auront davantage de loisirs. Ces responsables ne seront qu'une minorité et on peut craindre alors que les femmes ne soient écartées des postes intéressants. La promotion des femmes serait stoppée. Nous en arriverions alors à une exagération des vices de la société bourgeoise, où l'homme produit des biens et gagne de l'argent, la femme achète et dépense: d'un côté le producteur, et de l'autre la consommatrice.

éviter: to avoid

établir: to set up
net: sharp
responsable (m or f): leader, manager
exécutant (m): employee
écarter: to keep out
stopper: to halt

L'autre possibilité — la bonne, à mon avis — c'est que l'homme et la femme travaillent mais que la journée de travail soit réduite pour tous deux. Ainsi la femme connaîtrait une vie professionnelle et l'homme connaîtrait ses enfants. Ceux-ci seraient éduqués autant par le père que par la mère.

éduquer: to bring up

La femme dans la société

— Quand vous parlez du père et de la mère vous les mettez sur le même pied. Mais cela n'est-il pas contraire aux lois de l'espèce? Il y a des différences évidentes entre l'homme et la femme sur le plan physique. N'ont-elles pas leur équivalent sur le plan psychologique?

espèce (f): species

Non, il n'y a pas d'une part des valeurs viriles et de l'autre des valeurs féminines inhérentes à l'espèce humaine. Il n'y a que deux types d'activité qui, dans la grande majorité des sociétés, aient été toujours réservés aux hommes: les tâches qui exigent une grande force musculaire, et la guerre. Mais de nos jours la machine supplante le muscle et la guerre atomique fait courir le même péril aux femmes et aux hommes. La guerre perd donc de son prestige et dans ce sens on peut parler d'une crise des valeurs traditionnellement considérées comme viriles. Celles-ci n'ont plus qu'un exutoire: le sport... qui n'est pas réservé aux hommes exclusivement.

exutoire (m): outlet

— A la limite, pourra-t-on encore distinguer les sexes? N'allons-nous pas vers un monde psychologiquement asexué?

asexué: sexless

C'est une question que je me pose moi-même et qui me tourmente parfois. Quand je croise dans la rue des filles en blue-jeans qui tiennent par le petit doigt des garçons aux cheveux longs, je suis tout de même un peu inquiète. Ce qui est certain, en tout cas, c'est que nous allons vers une désexualisation croissante de la vie sociale. Au XIXᵉ siècle, on était horrifié à l'idée qu'une femme puisse faire le métier de secrétaire. On craignait que le travail ne soit perturbé par des scènes de séduction. Il ne s'est rien passé de ce genre. Puis on s'est inquiété de voir des femmes à la Chambre des députés. On annonçait des ravages quand viendrait le printemps. Il n'y a pas eu de ravages.

croiser: to pass

perturber: to disturb
genre (m): kind
ravages (m.pl): havoc
placard (m): advertisement
  (poster or newspaper)
déchaîné: unbridled

— Et pourtant les affiches de cinéma, les cover-girls des placards publicitaires semblent témoigner d'une sexualité déchaînée. Comment expliquez-vous cela?

Ce sont des phénomènes de compensation. En outre il est certain que la culture de masse est en retard sur l'évolution réelle de la société. La femme-objet règne encore sur la société industrielle et elle est nécessaire à la vente des produits commerciaux. Mais c'est une image de plus en plus irréelle et rétrograde qui ne correspond pas à la vocation de la femme d'aujourd'hui.

vocation (f): role

Réalités

Verb Constructions

accéder à qch.: to gain access to, attain sth.

se consacrer à qch.: to devote oneself to sth.
témoigner de qch.: to be evidence of, show sth.

Further Vocabulary

le travail pour le travail: work for work's sake
l'accession à la vie culturelle:
a chance to play one's part in society
cette accession de la femme à un travail intéressant:
this opening-up of interesting jobs to women
l'accession à la société des loisirs:
moving into the age of leisure
participer à son élaboration:
to have a share in its creation
qui avaient fait des études supérieures:
university-educated

(elle) implique la prise en charge par la société...:
it implies that society should take over . . .
qui va en sens inverse de l'évolution:
which runs counter to the development
alors surgit une première possibilité:
in that case there arises one possibility
à la limite: ultimately
il ne s'est rien passé de ce genre:
nothing of the kind happened
(elle) est en retard sur l'évolution réelle:
it is lagging behind the real development.

A Questions à préparer

1 Pour Mme Sullerot, quel est le sens véritable du travail?

2 Pourquoi certains travaux sont-ils exclus de ce critère?

3 Dans quelles catégories trouve-t-on le plus de femmes qui travaillent?

4 Pour quelles raisons Mme Sullerot souhaite-t-elle que cette évolution s'accélère?

5 Quelles conséquences sociales et familiales cette évolution comporte-t-elle?

6 Quelle division risque de s'établir à l'avenir parmi les travailleurs?

7 Une telle évolution pourrait-elle nuire aux intérêts de la femme?

8 Quels risqueraient d'être les rôles respectifs de l'homme et de la femme dans une telle société?

9 Par contre, ne suggère-t-elle pas une solution acceptable à l'homme et à la femme?

10 Pourquoi Mme Sullerot ne trouve-t-elle pas l'égalité entre les sexes contraire aux lois de l'espèce?

11 Quels changements dans l'industrie et la science ont abouti à une crise des valeurs qui étaient traditionnellement considérées comme viriles?

12 Que veut démontrer Mme Sullerot en citant les cas de femmes-secrétaires et de femmes-députés?

13 Comment expliquer la 'sexualité déchaînée' des placards publicitaires?

Evelyne Sullerot.
'Je n'exalte pas le travail pour le travail, mais parce qu'il représente l'accession à la vie culturelle.

B Sujets de discussion

(1) Quelles raisons historiques pouvez-vous avancer pour expliquer pourquoi notre société a exclu les femmes des principaux postes commerciaux et industriels, leur réservant toujours les moins importants — 'exécutantes' plutôt que 'responsables'?

(2) Quelle image est-ce que la publicité actuelle donne de la femme? Pourquoi la publicité se sert-elle de cette image 'irréelle'? Montrez comment cette image est 'irréelle et rétrograde' et 'ne correspond pas à la vocation de la femme d'aujourd'hui'. Servez-vous d'exemples de cette publicité (affiches de cinéma, placards et films publicitaires, réclames dans les journaux et magazines, etc.) pour montrer la différence entre la 'fausse' et la 'vraie' condition féminine.

❖ C Sujet de rédaction à discuter

Les mères de famille devraient-elles travailler?

(1) Avantages pour la femme d'exercer une activité professionnelle; y a-t-il aussi des inconvénients? Quelles sont les conséquences pour ses enfants?

(2) Avantages pour la société d'une participation accrue des femmes dans l'industrie, l'administration et d'autres secteurs d'activité; les problèmes que cela poserait.

D Sujet de rédaction à discuter

L'égalité entre les sexes est contraire aux lois de l'espèce.

(1) Le rôle des femmes à travers l'histoire.

(2) Les doctrines des diverses religions vis-à-vis de la femme.

(3) Égalité veut-elle dire identité?

(4) L'utilité d'une division du travail entre les sexes.

(5) Quelles sont les 'lois de l'espèce' que vous reconnaissez dans ce domaine?

Grammar

1 The Subjunctive

(a) After superlatives

(i) The subjunctive is used in **relative clauses** when the antecedent is a **superlative** (or an adjective or construction having the force of a superlative, such as *seul, ne... que, unique, premier, dernier*), and the stress is on the **attitude** of the speaker:

— *Il n'y a que deux types d'activité qui aient été toujours réservés aux hommes:*
There are only two sorts of activity which have always been reserved for men.
Ces tâches sont les dernières (seules, premières) qui aient été réservées aux hommes.
Ces progrès sont les meilleurs qu'on ait pu réaliser jusqu'ici.
La sociologue nous a proposé la solution la plus intéressante que je connaisse.

(ii) But the **indicative** is usually found if the tense in the relative clause is past historic, future or future perfect, and if the speaker is making a **simple statement of fact**:

Parmi tous ces faits, c'est le dernier qu'elle souligna.
C'est le premier problème qui se posera alors aux femmes.

(b) After expressions of emotion, attitudes of mind (see 6.1a and 7.1d)

— *Il me paraît absurde qu'une licenciée doive se consacrer...*
— *Je ne conçois pas que l'on ose construire....*
I cannot understand how (I find it inconceivable that) they dare build . . .
— *Les femmes d'aujourd'hui sont beaucoup plus disposées... à ce que la société les décharge...*
(i.e. they would like society to relieve them)
— *N'est-il pas paradoxal que les femmes se précipitent ainsi...?:*
Isn't it paradoxical (Doesn't it surprise you) that . . .?
— *on peut craindre que les femmes ne soient écartées des postes...*
— *on était horrifié à l'idée qu'une femme puisse faire le métier de secrétaire*

(c) After expressions of possibility

— *L'autre possibilité c'est que l'homme et la femme travaillent mais que la journée de travail soit réduite pour tous deux.*

(d) Instead of the conditional perfect

— *ce qui eût été inconcevable il y a cinquante ans.*
The pluperfect subjunctive often replaces the conditional perfect; this usage is generally found in literary style and particularly in sentences with *si*:
Si elle fût arrivée à l'usine plus tôt, elle eût pu parler au directeur.

2 Comparison

(a) — *plus une femme est instruite, plus elle travaille.....*
the more educated a woman is, **the more** she works
plus une femme a d'enfants, (et) moins elle a de temps libre:
the more children a woman has, the less free time she has. (see 28.3)

(b) — *Les femmes sont beaucoup plus disposées que ne veulent le croire les hommes à ce que....*
Women are much more prepared than men will admit to . . .

Ne is required before the verb in the second part of the comparison. The verb complement (*le*) is optional (see 11.3a).

(c) Note the use of *davantage* as a synonym of *plus*:
— *davantage de loisirs:* more free time

(d) — *Ceux-ci seraient éduqués autant par le père que par la mère:*
. . . by both the father and the mother (as much by the father as by the mother).

3 Prepositions

a is used (generally with the definite article) to form adjective phrases describing parts or attributes of the body.
— *des garçons aux cheveux longs:*
boys with long hair (long-haired boys)
une femme aux opinions avancées:
a woman with advanced ideas

à — *au XIXᵉ siècle:* in the nineteenth century
— *nécessaire à la vente des produits:*
necessary for the sale of products

de — *les femmes de 25 à 30 ans:*
women between the ages of 25 and 30
— *d'un côté... (et) de l'autre:*
on the one hand . . . (and) on the other

— *d'une part... (et) de l'autre:*
on one side . . . (and) on the other
— *elles travaillaient dans la proportion de 80%:*
80% of them worked (see 19.5 and 28.1b)
— *la proportion était de 75%:*
the figure was 75% (see 19.5 and 28.1b)

en — *des filles en blue-jeans:*
girls in jeans (wearing jeans)
— *enfants en bas âge:* young children
— *en revanche:* on the other hand (see 4.4)

dans — *dans la mesure où...:*
to the extent that . . .

UNIT 32

⊙ Drills

(1) The Subjunctive   After Superlatives

Dans une discussion sur les idées de Mme Sullerot, vous essayez de transmettre votre enthousiasme à une interlocutrice plutôt sceptique.

Exemple: Alors maintenant tu connais ses idées! Elles ne sont pas tellement originales après tout.

Réponse: Oh mais si! Ce sont les plus originales que je connaisse!

1 Tu les trouves vraiment originales?
2 Mais la société peut-elle faire de tels sacrifices? Après tout, ils ne sont pas si nécessaires que cela.
3 Tu les trouves vraiment nécessaires?
4 Mais la deuxième solution qu'elle a proposée n'est pas très bonne, à mon avis.
5 Tu la trouves vraiment bonne?

(2) The Subjunctive   After Verbs expressing a wish

Une commune a décidé de prendre des mesures pour aider les femmes qui voudraient travailler. Une journaliste se renseigne auprès du maire.

Exemple: Alors on construira des crèches. C'est vous, Monsieur le Maire, qui avez proposé cela?

Réponse: Oui. J'ai proposé qu'on en construise.

1 Et la commune prendra en charge les jeunes enfants? C'est vous qui avez voulu cela?
2 Les usines réduiront les heures de travail pour les femmes? Ce sont les patrons qui ont proposé cela?
3 Et la promotion féminine sera encouragée? Les patrons ont-ils voulu cela aussi?
4 Toutes les femmes pourront bientôt choisir leur profession. C'est vous qui voudriez cela?
5 Espérons donc que la condition féminine sera transformée; car tout le monde souhaite cela, n'est-ce pas?

Exercise

(3) Comparison   Translate:

1 The more educated women are, the harder it is for them to get a job; which is absurd.   2 Domestic tasks should be as much the responsibility of the husband as of the wife.   3 There are now more outlets for women's abilities than a hundred years ago.   4 Advertising lags further behind the changes in society than one thinks.   5 The figures show that the work is less well paid than one would have thought.

On ne voit pas le temps passer

On se marie tôt à vingt ans
Et l'on n'attend pas des années
Pour faire trois ou quatre enfants
Qui vous occupent vos journées
Entre les courses et la vaisselle
Entre ménage et déjeuner
Le monde peut battre de l'aile
On n'a pas le temps d'y penser

Faut-il pleurer faut-il en rire
Fait-elle envie ou bien pitié?
Je n'ai pas le cœur à le dire
On ne voit pas le temps passer.

Une odeur de café qui fume
Et voilà tout son univers
Les enfants jouent le mari fume
Les jours s'écoulent à l'envers
A peine voit-on ses enfants naître
Qu'il faut déjà les embrasser
Et l'on n'étend plus aux fenêtres
Qu'une jeunesse à repasser

Faut-il pleurer etc.

Elle n'a vu dans les dimanches
Qu'un costume frais repassé
Quelques fleurs ou bien quelques branches
Décorant la salle à manger
Quand toute une vie se résume
En millions de pas dérisoires
Prise comme marteau et enclume
Entre une table et une armoire

Faut-il pleurer etc.   *Jean Ferrat*

courses (f.pl): shopping
battre de l'aile: to be in a mess
faire envie: to be envied
s'écouler: to pass, slip by
à l'envers: in a whirl
à peine: scarcely
repasser: (1) to iron; (2) to go over in one's mind
enclume (f): anvil

La femme-député

⚫ Au terme de longues années de lutte, les femmes ont obtenu enfin les mêmes droits civiques que les hommes. L'octroi, tant réclamé, du droit de vote, répondait à une élémentaire justice. Pourtant, il ne semble pas avoir entraîné une prise de conscience suffisante de leurs responsabilités civiques.

Certes, les femmes votent avec autant d'empressement que les hommes. Mais très peu d'entre elles acceptent encore de siéger dans les assemblées où se décide notre commun destin. Elles sont 30 sur 30 000 conseillers généraux, 11 000 sur 470 000 conseillers municipaux. Au Parlement, leur participation tend même à se réduire. Alors que l'Assemblée nationale comptait 39 élues en 1946, elle n'en est plus qu'à 11 aujourd'hui.

Ces femmes-députés, qui sont-elles? Comment conçoivent-elles leur rôle? Trois d'entre elles, qui représentent toutes les nuances de l'éventail politique, répondent ici à nos questions.

Rôle des femmes dans la vie politique

Madame Marie-Claude Vaillant-Couturier, député du Val-de-Marne (Parti communiste).

— Vous avez, Madame, siégé au Parlement presque sans interruption depuis 1944, c'est-à-dire depuis que les femmes sont éligibles en France.

— A la Libération, tous les partis avaient présenté des femmes, reconnaissant le rôle qu'elles avaient joué pendant l'occupation. En l'absence de millions d'hommes, prisonniers de guerre, travailleurs envoyés en Allemagne, déportés etc., elles avaient pris l'habitude d'assumer leurs responsabilités dans tous les domaines, y compris dans la Résistance. Depuis, le nombre des élues n'a cessé de diminuer.

— Quelles en sont, à votre avis, les raisons?

— Il y a d'une part des raisons politiques. Le scrutin de listes à la proportionnelle leur était plus favorable que le système uninominal actuel. Mais il y a aussi des raisons objectives, qui sont les problèmes de la femme qui travaille d'une façon générale. Quel que soit le métier qu'elle exerce, avec la charge d'un foyer, elle a beaucoup plus à faire qu'un homme. Pourtant il est infiniment souhaitable que les femmes aient la possibilité d'assumer un rôle public et d'avoir une vie d'épouse et de mère.

— Est-ce que cela vous a, personnellement, posé des problèmes?

— Quand j'ai été élue pour la première fois, mon fils n'avait que huit ans. Ce n'était évidemment pas toujours facile. Mais encore une fois, c'est le cas de toutes les femmes qui travaillent. Une dactylo, une ouvrière part aussi de chez elle avant l'ouverture de l'école et ne rentre que bien après la sortie, surtout si elle travaille loin de son domicile. Il lui faut organiser sa vie en conséquence, ce qui n'est pas aisé. C'est bien pire dans le cas d'une infirmière, dont ni les horaires, ni les vacances ne coïncident avec ceux de son mari et de ses enfants. Pour qu'une femme puisse remplir pleinement son rôle dans la société, il serait nécessaire à la fois de diminuer les heures de travail et d'augmenter le nombre des institutions sociales: crèches, garderies, colonies de vacances et maisons familiales. Et aussi d'adapter les horaires.

— Le rôle des femmes dans la vie publique vous paraît lié à leur place générale dans la société?

terme (m): end
octroi (m): granting
réclamer: to demand, call for
empressement (m): readiness
siéger: to sit

élire: to elect

éligible: entitled to stand for election
présenter: to put forward

assumer: to take on

charge (f): responsibility
souhaitable: desirable

épouse (f): wife

dactylo (f): typist

—Absolument. Je pense qu'une participation nombreuse des femmes dans la vie politique est un élément essentiel de la démocratie. Tout simplement parce qu'elles font partie de la nation au même titre que les hommes. Elles représentent la moitié du pays et je pense que, lorsqu'elles comprennent que tout ce qui concerne leur vie dépend de la politique: les logements, l'école, les conditions de travail, la santé, sans oublier la paix, elles sont un élément dynamique, aussi bien comme électrices que comme élues.

Françoise Giroud, Secrétaire d'Etat chargée de la condition féminine (1974–76).
Une participation nombreuse de femmes dans la vie politique est un élément essentiel de la démocratie.

La non-participation des femmes

Madame Suzanne Ploux, député du Finistère (gaulliste).

—Comment êtes-vous venue à la politique?

—Par la Résistance. Rien ne m'y prédisposait puisque j'appartenais à une famille de militaires où personne n'avait jamais voté. Dès juin 1940, mon mari est entré dans un réseau de la France combattante. A la Libération, en 1945, nous avons fait une liste 'Front national', et elle a été élue en entier. Le lendemain j'étais maire.

réseau (m): network

—Vous n'avez pas hésité à accepter?

—Non, je pensais que c'était un devoir. Mais il m'a fallu tout apprendre, car je ne savais rien des questions administratives. On s'y met très vite, vous savez, et n'importe quelle femme peut le faire si elle s'en donne la peine. J'avais pourtant déjà trois enfants, avec seulement une femme de ménage pour m'aider. Je passais mes matinées à la mairie et le reste du temps chez moi. Je n'ai pas l'impression d'avoir été débordée.

devoir (m): duty

mairie (f): town hall
déborder: to overwhelm

174

— Comment expliquer alors que si peu de femmes siègent dans les diverses assemblées?

— C'est un problème auquel j'ai beaucoup réfléchi. Je ne vois qu'une explication: la peur d'être critiquées, de se singulariser. Ce n'est pas encore très 'bien vu' dans certaines familles. Mais celles qui ont commencé sont vite passionnées par leurs responsabilités, et elles continuent.

se singulariser: to attract attention

— Certaines même jusqu'au Parlement. Est-ce que le fait d'être une femme a joué dans votre élection?

— Je ne crois pas. Mais cela a certainement facilité mes campagnes électorales; on est plus courtois avec une femme. Quant aux contacts avec les administrés, je crois qu'ils sont plus aisés. Les gens se confient à vous pleinement; ils vous considèrent un peu comme une assistante sociale.

courtois: courteous, polite
administrés (m.pl): citizens, the public
assistante sociale (f): health visitor

Intérêt de la vie politique

Madame Jacqueline Thome-Patenôtre, député-maire de Rambouillet (Parti radical).

— Est-ce que, en tant que femme, vous vous trouvez vouée à certaines questions, éducatives ou sociales?

— Il existe une certaine tendance à nous confiner dans les problèmes qui concernent les femmes et les enfants. Mais j'estime qu'une femme-député doit également jouer son rôle dans la politique nationale et internationale, être un député à part entière. Ce qui ne veut pas dire que nous n'intervenions pas énergiquement quand nous sommes directement concernées. Je crois qu'un parlementaire, pour être écouté, donc utile, doit se spécialiser. Pour ma part je me suis intéressée d'abord aux problèmes de la construction et des rapports France-Amérique. Aujourd'hui je me passionne pour un dossier douloureux: celui des enfants martyrs.

tendance (f): tendency

intervenir: to intervene

dossier (m): (file on a) matter
douloureux: distressing

Au Conseil municipal.
N'importe quelle femme peut faire ce travail si elle s'en donne la peine.

—Ne vous arrive-t-il pas de trouver monotone la routine parlementaire?

—Franchement, si. Parce que finalement, on ne joue pas un rôle très important dans la masse des députés. On ne voit jamais tout à fait le résultat de son travail. Ce qui est passionnant, c'est la mairie. Dans sa commune on est bâtisseur, créateur, on fait une politique des choix. Tenez, par exemple, nous venons d'édifier une piscine couverte; mais nous savons qu'à cause de cette dépense-là nos trottoirs resteront plus longtemps en mauvais état. On est au cœur des vrais problèmes...

—... et très près des gens, n'est-ce pas?

—Oui. Quand on a tenu permanence depuis tant d'années, on se sent solidaire de tout le monde. Seul à seul avec de pauvres gens, victimes de leur ignorance, on prend leur défense avec cœur, je vous assure. Voyez-vous, j'ai connu un temps et un milieu social où les gens qui vivaient de leurs rentes refusaient aux ouvriers le droit d'avoir des vacances. Ce n'est pas si ancien que cela. Je crois que cela m'a révoltée pour la vie. C'est peut-être pour aider à changer cela que je me suis mise à la politique. ✿

finalement: when all's said and done

édifier: to build

Maurice Colinon, Femmes d'aujourd'hui

Notes

conseillers généraux: Elus au Conseil général de chacun des 95 départements.
conseillers municipaux: Elus au Conseil municipal de chacun des 38 000 communes.
scrutin de liste à la proportionnelle: On vote pour une liste de candidats choisie parmi plusieurs listes. Le nombre de candidats élus est plus ou moins proportionnel à celui des voix réunies par chaque liste.
système uninominal à deux tours: L'électeur vote, non pour une liste, mais pour un candidat. Si l'un des candidats réunit plus de la moitié des suffrages au premier tour (majorité absolue), il est élu; sinon, on procède à un second tour où il suffit pour être élu de réunir le plus de suffrages (majorité relative).

Verb Constructions

se confier à qn.: to confide in, put one's trust in, s.o.
réfléchir à qch.: to reflect on sth.
refuser qch. à qn.: to refuse s.o. sth.

confiner qn. dans qch.: to limit s.o. to sth.
se passionner pour qch.: to be deeply interested in sth.
hésiter à faire qch.: to hesitate to do sth.

Further Vocabulary

elles sont 30 sur 30 000:
there are 30 of them out of 30 000
toutes les nuances de l'éventail politique:
all shades of the political spectrum
remplir pleinement son rôle: to play her full part
au même titre que...:
by the same right (on the same footing) as ...
vouée à certaines questions:
(exclusively) involved in certain questions

il existe une certaine tendance:
there is a certain tendency
les enfants martyrs: ill-treated children
ne vous arrive-t-il pas de trouver...?:
don't you ever find ...?
quand on a tenu permanence:
when one has run a 'surgery' for constituents
on se sent solidaire de tout le monde:
one has a sense of solidarity with everybody.
qui vivaient de leurs rentes: who had a private income
je me suis mise à la politique: I went into politics.

A Questions à préparer

1 En quoi consiste, pour la plupart des femmes, l'exercice de leurs responsabilités civiques?
   (*a*) *Mme Vaillant-Couturier*

2 Pourquoi y avait-il une assez forte proportion de femmes, candidates ou élues, au Parlement dans les années 1944–46?

3 Comment explique-t-elle la diminution du nombre des femmes-députés depuis cette époque?

4 Pourquoi, en parlant de la vie d'une femme-député, cite-t-elle les cas d'une dactylo et d'une ouvrière?

5 Comment propose-t-elle d'améliorer la situation des femmes qui travaillent?

6 Pourquoi la participation des femmes dans la vie politique est-elle indispensable?
   (*b*) *Mme Ploux*

7 Comment est-elle venue à la politique?

8 Comment a-t-elle résolu les problèmes posés par sa double fonction?

9 Comment explique-t-elle le peu de participation des femmes à la vie politique? Comparez son point de vue à celui de Mme Vaillant-Couturier.

10 Comment une femme peut-elle réussir davantage dans certains domaines?
   (*c*) *Mme Thome-Patenôtre*

11 Dans quelle mesure une femme-député doit-elle se spécialiser dans certains problèmes?

12 Pourquoi trouve-t-elle plus passionnant d'être maire que d'être député?

13 Dans quelles situations se sent-elle le plus engagée?

B Sujet de rédaction à discuter

La participation des femmes à la vie politique

(1) Comment les trois femmes-députés citées dans l'article ont-elles contribué à la vie politique?

(2) L'action des femmes au parlement ou au gouvernement de votre pays, ou au conseil de votre municipalité: les qualités particulières qu'elles apportent à leur rôle.

(3) Vous semble-t-il souhaitable ou non qu'un pays soit gouverné par une majorité d'hommes?

Grammar

1 The Subjunctive

(*a*) In subordinate clauses presented as contrary to fact, and introduced by verbs and expressions of doubt or denial, the subjunctive is required:

— *Ce qui **ne veut pas dire que** nous n'intervenions pas énergiquement:*
Which doesn't mean we don't intervene forcefully
***Ce n'est pas que** toutes les femmes soient incapables d'assumer ces responsabilités.*

***Non que** je ne comprenne pas ce qu'elle veut dire.*
(see also 7.1*a* and 17.1)

(*b*) Avoidance of the subjunctive
— *avant l'ouverture de l'école... bien après la sortie:*
before school starts . . . long after it has finished.
A clause requiring the subjunctive is often avoided in this way in French. (see 25.1*b*)

2 Nouns

(a) Masculine nouns

(i) — *Mme Vaillant-Couturier, député du Val-de-Marne*

Some nouns applicable to both sexes are always masculine. Among these are words referring to professions, e.g. *professeur, docteur, auteur, écrivain, médecin*; also *maire*.

(ii) — *la femme-député*

To indicate the feminine one can say *une femme professeur, une femme docteur*, etc.

Note that the feminine form *doctoresse* is sometimes used: *Sa doctoresse lui a prescrit quinze jours de repos.*

(b) Feminine of nouns

Nouns which have both a masculine and a feminine form follow the same rules as adjectives for the endings in the feminine:

-x, -se	: *un époux*	*une épouse*	: a husband, a wife
-er, -ère	: *un ouvrier*	*une ouvrière*	: a worker
-eur, -euse	: (if the noun is formed from the stem of a French verb)		
	un vendeur	*une vendeuse*	: a sales assistant
-eur, -rice	: (if the noun is not formed from the stem of a French verb)		
	un conducteur	*une conductrice*	: a driver
	un consommateur	*une consommatrice*	: a consumer
	un directeur	*une directrice*	: a head teacher
	un électeur	*une électrice*	: an elector, a voter
	un instituteur	*une institutrice*	: a primary school teacher
	un lecteur	*une lectrice*	: a reader
	un moniteur	*une monitrice*	: a monitor

Note also the adjective:

rémunérateur	*rémunératrice*	: remunerative

3 Personal Pronouns

(a) *en, y* as verb complements

— *Quelles en sont... les raisons?.*:
What are the reasons (for this)?
(*la raison de qch.*: the reason for sth.)
— *si elle s'en donne la peine...*:
if she takes the trouble (to do so) . . .
(*se donner la peine de faire qch.*)
— *Rien ne m'y prédisposait...*:
Nothing predisposed me (to it) . . .
(*prédisposer qn. à qch.*)

— *On s'y met très vite*:
One takes to it very quickly.
(*se mettre à (faire) qch.*)
The use of *en* or *y* in these examples is dependent on the prepositional construction of the verb or noun. For more idiomatic examples, see 27.2 and 31.4*b*.

(b) — *Les gens se confient à vous*: People trust you.
If the indirect object of a pronominal verb is a person, the stressed pronoun governed by *à* is used (see 15.2).

4 Prepositions

à	— *à part entière:* with all-round interests
de	— *avoir une vie d'épouse et de mère:* to be a wife and mother

— *je ne savais rien des questions administratives:*
I knew nothing about administrative matters.

en — *élue en entier:* elected in its entirety
— *en conséquence:* accordingly   (see 4.4)

Exercises

(1) Avoidance of the Subjunctive

Rewrite the following sentences so as to avoid using the subjunctive:

1 Nous travaillons sans qu'on nous entende. 2 Elle s'est levée sans que les délégués l'eussent remarquée. 3 Les délégués ne s'assirent pas avant que le président ne fût parti. 4 Ils ont poursuivi leurs discussions jusqu'à ce que le député fût rentré. 5 Elle arrivait à l'école avant que celle-ci ne s'ouvrît.

(2) The Subjunctive   Translate:

1 She has herself elected so that she can help people. 2 She has herself elected so that we can help people. 3 We shall build the swimming pool before we repair the pavements. 4 We shall build the swimming pool before they repair the pavements. 5 She hesitates to explain it to us in case she makes mistakes. 6 She hesitates to explain it to us in case we make mistakes. 7 She won't do it unless she sees the results. 8 She won't do it unless we give her the results.

(3) Verb Constructions (revision)   Translate:

1 Parliament is short of women M.P.'s. 2 In general women feel responsible for certain aspects of family life. 3 In the past the responsibilities of women were restricted to the upkeep of the house and the children's education. 4 They rarely took part in family life. 5 Certain jobs are said to suit women particularly well. 6 Madame Colin had changed her job: she was now a shop assistant. 7 Those concerned with the professional training of women had run up against certain problems. 8 Madame Ploux was passionately interested in her work in the town hall. 9 She had changed her mind: she no longer wanted to confine herself to these questions. 10 I hesitated to ask her why she had had a swimming pool built, when the pavements were in such poor condition!

(4) Translate:

1 These ideas are important: women should reflect on them, as voters and as consumers. 2 The percentage of women teachers continues to increase; this is particularly true of primary-school teachers. 3 She found the work of a mayor hard at first, but she took to it very easily. 4 Women can play their part in many jobs all the more easily because people are ready to trust them 5 As these interviews show, women can, if they take the trouble, participate in politics on the same footing as men.

GOUVERNEMENT DES FEMMES.

Citoyennes, qu'est-ce que la liberté? une femme! Qu'est-ce que la république? Une femme! Pourquoi laisserions nous le pouvoir aux hommes?.. avec ça qu'ils gouvernent si bien! Marchons sur le Provisoire masculin, enlevons le, et qu'il tombe!!.... à nos genoux.

Manifeste de la Ligue du droit des femmes

ligue (f): league

En principe, nous avons des droits égaux à ceux des hommes, grâce à l'action des premières féministes. Mais que se passe-t-il en pratique?

Nous continuons à assumer la charge exclusive des enfants et du travail domestique. Nous faisons systématiquement les travaux les plus ingrats et nous sommes payées en moyenne 30% de moins que les hommes. Nous sommes sept à l'Assemblée nationale. On nous refuse les moyens de choisir notre maternité. Notre corps en morceaux s'étale pour la gloire de la société de profit sur les murs de la ville.

ingrat: thankless

morceau (m): piece
s'étaler: to be displayed

Et pourtant la majorité des femmes n'ose pas se reconnaître opprimée. Pourquoi? Parce que la domination des hommes est tellement enracinée dans nos esprits que bien des femmes la croient 'naturelle' et ne la ressentent même plus. Parce que depuis des générations nous avons été conditionnées par notre éducation et notre vie quotidienne à nous sentir inférieures et que, parfois, nous finissons par le croire. Ainsi notre lutte n'est pas seulement extérieure; elle est aussi à mener en nous. Il faut nous changer nous-mêmes si nous voulons changer notre condition.

opprimer: to oppress
enraciné: rooted

Nous devons prendre conscience de notre aliénation sans nous laisser abuser par une propagande qui proclame: 'C'est arrivé, vous êtes libérées, que vous faut-il de plus?' Nous devons nous débarrasser des notions d'infériorité et de passivité que l'homme nous a inculquées; ce sont elles qui nous font dire: 'Ça a toujours été comme ça. Il n'y a pas de raison que ça change.'

abuser: to deceive

Eh bien! 'ça' a déjà changé. Des femmes ont enfin pris conscience de leur solidarité. Elles reconnaissent qu'elles font partie de la même 'catégorie', majorité opprimée. Le moment est venu pour nous, après des millénaires de silence, de prendre la parole.

millénaire (m): thousand years

La Ligue du droit des femmes est un nouvel instrument d'action. Elle nous permet de nous regrouper là où nous sommes, pour dénoncer les faits précis de discrimination dont nous sommes victimes partout: à la maison, dans la rue, devant la loi. Il s'agit d'entraîner chaque fois plus de femmes à prendre conscience de leur situation et à s'engager dans la lutte contre le sexisme, qui est à la racine de notre système économique et social.

se regrouper: to join forces
dénoncer: to denounce

racine (f): root

La Ligue du droit des femmes se propose de:
— Dénoncer sous toutes ses formes la discrimination de sexe.

Il faut attaquer, dans les paroles, écrits ou affiches publics, ceux qui utilisent notre corps comme une marchandise.

écrit (m): document

On ne respecte pas notre droit à la formation, au travail et à l'égalité des salaires et des responsabilités. On nous charge de toutes les tâches dévalorisées économiquement ou culturellement: domesticité, enseignement, assistance médicale... Il faut en finir avec les discriminations ouvertes ou hypocrites dans le milieu du travail. Obtenir une qualification et un salaire égaux, c'est d'abord obtenir un accès au travail égal.

domesticité (f): household
hypocrite: hypocritical

On nous mutile psychologiquement dès l'enfance: on prépare la fillette à être non pas elle-même, mais la seconde de l'homme, on étouffe en elle toute initiative et toute créativité.
— Défendre les femmes et les informer de leurs droits actuels.

étouffer: to stifle, smother

actuel: existing
acquis: accepted
lutter: to struggle, fight

La société masculine nous refuse l'application des droits acquis. Nous lutterons pour l'application de ces droits dans tous les domaines, et notamment dans la législation de la famille et du travail.

—Entreprendre toute action pour promouvoir un droit nouveau des femmes.

Il s'agit, sur la base minimum des droits acquis, d'élaborer un droit des femmes, que la société des hommes nous a toujours refusé, parce qu'elle nous a placées en situation fondamentale d'oppression.

Nous ne revendiquons pas un droit spécifique qui contribuerait à renforcer notre statut de mineures protégées: seul un bouleversement total des rapports sociaux et des valeurs qui sont à la base de notre civilisation patriarcale, marquée par l'exploitation, viendra à bout de cette oppression.

entreprendre: to undertake
promouvoir: to promote
élaborer: to work out, formulate

statut (m): status

patriarcal: male-dominated

Le Monde

Note
La principale animatrice de la Ligue du droit des femmes est Mme Simone de Beauvoir.

Verb Constructions
inculquer qch. à qn.: to instil sth. in s.o.
venir à bout de qch.: to break down, overcome sth.
se débarrasser de qch.: to get rid of sth.
en finir avec qch.: to put an end to sth.
s'engager dans qch.: to commit oneself to sth.
oser faire qch.: to dare to do sth.

entraîner qn. à faire qch.:
to lead, bring s.o. to do sth.
charger qn. de faire qch.:
to make s.o. responsible for doing sth.
se proposer de faire qch.: to aim, intend to do sth.
finir par faire qch.: to end up doing sth.
(*commencer par faire qch.:* to start by doing sth.)

Further Vocabulary
assumer la charge exclusive des enfants:
to be wholly responsible (have sole responsibility) for
  the children
que vous faut-il de plus?
what more do you want (need)?
prendre la parole: to speak up, make oneself heard
il s'agit d'élaborer un droit des femmes:
a women's charter needs to be (must be) drawn up
Note that many verbs in French have a very different
meaning when used pronominally:

agir: to act
il s'agit de: it's a matter of
attendre: to wait for
s'attendre à: to expect
douter de: to doubt
se douter de: to suspect, guess
douter que: to doubt whether
se douter que: to have an idea that
plaindre: to pity
se plaindre (de): to complain (about)

Sujet de discussion
Nous présentons ce texte sans questionnaire, sans grammaire et... sans commentaire. Toutefois, ce 'manifeste' aborde plusieurs des problèmes présentés dans les textes précédents, et il ne serait pas sans intérêt de comparer, dans chaque cas, les points de vue, notamment en ce qui concerne l'entretien de Mme Sullerot (passage 32). Un débat à ce sujet entre Mmes Sullerot et de Beauvoir serait passionnant à imaginer — et à écrire.

La Ligue d'Action Féministe: 'La femme veut voter.'
'En principe, nous avons des droits égaux à ceux des hommes, grâce à l'action des premières féministes.

Vocabulary and Questions for Listening Passages

1 Le lycée vu par des lycéens

(Personnages: une journaliste; Alain, Bernard et Christiane)

critique (f): criticism
enseignement (m): teaching
reprocher à: to criticise, find fault with
des tas de (sl): lots of
acquérir: to acquire
connaissance (f): knowledge
orienter: to guide
bac (m) (sl): baccalaureate, '18 +'
ennuyer: to bother
donner la parole: to give a chance to speak
dicter: to dictate, reel off
discuter: to discuss
s'en aller: to go away
s'entendre avec: to get on with
au fond: basically
copain (m) (sl): mate, pal
comme: since
ne... guère: hardly, scarcely
en particulier: individually
attendre: to expect
bachotage (m): cramming (for exams)
toucher à: to be connected with
revoir: to revise
but (m): aim
conforme à: in keeping with

1 De quoi les lycéens ne sont-ils pas satisfaits?
2 Alain dit, en parlant des études, qu'on 'en fait trop'. De quelle façon?
3 Pour Bernard, qu'est-ce qui est le plus important au lycée?
4 De quel genre de choses voudrait-il qu'on parle en classe?
5 Comment diriez-vous en anglais: 'on sort du lycée mal orienté pour la vraie vie'?
6 Pourquoi certains lycéens entrent-ils à l'université?
7 Qu'est-ce qui ennuie Alain dans sa vie au lycée?
8 Comment est-ce que ses camarades et lui aimeraient voir changer cette situation?
9 Qu'est-ce qu'un bon professeur, aux yeux d'Alain?
10 Comment l'attitude de Bernard diffère-t-elle de celle d'Alain?
11 Pourquoi Christiane trouve-t-elle que les professeurs sont importants?
12 Qu'est-ce que les lycéens attendent de leurs professeurs?
13 Quelles sont les attitudes nouvelles qu'Alain voudrait voir adopter? Dans quel but?

Rédaction (1.B)
Quels changements apporteriez-vous à votre programme scolaire?

2 Les séjours à l'étranger

scolaire (adj.): in school
parent (m): relation
se répandre: to spread
faute de: for lack of
moyen (m): means
acquisition (f): acquisition
indispensable: necessary
suffire: to be enough
milieu (m): environment
pratiquer: to use
frais (m.pl): costs, expense(s)
bien d'autres: several, many other
bien que: although
cours (m): lesson
logement (m): accommodation
genre (m): kind, type
se pratiquer: to be used
si: although
avoir envie de: to want to, feel like
en pension: as boarders
à condition que: provided (that)
consacrer: to devote
acquérir: to acquire
appuyer: to support
compte tenu de: bearing in mind
financier (adj.): financial
foyer (m): family, home
efficace: effective, efficient

1 Pourquoi la méthode audio-visuelle se répand-elle difficilement?
2 Quelle est, pour l'enfant, la conséquence de cette situation?
3 Que faut-il faire pour bien parler une langue?
4 Quel est le principal problème qui se pose aux parents?
5 Quel est l'inconvénient d'un séjour de groupe dans un collège étranger pendant les vacances?
6 Quels avantages y a-t-il à faire un échange?
7 Quel est le rôle de la famille?
8 Dans le cas d'un séjour dans un collège, comment les élèves sont-ils intégrés dans la vie de l'école?
9 Traduisez en anglais: 'un des meilleurs moyens d'être "dans le bain"'.
10 Quels sont pourtant les inconvénients d'un séjour dans un collège?
11 Dans quelles conditions la formule du séjour en famille peut-elle réussir?
12 Pourquoi, selon la première théorie, un enfant de dix ans peut-il profiter d'un séjour à l'étranger?
13 Résumez le point de vue de la majorité des professeurs sur la question.

Rédaction (2.B)
Les séjours de vacances à l'étranger.

3 Le rôle de l'école dans la communauté

distraction (f): pastime
accumuler: to amass
connaissances (f.pl): knowledge, facts
s'élargir: to become wider
défaut (m) *de:* what is wrong with
local (m), *locaux:* premises
entraîner: to cause, involve
éviter: to avoid
loisir (m): leisure
dancing (m): dance-hall
réunir: to bring together
goût (m): taste
tandis que: whereas, whilst
critère (m): criterion, condition
s'étendre: to extend
comporter: to contain, hold, involve
prévoir: to provide for
rentable: profitable
ensemble (m): group of buildings
de toutes pièces: from scratch
d'autre part: besides, moreover
enseignant (adj.): teaching
entretien (m): upkeep, maintenance
établissement (m): building, premises, school
hériter de: to inherit, take on
charges (f.pl): responsibilities
concierge (m or f): caretaker
surveillant (m): supervisor
congé (m): holiday, time off
réduire: to reduce, cut
occasion (f): opportunity
emploi (m): job
sans doute: probably
combler: to fill
fossé (m): gap, divide
ces derniers: the latter
cesser de: to stop
dédain (m): disdain, scorn
haine (f): hatred

1 Quelle est la définition habituelle de l'école?
2 Comment son rôle change-t-il, aujourd'hui?
3 'Ceux qui ont dépassé, depuis longtemps, l'âge de la table de multiplication'. De qui s'agit-il?
4 Pourquoi la situation présente entraîne-t-elle une perte de temps et de locaux?
5 Comment pourrait-on remédier à cette situation?
6 Où vont les jeunes pour se retrouver?
7 Pourquoi les clubs de jeunes sont-ils insuffisants?
8 Quels seraient les avantages de l'utilisation des bâtiments de l'école?
9 Quelles difficultés cette situation comporte-t-elle?
10 Comment diriez-vous en anglais 'entraînant un effort financier'?
11 Pourquoi cette solution est-elle préférable à la construction de nouveaux ensembles?
12 Pour qui ces modifications entraîneraient-elles des charges plus lourdes?

13 Quel est pour l'auteur l'avantage principal de ce projet?
14 Comment cela changerait-il la situation des étudiants?

Rédaction (3.B)
Le rôle de l'école dans la communauté.

4 Ça chauffe au quartier!

(Personnages: Yves, Ingrid, Vasco, Patrick, Marie-Christine; une speakerine de la radio; Michael Bicquard (journaliste); un étudiant (José))

ça chauffe: things are happening
Quartier latin: district on left bank of the Seine around the university buildings of the Sorbonne
recevoir: to open the door to
manifestation (f): demonstration
quoi (sl): you know
Boul' Mich': Boulevard Saint-Michel, main north–south traffic artery in the Latin Quarter
se faire du mauvais sang (sl): to be worried
informations (f.pl): news
Palais de la Mutualité: large hall in Paris, often used for political meetings
droit (m): law
débouchés (m.pl): employment prospects
à la sortie de: after
défiler: to march (along)
menteur (m): liar
tract (m): leaflet
millier (m): about a thousand
reculer: to retreat, go back
lacrymogène (adj.): tear-gas
piquer: to sting
intéressé par: concerned with

1 Pourquoi Vasco et Ingrid sont-ils allés chez Marie-Christine?
2 Pourquoi sauront-ils tous bientôt ce qui se passe?
3 Qu'est-ce qui se passe dans cette manifestation?
4 Pourquoi les parents d'Yves s'inquiètent-ils?
5 Que savait Yves sur les intentions de Marie-Christine?
6 Qui dirigeait le meeting à la Mutualité?
7 Pourquoi les étudiants se sont-ils réunis?
8 Comment les étudiants ont-ils voulu prolonger le meeting?
9 Qui est Michel Bicquard? Où se trouvait-il?
10 Pourquoi Marie-Christine traite-t-elle la speakerine de 'menteuse'?
11 Comment les étudiants avaient-ils préparé le meeting?
12 Comment sait-on que la situation s'est aggravée?
13 Traduisez en anglais: 'Ça donne une fumée qui pique les yeux'.
14 Pourquoi, d'après José, les étudiants manifestent-ils?
15 Pourquoi le journaliste met-il brusquement fin à l'entretien avec José?

5 A la fleur de l'âge: quatre jeunes se racontent

(Personnages: une journaliste; Michel, Christophe, César (lycéens, quinze ans), François (dix-sept ans))

tellement: all that much
interdire: to forbid
pour ainsi dire: practically
écran (m): screen
mal tourner: to deteriorate
dégénérer: to get worse
feuilleton (m): serial
ampleur (f): (large) piace, importance
médiocrités (f.pl): second-rate fare
diriger: to control
chez l'homme: in man(kind)
déséquilibre (m): imbalance, disorder
atteindre: to reach
règlement (m): rule
juste: fair, just
juif (adj.): jewish
types (m.pl) (sl): people
peau (f): skin
par rapport à: in relation to
conflit (m): conflict
soulever: to give rise to
pratiquer: to go in for, practise, conduct
gosse (m) (sl): kid
journellement: every day
se gaver (sl): to stuff oneself with food
fautif: deficient, lacking
de près: closely
le rythme actuel: the way things are going, the course of events
profiter de: to make use of
débat (m): debate, discussion
susciter: to spark off
lecture (f): reading
illustré (m): comic, magazine
La Rose et le réséda: poem by Aragon about the French Resistance
dessus: at it, on it
facultatif: optional
plutôt que: rather than
vide (m): emptiness, vacuum

1 Pourquoi Michel ne parle-t-il pas souvent de la télévision?
2 Pourquoi ne la regardait-il pas le soir quand il était petit?
3 Pourquoi Christophe regarde-t-il la télévision?
4 Traduisez en anglais: 'cinéma ou autre, ça se vaut'.
5 Quelle est l'opinion de César sur la télévision?
6 Qu'est-ce qui a changé, selon lui?
7 Pourquoi César est-il contre l'importance que prend la télévision dans la vie de nos jours?
8 Pourquoi la politique rend-elle François malheureux?
9 Quelle alternative suggère-t-il?
10 Pourquoi le monde au Moyen Age semble-t-il à François 'assez juste'?
11 Qu'est-ce qui lui fait dire que 'nous sommes dans un monde décadent'?
12 Quel côté de la politique intéresse César?
13 Qu'est-ce qu'il avait trouvé passionnant de faire en classe?
14 Quelle est, à l'égard de la politique, l'attitude de César et de Christophe?
15 Expliquez ce que veut dire Christophe par: 'faire des comparaisons qui souvent condamnent notre civilisation'.
16 Pourquoi César pense-t-il que la télévision est 'très fautive'?
17 Quel est pour César le rôle que joue l'école, en ce qui concerne la lecture?
18 Comment le professeur de François encourageait-il la lecture?
19 Quel est pour François le plaisir qu'offre la poésie? Et la lecture en général?

Rédaction (5.C)
Comment considérez-vous que l'école vous prépare pour la vie?

6 La violence est-elle une manifestation de la vitalité?

il n'y a plus de jeunesse: youth is not what it was
en évolution: developing, changing
croissant: increasing
regrouper: to bring together, unite
affinités (f.pl): likes, tastes
parfois: sometimes
s'extérioriser: to be expressed
cible (f): target
certes: admittedly
être en droit de: to have a right to
faire la part des choses: to make allowances
veille (f): day before
avoir tendance à: to be inclined to
mimétisme (m): imitation
quant à dire: as for saying
indiscutable: certain, beyond doubt
que de...!: how much . . .!
bien des: many
anormal: abnormal
éprouver: to feel
dépenser: to spend, use, devote
supprimer: to do away with
afin de: in order to
reproche (m): blame
plaindre: to pity
au premier abord: at first sight

1 Quelle est, à propos des jeunes, l'attitude exprimée souvent par les gens d'un certain âge?
2 Exprimez en anglais: 'les personnes âgées ont du mal à l'admettre'.
3 Qui faut-il accuser?
4 Qu'est-ce qui caractérise la société moderne?
5 Quelle est la conséquence du nombre croissant des étudiants?
6 Traduisez en anglais le petit proverbe cité dans le texte.
7 Qu'est-ce qu'on accuse souvent d'encourager la vio-

lence?

8 Pourquoi l'auteur pense-t-il que cette accusation n'est pas justifiée?
9 Comment comprenez-vous l'expression 'phénomène de mimétisme'?
10 Pourquoi l'auteur n'admet-il pas que la violence soit le fruit de la révolte?
11 Quel exemple l'auteur donne-t-il du côté positif de la violence?
12 Qu'est-ce qui a poussé à la violence les hommes de la Résistance?
13 Qu'est-ce qui explique dans une certaine mesure la délinquance juvénile?
14 Dans ces conditions, comment les jeunes délinquants dépensent-ils leur énergie?
15 Qu'est-ce qu'ils veulent faire de la société?
16 Quelle est l'attitude de l'auteur envers ces jeunes?
17 Qu'est-ce qu'on peut dire, finalement, des causes de la violence?

Rédaction (6.B)
La violence est une manifestation de la vitalité. Approuvez-vous ce point de vue?

7 Les jeunes et leurs parents
(Personnages: une journaliste; Didier, Eric, Françoise)

nuancer: to differentiate
valoir: to be valid
entamer: to start, begin
au lieu de: instead of
faire confiance à: to have confidence in, trust
faire preuve de: to show, reveal
réfléchi: considered, thought out
unique: single, only
large d'idées: broadminded, tolerant
Maison (f) de Jeunes: youth club (centre)
se détendre: to relax
se faire entendre: to make onself understood
tenir compte de: to take account of, consider
sinon: otherwise
avoir recours à: to resort to
contestation (f): protest
témoigner de: to prove, show
Maison (f) de la Culture: arts centre
animer: to run
de part et d'autre: on both sides, mutual
partager: to share
neuf: new, unfamiliar

1 Que pensent beaucoup de jeunes de leurs parents?
2 Exprimez en anglais 'c'est-à-dire qu'il faudrait nuancer'.
3 Quels reproches certains jeunes font-ils à leurs parents?
4 Pourquoi les principes doivent-ils s'adapter?
5 Quelle attitude les parents prennent-ils au lieu de répondre vraiment?
6 Pourquoi n'essaient-ils pas de faire confiance à leurs enfants?
7 Pourquoi dans ces conditions l'autorité des parents n'est-elle pas respectée?
8 Que dit Françoise de ses parents?

9 Quel est pour elle l'intérêt des Maisons de Jeunes?
10 Pourquoi la société devrait-elle tenir compte des jeunes?
11 Quel exemple Didier donne-t-il de la contestation des jeunes?
12 Pour Eric, qu'est-ce qui est tout aussi important que des stades ou des Maisons de la Culture?
13 Pourquoi y a-t-il incompréhension entre jeunes et adultes?
14 Quelle solution Françoise propose-t-elle?
15 Mais les problèmes des jeunes et ceux des adultes ont-ils quelque chose en commun?

Rédaction (8.B)
Jusqu'à quel point l'égalitarisme entre parents et enfants est-il réalisable ou souhaitable?

8 Un ménage parle des vacances
(Personnages: un journaliste; M. et Mme S.)

ménage (m): husband and wife
se déplacer: to travel, get about
davantage: more
afflux (m): crowds
du reste: in fact, moreover
voile (f): sailing
cabanon (m): simple house
bricoler: to do odd jobs
embouteillage (m): traffic jam
ennuyeux: annoying, tiresome
valoir le coup: to be worth it
reculer: to hesitate, flinch
entraîner: to cause, entail, involve
s'arranger: to manage
se faire à: to get used to
valable: valuable, useful
se décontracter: to relax, unwind
se cultiver: to broaden one's mind
bronzage (m): sunbathing
tellement: so
humeur (f): mood

1 Pourquoi le Français se déplace-t-il aujourd'hui davantage qu'avant-guerre?
2 Quand la majorité des Français prennent-ils leurs vacances?
3 Où choisissent d'aller ceux qui habitent près de la mer?
4 Quand, en dehors des vacances d'été, les Parisiens prennent-ils la route? Pourquoi?
5 Que font les jeunes? et les moins jeunes?
6 Quel est le rêve de chaque Français?
7 Que fait-il s'il a une maison à la campagne?
8 Qu'est-ce qui est ennuyeux, à la fin d'un weekend à la campagne?
9 Exprimez en anglais: 'on a un budget loisirs'.
10 Expliquez pourquoi les loisirs ne sont pas du temps perdu.
11 Quelles sont les vacances les plus populaires? Pourquoi?
12 Quelles possibilités la mer offre-t-elle aux sportifs?
13 Quel avantage la France offre-t-elle aux vacanciers?

9 Le ski d'aujourd'hui vaut-il celui du passé?

adepte (m or f): participant
faible: small, limited
rudimentaire: primitive, simple
faute de: for lack of
hameau (m): hamlet
exaltant: exhilarating
contrée (f): region, area
âme (f): soul
fouler: to tread on
parcourir: to travel over
épuisant: exhausting
dès le lendemain: the very next day
enneigé: snow-covered
nul (adj.): no
télésiège (m): chair-lift
téléphérique (m): cable car
... viennent s'ajouter à: there are also ...
hâte (f): impatience
part (f): fraction
hivernal (adj.): winter
portée (f): reach, range
d'autre part: in addition

1 Quelle est la place du ski parmi les sports de notre époque?
2 Le ski occupe-t-il cette place depuis longtemps?
3 Comment un séjour de ski était-il organisé, avant la guerre?
4 Où le skieur logeait-il? où couchait-il?
5 Quel plaisir ces conditions offraient-elles au skieur?
6 Que fallait-il faire le matin pour pouvoir se laver?
7 Qu'est-ce qui rendait chaque journée exaltante?
8 Exprimez en anglais: 'il se sentait une âme d'explorateur'.
9 Pourquoi était-il satisfait en rentrant le soir?
10 Qu'est-ce qui est prévu aujourd'hui dans les stations de ski, pour éviter toute fatigue inutile au skieur, (a) à son arrivée; (b) sur les pistes; (c) pour le conduire aux points de vue panoramiques?
11 Quelles différences y a-t-il entre les soirées d'autrefois et celles d'aujourd'hui?
12 Pourquoi le ski n'est-il pas encore à la portée de tous?
13 Quelle sera la conséquence du développement excessif des stations de ski?

Rédaction (13.B)
Le ski d'aujourd'hui vaut-il celui du passé?

10 Le Français et ses déplacements
(Personnages: une journaliste; un automobiliste; M. Roche; M. Gilles)

déplacement (m): journey
en dépit de: despite, in spite of
échelle (f): scale
mis à rude épreuve (f): stretched to the limit

témoigner de: to show
propos (m.pl): words
parcourir: to follow, cover
itinéraire (m): itinerary, route
se véhiculer: to get around
aussi: so, therefore
rayonner: to travel around a fixed base
ailleurs: elsewhere
se défendre: to hold its own
ferroviaire (adj.) rail
aborder: to broach, bring up, deal with
lutte (f): struggle
serré: close, hard-fought
se ressentir: to be felt, noticed
âpre: harsh, fierce
exact: correct
concurrence (f): competition
se préoccuper: to be concerned
compter: to intend
assurer: to ensure
toutefois: however
commande (f): to order
donner lieu à: to give rise to
palliatif (m): partial remedy
citer: to mention
étalement (m): staggering
de fond: basic
promouvoir: to promote
étaler: to spread out
pointe (f): peak period
nocif: harmful
réglage (m): control

1 Pourquoi les transports publics sont-ils mis à rude épreuve?
2 Pourquoi cet automobiliste préfère-t-il le train pour les distances supérieures à 400 kilomètres?
3 Mais quand se sert-il surtout de sa voiture?
4 Quel est l'avantage de la voiture, une fois qu'on est arrivé à l'endroit où l'on doit passer les vacances?
5 Pour quel genre de vacances les Français prennent-ils le train?
6 Pourquoi la lutte entre les moyens de transport n'est-elle pas encore ressentie par le rail?
7 Traduisez en anglais: 'maintenir au chemin de fer sa réputation d'être un moyen de transport particulièrement sûr'.
8 Par quels moyens la S.N.C.F. compte-t-elle conserver et développer sa position vis-à-vis des autres moyens de transport?
9 Qu'est-ce que la S.N.C.F. compte faire pour améliorer le confort des trains?
10 Pourquoi les déplacements des Français en vacances donnent-ils lieu à des problèmes de circulation?
11 Quel est le principal remède suggéré par M. Gilles?
12 Comment peut-on rendre les pointes moins nocives?

Rédaction (18.C)
L'avenir des chemins de fer.

11 La mauvaise circulation: une maladie des temps modernes

(Personnages: un journaliste; M. le Commissaire Gounelle)

boucher: to block
bouchon (m): bottleneck, jam
vivre mieux: to be better off
mouvement (m): trend, development
remède (m): cure
genre (m): type, kind
de près: closely
sang (m): blood
couler: to flow
largeur (f): width
enlever: to remove
parcmètre (m): parking meter
creuser: to dig
but (m): destination
se mélanger à: to mingle with

1 A quelles heures de la journée les voitures ont-elles le plus de mal à circuler?
2 D'où viennent les voitures qui bouchent les rues de Paris?
3 Exprimez en anglais: 'elles aussi de plus en plus nombreuses'.
4 Qu'est-ce qui est impossible à arrêter?
5 Qu'est-ce que les pouvoirs publics ont cherché à faire avant de trouver des remèdes à la 'maladie de la circulation'?
6 A quoi servent les quinze postes de télévision?
7 Quelle utilisation fait-on des informations ainsi obtenues?
8 Dans quelle mesure les couloirs réservés aux autobus et aux taxis ont-ils amélioré la circulation?
9 Comment les voitures stationnées le long des trottoirs aggravent-elles la situation?
10 Pourquoi est-ce que la police ne peut pas enlever toutes ces voitures?
11 Qu'est-ce qu'il faut faire payer aux automobilistes?
12 Comment peut-on amener les automobilistes à ne pas stationner le long des trottoirs?
13 Quels genres de voitures et d'autobus faudrait-il mettre en service?
14 Quel serait l'avantage des transports moitié métro et moitié autobus?
15 'C'est vraiment une question de vie ou de mort.' Expliquez ce que le Commissaire veut dire par là.

Rédaction (19.C)
La circulation dans les villes de demain.

12 Le tunnel sous la Manche

percement (m): drilling
voir le jour: to be born
d'actualité: in the news
parfois: sometimes
embarquement (m): departure
durée (f): duration
aéroglisseur (m): hovercraft
certes: admittedly
exempt de: free from
droits (m.pl) *de douane* (f): customs duties
se ruer: to rush
mince: slender
manipulation (f): handling; loading and unloading
que de...!: how many . . . !
soulever: to raise
négligeable: negligible
routier (adj.): road
écarter: to set aside, turn down, reject
gaz (m.pl): fumes
échappement (m): exhaust
ferroviaire (adj.): rail

1 Comment est-ce qu'on parle souvent du tunnel?
2 Vers quelle date a-t-on eu l'idée de percer un tunnel sous la Manche?
3 Pourquoi le tunnel fait-il penser au monstre du Loch Ness?
4 Quels sont les inconvénients d'une traversée en bateau?
5 Par quel autre moyen de transport la traversée peut-elle se faire rapidement?
6 Quel est, pour le conducteur, l'avantage de la traversée en bateau?
7 Quel est l'intérêt des boutiques qu'on trouve aux ports?
8 Quel serait l'avantage d'un tunnel pour le transport des marchandises? Donnez un exemple.
9 Comment le percement d'un tunnel affecterait-il les échanges entre la France et l'Angleterre? Donnez deux exemples.
10 Pourquoi l'idée d'un tunnel routier a-t-elle été écartée?
11 Décrivez la solution adoptée, et l'avantage qu'elle présente.
12 Comment diriez-vous en anglais: 'il n'y avait plus que la Manche pour séparer l'Angleterre de la France'.
13 Comment le tunnel pourrait-il changer les relation entre l'Angleterre et la France?

Rédaction (20.C)
Pour ou contre le tunnel sous la Manche.

13 Paris ou la banlieue?

exode rural: flight from the land
vain mot: empty phrase
chiffre (m): figure
se rendre compte: to realise
emploi (m): employment
afflux (m): flood, rush
étouffant: stifling
éloigné: distant
animé: busy, crowded
brouhaha (m): hubbub, din
supporter: to put up with
commune (f): locality
s'entasser: to be crowded together
exigu: cramped, poky
loyer (m): rent
arrondissement (m): district (in Paris)
abordable: reasonable, within reach
pavillon (m): detached house
irréalisable: impossible
prévoir: to provide, plan for
quiétude (f): peace of mind
malsain: unhealthy
courant: usual
trajet (m): journey
irrespirable: unbreathable
correspondance (f): connection
énervement (m): tension, irritation

1 Expliquez le sens de l'expression 'l'exode rural'.
2 Qu'est-ce qui a nécessité ce mouvement?
3 Quelles conséquences cette émigration a-t-elle eues pour les villes elles-mêmes, (a) au centre et (b) à leur périphérie?
4 Pourquoi y a-t-il maintenant un brouhaha constant dans les grandes villes?
5 Pourquoi l'auteur dit-il 'onze mois sur douze'?
6 Quelle était, à l'origine, la situation de Sarcelles?
7 Exprimez en anglais: 'pour maintenant ne plus faire qu'un avec la capitale'.
8 Pourquoi les loyers à Paris sont-ils très élevés?
9 Quels sont les principaux avantages d'un appartement en banlieue, par rapport à ce qu'on trouve à Paris?
10 Quel est encore le rêve de bon nombre de ceux qui viennent habiter en banlieue?
11 Quel est l'avantage des grands ensembles pour ceux qui ont des enfants?
12 Pour quelles raisons les habitants de la banlieue profitent-ils mieux de la campagne?
13 Pour qui surtout la banlieue n'est-elle quand même pas un paradis terrestre?
14 Quels sont les principaux inconvénients des transports en commun à Paris?

Rédaction (22.D)
Paris ou la banlieue: les avantages et les inconvénients.

14 Reportage sur un grand ensemble de la région parisienne

champignon (m): mushroom
sur place: on the spot
agglomération (f): built-up area
croissance (f): growth
l'ombre (f): shadow
anonyme: anonymous
avoir envie de: to feel like
vitrine (f): shop-window
empêcher: to prevent, stop
s'ajouter à: to be added to
ennui (m): boredom
mal (m): sickness
prendre corps: to take shape, come into being
entreprenant: enterprising
adhérent (m): member
réunir: to bring together
couture (f): sewing
conférence (f): lecture
foyer: (m): home, family
faire naître: to stimulate
mode (m): way

1 Pourquoi la journaliste est-elle allée dans la banlieue sud de Paris?
2 Comment comprenez-vous 'une grande agglomération qui semble souffrir d'une crise de croissance'?
3 Pourquoi ses habitants ne s'y sentent-ils pas chez eux?
4 Donnez un exemple précis de l'aspect impersonnel de cet ensemble.
5 Quelles sont les différences entre 'M.' et les autres petites villes de France?
6 Qu'est-ce qui est impossible le soir, après le travail?
7 Pourquoi hésite-t-on à inviter des amis chez soi le soir?
8 Qu'est-ce que 'le mal des grands ensembles'? Pour qui ce problème se pose-t-il?
9 Comment est-ce qu'on a essayé de combattre ce mal?
10 De qui dépendent les activités de ces associations?
11 Quel est l'avantage de ces activités, pour la femme et son foyer?
12 Pourquoi ce mode de vie devient-il inévitable?

15 Mourenx: interview avec un ouvrier de Lacq

qualificatif (m): name, label
gisement (m): deposit (oil, gas)
ancêtre (m): ancestor, forefather
terres (f.pl): land
comporter: to offer, have
s'évader: to get away, escape
habits (m): clothes
quoi (sl): you know, I mean
il manque: there is a lack of
badaud (m): stroller
devanture (f): shop-window
quatre-pièces (f): four-roomed flat
ça fait: it looks, it gives the impression of being
caserne (f): barracks
métiers artisanaux: crafts
s'ennuyer: to be bored
le fait de: because of, the result of
justement: precisely
quiétude (f): peace and quiet
stade (m): football ground
voile (f): sailing
escalade (f): rock-climbing
spéléo(logie) (f): pot-holing

1 Dans quel état était cette région, avant la découverte du gaz?
2 Comment la découverte du gaz a-t-elle amélioré la situation de nombreux paysans?
3 Comment les vieux paysans ont-ils réagi devant ce changement?
4 Traduisez en anglais: 'Du fait de votre situation de travail à la campagne'.
5 Quels sont, pour l'ouvrier en question, les avantages d'habiter Mourenx?
6 Expliquez ce que l'ouvrier veut dire par les mots 'une ville essentiellement fonctionnelle'.
7 Quand et pourquoi les habitants de Mourenx cherchent-ils à s'en évader?
8 Qu'est-ce qu'il y aurait à voir dans une 'vraie ville', selon cet ouvrier?
9 Pour quelles raisons est-il satisfait de son appartement?
10 Pourquoi est-il moins satisfait des immeubles en général?
11 Pourquoi n'y a-t-il pas à Mourenx la couleur et le charme des vieilles villes provinciales?
12 Qu'est-ce qui explique, en partie, que les habitants s'ennuient?
13 Qui sont ceux qui se plaisent à Mourenx? Pourquoi?
14 Qu'est-ce qui rend la situation de la ville avantageuse?

Rédaction (24.D)
Un ouvrier agricole de la région raconte comment la découverte de gaz à Lacq et la création de Mourenx ont changé sa vie, et celle de la population locale.

16 L'ouvrier spécialisé en France

consacrer: to devote
(être consacré à: to deal with)
atelier (m): work-shop (of factory)
soit: i.e.
tiers (m): third
habillement (m): clothing (industry)
pétrole (m): (crude) oil
caoutchouc (m): rubber
chaîne (f): production line
visseuse (f): screwdriver
comprimé: compressed
boulon (m) *à écrou* (m): screw-bolt
broche (f): spindle
métier (m): loom
fil (m): thread
tours-minute: r.p.m.
emballer: to pack
poncer: to rub down
couvercle (m): lid
soumis à: subjected to
cadence (f): work-rate
par souci (m) *de:* in the interests of
rentabilité (f): profitability
amortir: to pay off
matériel (m): plant
se périmer: to go out of date
Eddy Merckx: Belgian racing cyclist, winner of the Tour de France in 1971/2/3
grosse métallurgie (f): heavy engineering
à feux continus:
where the furnaces are kept going all the time
horaire (m): hours of work
bihebdomadaire: twice a week
casse-croûte (m): snack
donner la nausée: to make sick
insomnie (f): sleeplessness
four (m): furnace
s'écrouler: to collapse (into bed)
s'agiter: to bustle about
non insonorisé: not soundproofed
avec éclat: noisily
couramment: frequently
poussière (f): dust
à force de....: through constant . . .
cracher: to spit
douillet: comfortable
courant (m) *d'air:* draught
s'abattre: to beat down
hurler: to shout, yell
deviner: to guess, interpret
sourd: deaf
lèvre (f): lip
vacarme (m): din
dépourvu de: lacking in, without
néon (m): neon lighting
désynchronisé: out of step
modicité (f): smallness, low level
travail noir: second (part-time) job

en nourrice: with a child-minder

rembourser: to pay off

tiercé (m): weekly racing sweepstake (forecasting first three horses)

colonie (f) (*de vacances*): group holiday (camping or large house) for young children

se déplacer: to get around

fournir: to provide

étant donné: given, in view of

pathétique: lamentable

société (f) *de consommation* (f): consumer society

on ne saurait trop recommander qch.: sth. is strongly to be recommended

autrement que: in other ways than

grève (f) *sauvage:* wild-cat strike

1 Qui sont les O.S.? Combien sont-ils?
2 Nommez trois des industries où les O.S. travaillent à la chaîne.
3 Qu'est-ce que les quatre exemples du travail d'un O.S. ont en commun?
4 Pourquoi les cadences du travail sont-elles constamment augmentées?
5 'On n'est pas Eddy Merckx.' Expliquez ce que l'ouvrier veut dire par cette expression.
6 Qu'est-ce qui est souvent plus pénible, pour l'ouvrier, que les cadences? Et pourquoi?
7 Quels sont les effets sur l'ouvrier du travail en équipe?
8 'L'insomnie s'installe.' Pourquoi?
9 Que répond le médecin à l'ouvrier qui s'inquiète de la poussière qu'il aspire?
10 Pourquoi l'ouvrier accepte-t-il moins facilement qu'avant l'inconfort de l'atelier?
11 Quel est l'aspect de la vie à l'atelier qui est le plus dur à supporter?
12 Qu'est-ce que les ouvriers sont obligés de faire pour pouvoir parler dans ces conditions?
13 Nommez deux caractéristiques qui distinguent les O.S. du reste de la classe ouvrière.
14 Traduisez en anglais: 'désynchronisés par rapport au rythme de la journée scolaire'.
15 Quelles sont les conséquences pour la vie familiale (1) quand le mari fait du travail noir, (2) quand la femme travaille au-dehors?
16 Qu'est-ce qui enchaîne tous les jeunes ménages d'O.S. aux banques?
17 Sur quelles dépenses est-ce qu'ils économisent?
18 Expliquez le sens de la phrase: 'enchaînée au service de la société de consommation dont elle profite si peu'.

17 Interview avec deux ouvriers d'usine

(Personnages: une journaliste; M.D., ouvrier spécialisé, M.F., ouvrier qualifié)

spécialisé: unskilled

laconique: short, laconic

en dire long sur: to speak words about, say much for

se rendre: to go, travel

se détendre: to relax

entraîner: to involve

rattraper: to make up

par la suite: afterwards

évasion (f): escape, break

qualifié: (semi-) skilled

en moto: by motorbike

gâter: to spoil

prêter: to lend

famille nombreuse: family with several children

syndical (adj.): trade union

élire: to elect

délégué syndical: shop steward

durée (f): length

indéterminé: not fixed

grève tournante: selective strike

arrêt (m) *de travail:* stoppage

telle spécialité: one department

1 Où habite Monsieur D.?
2 Combien de temps lui faut-il pour aller à l'usine?
3 A quelle heure doit-il arriver à l'usine?
4 Combien d'heures passe-t-il à l'usine chaque jour?
5 Pourquoi a-t-il hâte de se coucher?
6 Pourquoi ne reçoit-il pas d'amis pendant le weekend?
7 Comment la famille passe-t-elle le dimanche?
8 A quel moment de l'année arrivent-ils à se sentir libres?
9 Comment passent-ils les vacances d'été?
10 Pourquoi ne vont-ils pas chaque année à la mer?
11 Quel est leur plus grand problème?
12 Comment diriez-vous en anglais: 'Alors il faut bien s'y faire...'?
13 Où habite Monsieur F.?
14 Comment se rend-il à son travail s'il fait mauvais temps?
15 Comment s'arrange-t-il pour son déjeuner de midi?
16 Combien d'heures de travail fait-il par jour, à peu près?
17 Comment est-ce qu'il aime passer la soirée?
18 Traduisez en anglais: 'J'ai encore un bon bout de soirée devant moi'.
19 Comment font-ils pour aller chez les parents de Monsieur F.?
20 Pourquoi prennent-ils le train pour aller à la mer?
21 Comment voit-il les fonctions d'un délégué syndical?
22 Expliquez la différence entre une grève tournante et une grève tout court.
23 Pourquoi une grève tournante est-elle efficace?
24 Comment la vie des ouvriers s'est-elle améliorée depuis quelques années?
25 Quelles sont, pour Monsieur F., les deux revendications essentielles?

18 Pour quelles raisons fait-on la grève?

grille (f): gate
attroupement (m): crowd of people
bleu (m) *de travail*: overall, boiler suit
éclat (m) *de voix*: shout
pouvoir (m): authorities, government
échouer: to fail
terrain (m) *d'entente*: common ground
avoir conscience de: to be aware of
aménagement (m): re-structuring, improvement
horaire (m): timetable
valoir: to be worth
corps et âme: body and soul, wholeheartedly
patronat (m): management, directors
foi (f): faith
réussite (f): success
soutien (m): support
tant que: so long as
encourir: to run
licencier: to dismiss, sack
être en peine de: to find it difficult to
main (f) *d'œuvre*: labour, workforce
exiger: to demand
tarder à: to be long in
se faire jour: to arise, appear
au sein de: within
priver: to deprive
se lasser: to grow weary, lose heart
toutefois: however
paisible: peaceful

1 Qu'est-ce qu'on remarque en passant devant une usine en grève?
2 Qu'est-ce qui est le plus frappant?
3 Qu'est-ce qui s'est passé avant la grève?
4 De quoi les ouvriers sont-ils surtout conscients?
5 Pourquoi se sont-ils néanmoins lancés dans ce combat?
6 Quelles sont les conditions de travail, dans certaines usines?
7 Traduisez en anglais: 'il faut réaliser des prouesses pour boucler le budget'.
8 Quel est le désir de certains grévistes?
9 Qu'est-ce qui leur permet d'accepter des sacrifices?
10 Quel est le sacrifice immédiat qui leur est imposé?
11 Pourquoi encourent-ils le risque d'être licenciés?
12 Quelles risquent d'être les conséquences de la grève pour les enfants?
13 Qu'est-ce qui pourrait pousser la femme d'un gréviste à changer d'attitude?
14 Pourquoi les jours de grève sont-ils une lutte perpétuelle?
15 Quel est le moyen le plus approprié de résoudre les conflits du travail?

Rédaction (27.C)
Pour quelles raisons fait-on la grève?

19 Le travail et les femmes

sans précédent: first of its kind
Communauté (f): i.e. the E.E.C.
entretien (m): interview
nettement: clearly
soit que: either
foyer (m): home
mieux-être (m): higher standard of living
ménage (m): housework
motif (m): reason for
répartir: to share out, spread out
pénible: difficult, hard
faire toucher du doigt à: to bring home to
conférer: to bestow, give
se traduire: to be expressed
esclavage (m): slavery
primordial: of prime importance
irremplaçable: irreplacable
du monde: people
hantise (f): obsession
enceinte: pregnant
maternité (f): childbearing
j'avais beau le savoir: although I already knew it
échelle (f): scale
niveau (m): level
constater: to discover
à égalité de poste: for equal work
net: categoric, blunt
campagne (f): campaign
s'orchestrer (fam.): to be organised
thème (m): theme
pareillement: equally
ancienneté (f): seniority
citer: to quote
il importe de: it is important to
fournir: to provide
gros bataillons (fam.): large majority
occidental: western

1 Dans quels pays l'enquête a-t-elle été réalisée?
2 Comment une femme répond-elle généralement à la question 'Pourquoi travaillez-vous'?
3 Qu'est-ce qui est masqué par une telle réponse?
4 Pourquoi surtout est-ce que le travail représente l'indépendance?
5 Traduisez en anglais: 'Le "j'aime être utile" est réservé à certains métiers'.
6 Qu'est-ce que Mme Sullerot a été surprise de découvrir? Pourquoi?
7 Pour quelles raisons les femmes aiment-elles travailler?
8 Quelle réponse résume toutes ces raisons, pour beaucoup de femmes?
9 Pour combien de femmes le travail est-il un esclavage?
10 Comment Mme Sullerot explique-t-elle que tant de femmes soient contentes de travailler?
11 Qu'est-ce que l'enquête a révélé de scandaleux, d'après Mme Sullerot?
12 Dans quels cas un homme et une femme peuvent-ils toucher le même salaire?

13 Pourquoi l'égalité des salaires n'existe-t-elle pas en fait?
14 Quelle est la situation de la France de ce point de vue?

Rédaction (31.E)
Le devoir de la société est d'aider la femme à vivre au
niveau de ses capacités.

20 Les femmes et le travail: discussion avec cinq lycéens

(Personnages: un journaliste; Mme T., professeur;
Catherine, Martine, Bernard, Pascal, Philippe)

semblable: similar
plutôt: rather
remarque (f): observation, point
ne... pas que: not only
c'est tout vu (fam.): it's quite clear
coiffeur (m): hairdresser
se payer: to afford
au-dehors: outside the home
vouloir dire: to mean
commerçant (m): shopkeeper
choix (m): choice
du même pas que: in step with

1 Qu'est-ce qu'on avait demandé aux cinq lycéens?
2 Qui a participé à la discussion avec eux?
3 Quelle réponse les garçons ont-ils donnée à la question
   sur le travail des femmes?
4 Comment ont-ils justifié leur réponse?
5 Quel est l'avis de Mme T. sur cette question?
6 Traduisez en anglais: 'les fins de mois sont difficiles avec
   un seul salaire'.
7 Pour Philippe, qu'est-ce qui pousse souvent une femme
   à travailler?
8 Quelle est, en général, l'attitude des filles sur la question
   du travail féminin?
9 Pourquoi Martine pense-t-elle qu'elle voudra travailler? Et quelle sera son attitude envers l'argent qu'elle
   gagnera?
10 Pourquoi Catherine cherchera-t-elle un travail à mi-
   temps?
11 Pour quelles raisons Mme T. pense-t-elle que mari et
   femme doivent avoir un métier semblable?
12 Quel est l'avis de Pascal sur cette question?
13 Qu'est-ce qui paraît impossible à Martine? Pourquoi?
14 Vers quel genre de métiers les femmes se dirigeraient-
   elles de plus en plus?
15 Pourquoi un employeur choisit-il souvent un homme
   de préférence à une femme?
16 Qu'est-ce que Mme T. voudrait prouver en posant cette
   série de questions à la fin?

Rédaction (32.C)
Les mères de famille devraient-elles travailler?

Test passages for translation into French

1 to 5: L'enseignement

A discussion between a French journalist and a group of Sixth Form pupils.

(1) You've just come into the Sixth Form: what do you think of school life now?

— Well, to my mind what makes school more interesting is that I can choose three subjects which I shall study for two or three years. In the Fifth Form, we were given too much work.

— There were too many things we had to learn simply because the subject was part of our education.

— We should be given advice, particularly since we don't know if a subject will be of any use later in life.

— The teachers could guide us more often: we ourselves are not always in a position to know what we should choose.

(2) Tell me, why have you decided to study foreign languages?

— My liking for languages, and for French in particular, developed after a three-week holiday with a French family. I had to adapt to a different family environment, and at first it was difficult to talk without hesitating and making a mistake in one word out of two. It was like learning a new language! But the benefit was easy to see when I came back from France. I made good progress in class and found the lessons much more interesting.

And you others? I suppose your teachers are always stressing the importance of staying abroad?

— Yes; our French teacher has written to an organisation which arranges holidays with French families, so we shall go to France next summer.

(3) Let's come back now to your life in school. Most young people of your age have left school: does this give you the impression of being separated from 'real life', from the world of work?

— No. After all, it's a separation which exists only for a few years and, for a school, imitating 'real life' is not the most important thing.

— But a school — and I'm not talking only about ours — should be used outside school hours. You mustn't make a school a place used only by a few pupils and teachers. Leisure activities are more important than before, and as a result more and more community centres are needed. Schools could be open in the evenings, at weekends and in the holidays, as well as in the daytime, for all sections of the community.

(4) Do most Sixth Form pupils in your school hope to go to university?

— In theory, yes, but in practice some pupils decide after a year or two that they would prefer to begin a career without going to university, and there are others, especially those who want to have a career on the Arts side, who find that there is no place for them in the universities they have chosen. They are often asked to find a full-time job for a year, and then study for a degree.

— It's generally the teachers who say that it would be preferable for us to go to university: most of the pupils in our class, for example, have been advised to consider this possibility.

(5) Do you find that your ideas have changed because of what you have been taught at school?

— Not directly; I know that we are made to study certain things so that we can think about them and make decisions for ourselves, but a lot of what we study has nothing to do with things that people of our age are interested in.

— But even if we hadn't stayed at school, this would still be so. Many people waste their time and intelligence in jobs which turn them into robots after a few weeks. When we're eighteen, or twenty-one, we shall probably know as much about life as those who have already spent three or six years in a second-rate job.

6 to 9: Les jeunes

(6) Even before May 1968, unrest had become widespread in French schools and universities. For years young people had been asking for changes to be made to the system, and now they were afraid that if they didn't use violence nothing would be done. Nobody was surprised, therefore, that the authorities asked for police help. What is principally remembered today about this is that the violence of one side caused a violent reaction on the other, and so no one was in a position to know fully what was happening. To understand why these young people decided to demonstrate and thus perhaps face the violent intervention of the authorities, one must begin by considering the way in which the adolescent accepts or rejects his parents' system of values.

(7) It is interesting to note that, in surveys organised by teenage magazines, the same replies were repeated: according to the young people questioned, their parents' ideas were out of date, and even when they were prepared to tackle problems, they never showed understanding. In short, not one of those questioned approved of the way in which they had been brought up. However, when these young people were asked to say what they would like their parents to be, many replied that they certainly didn't think their parents could become 'pals'; it was an interesting idea, but it wouldn't be practical: 'After all, they are our parents', was the reply. They did, on the other hand, criticise their parents for not showing trust in them; others, however, seemed to prefer an adult to be a 'pal' and not someone cold and distant.

(8) All this doesn't perhaps explain why students and other young people use violence to express their revolt, and one may doubt whether any simple solution can be found, but such enquiries do show that understanding between generations ought to be possible.

One question which has traditionally caused conflict between parents and children is that of marriage, and the right of children to choose freely the person whom they wish to marry. The majority of parents have always wanted their children not to get married until they have approved their choice, with the result that young people have been less and less ready to accept their parents' advice, not only as regards marriage, but also their personal life in general.

(9) Whatever parents say or do, there are, outside the family, other influences to which their children are, year by year, more exposed. New advances in information techniques enable anyone, whatever his age, to know what is happening in his own country and abroad. In such a situation it is not surprising that the influence of the press, radio and television is most strongly felt amongst the young.

Why should one be worried by this? What must not be forgotten is that, although such publications have an important educational rôle, their promoters are eager to exploit their young clientele's interests. Teenagers are encouraged to be the first to buy a particular product, they are told that up to now their life has been empty without it and — perhaps the most attractive argument — that those who buy the product will be the only ones to be 'up to date' — thanks, of course, to their own good taste!

10 to 15: Les loisirs et le sport

(10) The author showed very clearly that expenditure on leisure-time activities has not stopped going up. On average, and taking into account the increase in prices, the amount of money spent on leisure has more than doubled. One does not know how to predict the progress over the next ten years. Speaking cautiously and making the usual reservations, the author thought that these changes might tend to encourage either the five-day week or longer holidays, but only a careful examination of the figures would enable definite conclusions to be drawn.

(11) A recent opinion poll showed that most Frenchmen over sixty-five had never done any sport at all, but that they nevertheless wanted their children to take part in sporting activities. Perhaps the exploits of the Americans and the Russians, one in five of whom regularly practise a sport, had made them realise its importance. Football was the most popular sport, although most people admitted they preferred watching it on television. Young people were generally less interested in cycling and athletics than in swimming and skiing.

(12) Whereas in the past long-distance skiing was popular, nowadays conditions have changed and people like well-equipped ski-resorts and organised holidays. Setting out alone, with your pack on your back, for long treks, however interesting they may be, is not an activity that the majority of skiers take part in. That was a time when there were discoveries worth making: how far away it seems now! Nansen was the first to cross Greenland on skis and he did it alone without the help of press and radio.

(13) Winter sports, however, are not as popular as one thinks. For a long time they were within the reach only of a minority able to afford relatively dear holidays. But more resorts are now being built, and a number of organisations have just been set up to make skiing more easily available to less well-off families. It now takes less time to build the resorts, and those responsible for the tourist trade are trying to encourage people to go and ski at weekends.

(14) Many people heard Joan de Kat speaking on the radio after his rescue. He described his two worst moments. The first was when he had to leave the *Yaksha*. He hadn't had much time to choose what he might need in the dinghy, and he was afraid that if he delayed too long, the dinghy might be torn by hitting against the *Yaksha*'s hull. The second moment was when he saw a plane pass overheard without spotting him. Although he had had to pump up the dinghy regularly and, worst of all, the waves had flooded in on two occasions, soaking everything, he hadn't altogether lost heart. His happiest moment occurred on the 20th of June: as he gazed at the horizon, he saw a ship approaching. He reflected then that he had been at sea for a month and hadn't spoken to anyone.

(15) The dozen or so newspapers who offered prizes for the single-handed yacht race, obviously thought it worthwhile to encourage such exploits. It is an odd phenomenon of our times when so many people prefer to go on organised holidays, that the misfortune of the lonely sailor should so excite them! But the 300 000 or so amateur yachtsmen in France — after poring over their maps, and thinking of the times when, faced with the enormous crowd of yachts in the harbour, they nearly sold their own boat — will all be found, when summer returns, on board their sailing dinghies.

16 to 21: Les transports

(16) The journalist then described the terrible accident he had seen: as he was driving towards Zürich, a sports car overtook him at great speed and collided with a car coming in the opposite direction. When help arrived, all the occupants of the second car were found to be dead. After the driver of the sports car was arrested, it was discovered that he didn't have much money, and that he had lived frugally for several years

in order to buy his car. He was a timid person, and had bought his car, the cause of the accident, to compensate for a sense of inferiority. He was given a ten-month prison sentence. The judge said that it was an accident which, like so many others, should not have happened, and might not have happened if drivers had to take a psychiatric examination as well as the driving test.

(17) During a recent discussion on road accidents, many people said they thought cars acted on people like drugs, promising them freedom and then making them feel frustrated, for example if they couldn't overtake when they wanted to. At such moments, they said, the driver was powerless to control his reactions: the car obeyed his commands, going faster and faster, without his realising that the lives of others depended on his carefulness. Improvements in the road system were all the more necessary as nothing was likely to calm people's aggressive instincts. Nevertheless, they concluded, one should not lose sight of the fact that the car was now part of our lives, and would remain so for a long time yet.

(18) The problem is, in fact, that the car has been made the mainstay of a whole economic system, whereas the railways, compared with the roads, have not received sufficient investment. Whether the railways are capable of attracting traffic or not, it is certain that the roads are overcrowded, and that long-distance traffic should go by rail. No transporter of goods, wanting speed and security, would send his goods by road, if the fares were arranged differently. If prices were arranged so that there was an advantage to transporters in going by rail, the deficit would be reduced, and fewer lines would have to be closed.

(19) In cities the large number of cars has caused traffic flow to diminish by at least ten kilometres an hour. The authorities would like the use of the car to be severely restricted and have already taken forceful measures to have the streets cleared of parked cars. For many years nothing effective could be done, as public transport could not satisfy the needs of the users. As a result of the choking of the city centres, long-term plans have now been drawn up, which favour the adoption of radical measures, and could help to increase the speed of buses and taxis. Most of the principal objectives could be achieved at very small cost, although, faced with the rapid increase in car production, the authorities will doubtless have recourse to more extreme measures.

(20) (a) Two Anglo-French projects, the Channel Tunnel and the Concorde, provided they are eventually brought to a successful conclusion, will surely count among the most remarkable achievements of the century. While both are undoubtedly prestige projects, each having its share of idealism, they are nonetheless brilliant industrial achievements as well as being important investments in the economic future of our two countries. And yet people seem to have lost faith in such projects.

The British government has already announced that it is no longer going ahead with the tunnel which was due to be completed in six years' time. How can such a decision be justified? Since work had continued until the very last minute, the tunnel was already 400 metres long on both sides of the Channel before it was finally closed. Certainly there were problems: both technical and financial. The technical problems, though difficult to solve at first, had been overcome in the end. The difficulties experienced by British Rail, however, seemed sufficiently serious to persuade the government to abandon the project.

(b) On the other hand, in spite of the dramatic increase in costs, work is still proceeding on Concorde. Is this an absurd decision? After spending millions of francs on research, the experts have built a plane which is too heavy and too small to be viable. And it will be so dear that no one will want to buy it! The enemies of Concorde have fun criticising the project, but — why deny it? — when it comes into service everyone will be rushing to buy seats in it: the finest plane in the world; half way round the world in twelve hours: only Concorde can do that!

No doubt it was easier for the government to close the tunnel than to abandon Concorde. To stop Concorde would mean throwing thirty thousand people out of work. But the tunnel was surely a better investment than Concorde, enabling closer links to be established between Britain and the Continent. Let us hope that the government will soon reverse its decision.

(21) Although aircraft noise is one of the most worrying problems of modern life, silencers are rarely used, and their development is still at an early stage. If the situation is tolerable now, it won't be the same in a few years' time. Future developments are likely to make the problem even more difficult to solve. We are told that only airports situated close to large towns will enable the aeroplane to compete with other means of transport. But it seems that no government has ever examined the problem from the point of view of the majority of people, who do not travel by plane every day, and who prefer to live near their work. Or do governments think that people are incapable of complaining and are willing to retreat in the face of every invasion of their lives by other men's inventions? What is certain is that something must be done before it is too late.

22 to 24: Le logement

(22) Every year, more than ten thousand people leave Paris to go and live in the suburbs. In other large cities the situation is the same. Françoise, a secretary, and her husband Pierre, an engineer, explained why they had

195

moved out of Paris, and spoke of the problems they had encountered:

Where were you living before? Why did you decide to move?

— We had a two-roomed flat in Paris. It was too small for a family, and much too dear.

What is there so special about the suburbs, then?

— Life in the suburbs is much better, especially for the children. They can play outside without anyone having to watch them all the time. I can see them when I look out of the kitchen window.

Are you completely satisfied with life here?

— Yes, on the whole, but we miss the shops; and the shopkeepers here charge what they like: they've no competition to fear. On the other hand, people are friendlier than in Paris, where you could spend days without speaking to anyone.

Do you work in the suburbs?

— No, unfortunately: my office is more than fifteen miles away. I spend between ten and fifteen hours a week travelling. That's the worst aspect of suburban life. Coming home in the rush hours every day is very exhausting, so that I'm too tired to go out in the evenings.

What are the flats like? What do you think of the estate?

— The flats are well equipped, and the estate has been well planned, although there is still much to be done to make it into a successful community.

(23) It would be difficult to discuss estates and dormitory-suburbs without considering the example of Sarcelles. Built within the last fifteen years, this 'new town' soon had more than 50 000 inhabitants, most of whom would have preferred to live in Paris; but after discovering that a flat there cost 1 000 francs or more to rent they began to look for a home outside Paris, finally settling in one of the many suburbs, including Sarcelles, that have been built since the war. At first the new inhabitants felt lost: the buildings were similar, the roads looked utterly alike. But gradually they have become used to their new life, and have found that it has many advantages.

(24) In the provinces, there are very few new towns. The best-known of these is perhaps Mourenx, built a few miles from the industrial complex of Lacq to house those working in the factories there. The rapid development of the complex has meant that a rural parish has become, in less than ten years, a town with a population of more than 12 000, the largest proportion of whom work at Lacq. But the problem is what will become of Mourenx when the gas deposits of Lacq are exhausted.

25 to 29: L'industrie et l'automation

(25) Bernard gloomily studied the factory in which he was to work for six months. The workers in dark blue clothes, standing or sitting behind their machines, endlessly repeated the same movements. The work involved cutting some plastic material, breaking it into two and throwing it into a wooden box. Although the work required neither effort nor attention, the danger was that it could occasionally cause accidents, the workers inadvertently forgetting to take their hand out of the mould before it closed. Bernard had vowed that he would not leave until he had earned the 325 000 francs, which he had to find in order to pay the deposit demanded. Provided he worked carefully he would soon be the owner of a snack-bar, serving the rich customers who travel on the motorways.

(26) The workers at the factory discussed their problems with complete freedom. Since they had extra expenses as a result of night-work and had to keep the factory going twenty-four hours out of twenty-four, they had decided to ask for extra rest-days and increased bonuses. They were seeking material conditions which would be more in keeping with the difficulties of their work. So far they had taken no steps which might frighten the management, but they admitted that there were so many improvements to be made that a strike seemed likely. In that case, although they did not know what would become of them, they would continue the struggle.

(27) They well knew, however, that a strike would bring emotional as well as financial problems. It was always the wives who suffered most. A strike lasting more than three weeks could reduce the family budget to nothing. It was the wives who had to find the money to pay the rent and feed the children, which was all the more difficult at such times because prices tended to rise and the husband usually received no more than half his pay. In many cases it seemed to the wives that the husbands were more interested in the union than in their families, and whilst for the wife, alone at home, there were the children to be fed and the bills to be paid, for the husband, fully occupied in the strike, there was the enthusiasm of the struggle. Little by little their savings melted away, relations became increasingly bitter. Those whose enthusiasm lasted to the end were very few indeed.

(28) A newspaper article which appeared last year said that doctors were becoming increasingly worried by the problem of industrial fatigue. The number of those suffering from mental illness was increasing by 5 per cent a year and those physically injured at work amounted to one hundred thousand each year. Although, thanks to automation, work was less arduous than it had been fifty years ago, on the other hand it was more monotonous. It was true that in the past people often worked twelve hours a day, six days a week for fifty-two weeks a year, but they worked near their homes and very often had the pleasure of seeing the results of their work, which had its own particular rhythm. Machines have made work physically easier,

but have removed the creative pleasure people used to find in it. In the past the harder you worked the more satisfaction you gained. The factory worker now only works for money. He spends two or three hours a day travelling, getting home at night just in time to kiss the children goodnight. Formerly worn out physically, he is now exhausted mentally. Women too are victims, caught between the factory and the home. It remains to be seen whether man will adapt to the machines or whether society will accept the need to sacrifice material progress for physical and mental well-being.

(29) Our civilisation is going through a spiritual crisis. Economic mutations, scientific and technical progress and the upheaval of traditional ways of life, all accelerate man's rush towards material progress. It is impossible to foresee any limit to this progress, but it seems to be developing more needs than it can satisfy and it is not giving the answer to the deepest aspirations of humanity. The world is in need of a renaissance, and none of those who are in a position of responsibility — whether it be political, economic, social, intellectual or essentially spiritual — has the right to think that he is not concerned. To help give a meaning to individual and collective life is one of the most important tasks of the State, particularly in the fields of education, information, culture and changes in social relationships.

> *Georges Pompidou, addressing the French Parliament, 25 June 1969*

30 to 34: La femme au travail et dans la société

(30) The work done by women before the present century was largely domestic, although it should not be thought that it was always so. However, work outside the home was not common. As a result of the industrial revolution, whose effects were not noticed in France before 1850, industry has changed radically in the last hundred years. The new phenomenon lies in the fact that there has been a significant movement of activity from the primary and secondary to the tertiary sector of industry. The description 'women's work' now applies to a large variety of jobs, and hence the scope of women's activities has greatly increased. Whereas before they changed jobs infrequently, because they lacked opportunity, nowadays there are numerous jobs especially suitable for women.

(31) It is true, however, that society still does not approve of the idea of women going out to work. Apparently 56 per cent of Frenchmen are against women working. It seems there are still many obstacles in the way of professional training for women, and although employers think they have special abilities, they find they have serious shortcomings as well. Abilities such as manual skill, patience and care, explain why women are appreciated in certain sections of industry; but it is also easy to understand why, with their high rate of absenteeism, and a tendency to change jobs frequently, employers should not wish to employ them, even if they are obliged to because of their special skills. Dissatisfaction with the work encourages absenteeism, which is also linked with family problems. If one takes into account women's household responsibilities, it is obvious that only social changes are likely to improve this situation.

(32) What is certain, nevertheless, is that the popular idea of women's rôle in society, to the extent that it exaggerates the sexual aspect — 'pin-ups', with sleepy looks, persuading you to buy some product or other — no longer corresponds to the real situation. It was thought, in the past, that woman's place was in the home and it was feared that when women began to work there would be havoc in the offices. Moreover there were generally clear-cut distinctions between 'masculine' and 'feminine' jobs; whereas nowadays these distinctions are disappearing faster than is generally recognised, as machine power does away with the need for muscular power. The higher the qualifications of women the more they wish to play a full rôle in society; which is hardly surprising. But to recognise that women should play such a rôle is to accept some social upheavals. On the one hand it is inconceivable that society should not take responsibility for those tasks usually done by the mother. On the other hand it is possible that working hours could be modified. These undoubtedly are the most important changes that society could consider.

(33) Although in Britain women were first given the right to vote in 1918, it was not until 1928 that they obtained the same civic rights as men. Nevertheless, out of the 635 members of Parliament there are only twenty or so women M.Ps. It is the same with women engineers, women doctors and women lawyers: the proportion of women is not as high as one would expect. The reasons for this are clear. It is not that women are less interested than men in such professions, but rather that as a result of their obligations in the home they find it difficult to play a full rôle in society. Women tend to say they know nothing about political matters, but when they are deeply interested in an issue they have as much influence as voters as men. In the absence of any radical social changes it is unlikely that women will take on more responsibilities; but there is no doubt that if society were to take the trouble, much could be done to involve women more closely in the important decisions and activities of our times.

(34) The League for women's rights was formed a year ago to condemn the many forms of discrimination of which women are still victims in our society today.

197

In their manifesto they warned women not to let themselves be taken in by a propaganda which told them they were already 'liberated', and so there was no reason for them to protest. The time had come, according to the manifesto, for women to speak out. Women were not free. On the contrary, they were exploited as much as ever. For generations they had been conditioned to feel they were inferior and in the end they believed it. They had the same rights as men in theory, but not in practice. In deciding whether to go out to work a woman had to face the problem of reconciling professional and family life. It was always the wife, not the husband, who was supposed to stay at home and look after the children if they were ill. Enormous progress would be made if women were assured that interrupting their career to bring up their children would not condemn them to a position of inferiority. Their right to professional training after they had brought up their children needed to be established. At present they were denied any possibility of obtaining real equality with men. The most important thing to be done now, according to the manifesto, was for women to rid themselves of the idea of inferiority which men had instilled in them. There was a fight to be waged to which no woman could remain indifferent.

English text of retranslation passages

1 Sunday

I was at that time twenty-five years old. I had just arrived in Paris; I was employed in a Ministry and Sundays seemed to me like wonderful holidays, although nothing exciting ever happened.

I woke up early that morning with a feeling of freedom which office-workers know so well, that feeling of release, relaxation, peace of mind and independence.

I opened my window. The weather was glorious. Over the town stretched the clear blue sky, full of sunshine and swallows.

I got dressed very quickly and set out, intending to spend the day in the woods, breathing in the scents of the leaves; for I am country-born, brought up in the fields and beneath the trees.

Paris was waking up joyfully in the warmth and the sunlight. The fronts of the houses were shining; the caretakers' canaries were in full song in their cages and there was a general cheerfulness which lit up people's faces, provoking laughter everwhere.

I reached the Seine to take the boat which would put me off at Saint-Cloud.

Maupassant

2 Alone across the Atlantic (1)

Two months had gone by since I left Gibraltar, on the 6th of June. Until then my voyage had proceeded as I had anticipated, each day something new happened and life was never monotonous. The hardships which I endured were no more than those which a sailor of earlier days used to consider as part of the working day in the old sailing-ships.

I had found that I could handle my ship well. We were good companions. She did her share of the work and I did mine. I felt more and more attached to her and admired her spirit.

To tell the truth, there were still 1500 miles between me and the port of New York, but I had enough food and water.

I didn't know what weather I was going to meet nearer the North Coast of America, but I remained fully confident whatever might happen. Nevertheless, the storms and the hurricane which lay in store for my little cutter and her old sails were going to exceed in violence everything I had been able to foresee . . .

Alain Gerbault: *Seul à travers l'Atlantique*

3 Plans for the future

When Albert Combes reached the age of thirteen, after taking his school-leaving certificate, the schoolmaster summoned his father to the school house. Combes notified his employer. He asked for a morning off, got dressed in his Sunday best, and came to see the master at half past ten. All the time he was away Anna was at a loose end and mooched about the room, unable to do anything, anxious for news.

Albert, who hadn't been informed of this move, was playing by the river.

At a quarter to twelve, as soon as Combes had pushed open the door, Anna was at his side, gripping the lapels of his jacket with both hands and looking up at him:

'What did the master say?'

'Well,' Combes replied, 'he can give us one piece of advice . . . He told me: "Your boy works well, what are you going to do with him?" '

'But . . .,' said Anna.

'I know, I know, I told him . . . "If he isn't advanced enough we'd have to find some means of keeping him at school." "Well," the master told me, "we could get him a scholarship. He would stay with me a little longer, during these holidays, then he would go to town and prepare for the Training College and we'd make him a teacher." '

André Chamson

4 The population renewal

The overall facts of the French population problem are well known. The first is the considerable increase, since the end of the war, in the birth-rate: 'The first ten years,' M. Sauvy says, 'have seen not only the highest growth-rate that France has ever known, but the sharp reversal of a downward trend.'

What are the causes of this reversal? It seems that the most important is the State's Family Policy. The allowances, the advantages and priorities granted to large families reassure parents. On the other hand the desire shown by the lower middle classes in the nineteenth century to leave all their property to a single child, so as not to divide it, would no longer have any sense at a time such as ours, when inherited wealth plays only a tiny part in family budgets and people live off what they earn. For the same reason young people marry earlier and more adventurously. They are less dependent than before on the generosity of parents.

André Maurois: *La France change de visage*

5 Morning

The next day, as arranged, they got up very early — not without some difficulty. They were to go with Aldo to take up the nets.

The air was still cool. Donatella was wearing a pair of linen trousers rolled up to her knees, and an old sweater. A scarf covered her hair. Her face, which had been somewhat wan when she left the bedroom with Didier, was brightening up. Louk kept running towards the boat, barking, and coming back again to frisk around them.

Aldo was waiting for them near the fishing boat. It had no engine. Didier rowed with him as far as the nets. They brought back three or four kilos of soles and small fish . . .

In the middle of the morning Donatella and Didier went for a swim, this time with the little motor boat, in the creek on the other side of the rocky point. Then they remained lying in the bottom of the boat on the small inflatable mattress.

Above them, the sky was still as blue and cloudless, but paler because of the heat. And in the bright morning light, on the sea with its gentle glittering waves, they didn't see the least sign of a ship.

Henry Castillou: *Tant que l'un de nous vivra*

6 Across the frozen sea

The next day, as soon as there was enough light, the five men set out to reach land. Nan, who had a compass, walked at the head of the tiny company.

Before leaving he said: 'We must never lose sight of each other. We must proceed like men who try to get to the top of a mountain, tied together by a rope. We are tied to each other by our comradeship.'

The narrow strait separating the islet from the land was no more than five miles wide, but nevertheless it took them more than eight hours to cross it. They had to climb over huge ice-floes, go down into deep holes and start climbing again. At times the walls were so smooth that they lost precious time using a knife to cut out steps where one could get a foothold.

When the sun went down, they had reached the mainland and a rock which was taller than the others gave them shelter for the night. The next day they set out again and made a further advance westward of a few miles.

Edouard Peisson

7 Madame Lefèvre and her dog

The dog was made comfortable in an old soap box and he was offered first of all some water to drink. He drank. He was next offered a piece of bread. He ate. Madame Lefèvre, who was uneasy, had an idea: 'When he has really got used to the house we will let him run free. He will find food while roaming the countryside.

So he was allowed to run free, but this did not stop him being hungry. Moreover he would only bark when he wanted food; but then he would do so with obstinate fury.

Everyone could go into the garden. Pierrot would go and make a fuss of each newcomer and would remain quite silent.

But Madame Lefèvre had now got used to this animal. She even came to love him and sometimes to give him out of her hand mouthfuls of bread soaked in the gravy from her stew.

But she hadn't given any thought to the tax, and when she was asked for eight francs for this dog which didn't even bark, she nearly fainted from shock.

It was immediately decided to get rid of Pierrot.

Maupassant

8 An historic flight

I took off at 4.41 a.m. on the 25th of July 1909. I was a little apprehensive. What would happen to me? Would I reach Dover or would I land in the middle of the Channel?

I headed straight for the English coast, going steadily higher metre by metre. I flew above the sand-hill from where Alfred Leblanc was waving and wishing me good luck. I was between sky and water. There was blue everywhere.

From the time I left the ground I ceased to feel the slightest excitement and no longer had time to analyse my impressions. It was afterwards that I realised the risks I had taken and the importance of my flight.

Up there the only trouble was that my speed was well below what I had hoped. This was due to the monotonous sheet of water which stretched out beneath my wings. I hadn't the tiniest landmark, whereas on the ground, trees, houses and woods form so many milestones enabling one to have an idea of the speed of the machine in flight. Flying over water is exasperatingly monotonous.

For the first ten minutes, I steered at right angles to the coast, leaving on my right the destroyer *Escopette*, responsible for escorting me and which I quickly overtook.

Without a compass, losing sight of French soil and unable to make out England, I kept both my feet still so as not to move the steering rudder. I was afraid of drifting.

For another ten minutes I flew blind at a height of 100 metres, straight ahead. The *Escopette* was far behind. I was now without anything to guide me. My loneliness was sinister.

Louis Blériot

9 The 'Bac' at any price

CHABERT: So here's the big lad who had the bad luck to fail his exam?

ÉTIENNE: (*embarrassed snigger*) Ha! Ha!

PÉRISSON: Reply when you are spoken to, idiot, instead of laughing and fidgeting. No, headmaster, let us not talk about bad luck. Étienne is thoroughly lazy, and neither my supervision nor my beatings have any effect. I've brought him to you as a last resort.

CHABERT: Sit down . . . You, young man, sit there . . .

PÉRISSON: No, let him stay on his feet. He isn't tired, he has done nothing for six years. So, this oaf has managed to fail his 'Bac'. I have been informed of the marks he got. Anyway, he'll tell you what they are himself. Come on, speak, you fool!

ÉTIENNE: Five in French, three in Latin, four in English.

PÉRISSON: And in Maths?

ÉTIENNE: Nought.

PÉRISSON: D'you hear the great oaf? Nought! Nought! And he dares to say it without blushing. I could kill him.

CHABERT: Believe me, Mr Périsson, a failure should be viewed with greater calmness. Bear in mind that Laforgue took the 'baccalauréat' five times.

PÉRISSON: Which Laforgue?

CHABERT: Laforgue, the poet Jules Laforgue. Moreover he gave it up in the end. Yes, my dear sir, Jules Laforgue never got his 'baccalauréat'.

PÉRISSON: As a result of which he became a poet.

Marcel Aymé: *Les Oiseaux de la lune*

10 Wind and sea

I remember that one day we climbed to the top of the lighthouse. The noise of the wind, which could not be heard below, increased as we got higher, rumbled like thunder in the spiral staircase and made the crystal walls of the lamp quiver above us. When we came out a hundred feet above the ground, it was as if a hurricane lashed our faces, and from all around there rose up a kind of angry murmuring which nothing can describe.

I cannot tell you how extraordinary this sight of the infinite was when seen from the lighthouse platform. Each one of us was struck by it, in different ways no doubt, but I recall that its effect was to stop immediately all conversation. Not uttering a word and leaning on the flimsy railing which alone separated us from the abyss, we all distinctly felt the huge tower sway beneath our feet at each onslaught of the wind.

Eugène Fromentin: *Dominique*

11 A night march in Italy (1)

For a second Jacques hesitated. It was so dark beneath the trees that only a few yards away the path was no longer distinct. It was perhaps better that there should be no moon, but the march would be difficult.

'Hold each other by the shoulder: pass it down,' he said over his shoulder . . .

'Look, Brûlain, get a move on! Everything's still to be done.'

'Yes, sir . . . Forward, Idbani,' he said softly. Silently the company moved off, following in the steps of the guide.

It seemed to Brûlain as if they had been walking for hours. It was so dark beneath the trees that only the guide succeeded in making out the line of the path . . . He had twice got lost, misled by big pools of water while advancing amongst the trees with ever increasing difficulty, until the dead branches of the fir trees, as sharp as blades, had forced them to stop. They had had to hold back the men, retrace their steps and turn round the mules, amid confusion and falls.

Pierre Moinot: *Armes et bagages*

12 A night march in Italy (2)

A few voices were now talking quite openly of killing the guide, who remained deaf to the insults heaped on him under his breath by Brûlain, but he was becoming increasingly uncertain and at intervals sighed and groaned with fear.

'Jacques?' called the voice of Chadrine who was coming back up.

'What's the matter?'

'The captain wants to know whether or not we shall get out of these woods.'

'Let him come and try. I've had enough of it.'

'We are moving in circles, old chap. I'm almost sure we passed this pond twice, just now. I recognised it.'

'What do you expect me to do about it! What are you stopping for?' he said to the guide. 'Stay there, Boris, behind me, hold my shoulder.'

'I've lost the way,' said the guide.

'How many times have you made this journey?'

'Four times. And on each occasion I go back down by myself with the mules.'

'I don't care about that. Find the way again. Calm down and find the way again. That's all you've got to do.'

'I know,' said the guide.

Pierre Moinot: *Armes et bagages*

13 The bistrot

As we arrived outside Saint-Eustache where the crates of vegetables were piled up three or four metres high, the market-porters were weighing the orders on mobile scales and big sturdy girls in roll-neck sweaters, their blue aprons tied tightly, licked their indelible pencils with the tips of their tongues in order to do their accounts on ruled notebooks, in the light of the acetylene lamps.

'I know a good bistrot kept by a pal of mine.'

The bistrot was at the beginning of the rue Montmartre. There was a bar at the front of the dining room. At the end of it sat in state a well-built, fair-haired girl with pink cheeks . . . When she noticed Michel a smile lit up her face:

'Jeannot!' she shouted.

From the back room there appeared a thin giant of a man in his shirt sleeves, with a note pad in his hand.

'I've brought some friends!' said Michel. 'We're hungry.'

'There's room at the back. Go and sit down, I'll be with you.'

The back room was full: men in overalls, and nightbirds like ourselves, occupied the various tables. We found one in a corner and we were about to sit down when Sommer, whom we had already forgotten, appeared in front of us.

'Well, what about me?' he said.

'Take a chair and join us,' conceded Michel.

Jeannot returned to take the order: grilled pig's trotters, a bottle of Meursault.

'I must look after everyone,' he said. 'When the rush is over I'll come and see you. I'll have you brought some "blancs cassis".'

He disappeared and a pale-looking waiter with a moustache came and set down three glasses on our table.

Michel Déon: *Les Gens de nuit*

14 Alone across the Atlantic (2)

Early in the morning of the 20th of August, I realised that this day would see the climax of all the storms I had met. As far as the eye could see there was nothing but a raging whirlpool of water over which towered an army of clouds as black as ink, driven by the storm . . .

All at once a disaster seemed to engulf me; it was exactly noon. Suddenly I saw coming from the horizon a huge wave, whose white roaring crest seemed so high that it overtopped all the others. I could scarcely believe my eyes. It was a thing of beauty as well as of terror. It was coming towards me with a rumble of thunder.

Knowing that if I stayed on deck I would meet certain death, for I was bound to be swept overboard, I just had time to climb into the rigging and I was about half-way up the mast when the wave broke in fury over the *Firecrest*, which disappeared beneath tons of water and a whirlpool of foam. The ship paused and heeled over beneath the shock and I wondered if she was going to be able to surface again.

Alain Gerbault: *Seul à travers l'Atlantique*

15 Progress

THE MAN: Nowadays, you see, pleasures, amusements, excitements, the cinema, taxes, discothèques, the telephone, the radio, the aeroplane, big stores . . .

THE WOMAN: Oh, yes, there's no mistake about it!

THE MAN: . . . prison, the 'grands boulevards', the Welfare State and everything, everything . . .

THE WOMAN: Quite so . . .

THE MAN: Everything which makes up the charm of modern life, it has all changed humanity to such an extent that it has become unrecognisable! . . .

THE WOMAN: And not for the better, either!

THE MAN: And yet, it would be idle to deny progress which you can see progressing every day . . .

THE WOMAN: Quite so . . .

THE MAN: . . . In technology, applied science, mechanics, literature and the arts . . .

THE WOMAN: Indeed. One must be fair. It isn't nice to be unfair.

THE MAN: You could even go as far as to say that civilisation is continuously advancing on a favourable course thanks to the joint effort of all nations . . .

THE WOMAN: That's correct. I was about to say the same.

THE MAN: How far we have travelled since our ancestors living in caves, devouring each other and living off sheep skins! How far we have travelled!

THE WOMAN: Oh! Yes indeed! . . . And central heating, what about central heating? Did they have that in their caves?

THE MAN: Well, my dear lady, when I was a little boy . . .

THE WOMAN: They are sweet at that age!

THE MAN: . . . I lived in the country; I remember our heating still came from the sun, winter and summer; we used paraffin for lighting — it's true it was cheaper then — and sometimes even candles! . . .

THE WOMAN: That happens even today when there are power failures.

Eugène Ionesco: *La Jeune Fille à marier*

Verbs

1 Formation of the Subjunctive

(a) Present Subjunctive

With most verbs, the third person plural of the present indicative provides the **stem**:

donner	ils donnent	je donne
finir	ils finissent	je finisse
perdre	ils perdent	je perde
servir	ils servent	je serve

The **endings** are:

-e	je serve	-ions	nous servions
-es	tu serves	-iez	vous serviez
-e	il serve	-ent	ils servent

Note that the first and second persons plural have the same form as the imperfect indicative. This occurs in many verbs that have an irregular present indicative. Examples:

jeter	je jette	nous jetions	vous jetiez
devoir	je doive	nous devions	vous deviez
prendre	je prenne	nous prenions	vous preniez

The present subjunctive of the following verbs is irregular (see Verb Tables): *aller, avoir, être, faire, falloir, pouvoir, savoir, valoir, vouloir*.

(b) Imperfect subjunctive

The **stem** is the same as for the past historic. For example, the first person singular is formed by adding *-se* to the second person singular of the past historic:

donner	tu donnas	je donnas*se*
vendre	tu vendis	je vendis*se*
recevoir	tu reçus	je reçus*se*

The **endings** are:

je donn*asse*	je vend*isse*	je re*çusse*
tu donn*asses*	tu vend*isses*	tu re*çusses*
il donn*ât*	il vend*ît*	il re*çût*
nous donn*assions*	nous vend*issions*	nous re*çussions*
vous donn*assiez*	vous vend*issiez*	vous re*çussiez*
ils donn*assent*	ils vend*issent*	ils re*çussent*

Venir and *tenir* are the only exceptions to these three types (see Verb Tables).

(c) Perfect and pluperfect subjunctive

The auxiliary is put into the subjunctive form:

Vous *avez* réfléchi	: Il faut que vous *ayez* réfléchi.
J'*avais* réfléchi	: Bien que j'*eusse* réfléchi.
Il *est* venu	: Avant qu'il *soit* venu.
Nous *étions* venus	: De peur que nous ne *fussions* venus.

2 Formation of the Past Historic

The past historic is always one of three types. The **endings** are:

-ai	-is	-us
-as	-is	-us
-a	-it	-ut
-âmes	-îmes	-ûmes
-âtes	-îtes	-ûtes
-èrent	-irent	-urent

Venir and *tenir* are the only exceptions (see Verb Tables).

3 Certain Verbs ending in *-er*

(a) Verbs ending in *-ger, -cer*. The g or c must be softened (*ge, ç*) before *o* or *a*:

> nous siégeons; il rangeait
> nous commençons; il commençait

(b) Verbs such as *mener, lever, acheter* require *è* before mute e endings:

> il amène; il amènera

(exceptions: appeler and jeter double the consonant.)

(c) Verbs such as *espérer, siéger, régler* change *é* to *è* before mute e endings, except in the future:

> il siège: il gérera

4 Verb Tables

(a) Regular verbs

Infinitive	Participles	Present Indicative	Past Historic	Future	Present Subjunctive
donner	donnant donné	donne -es -e donnons -ez -ent	donnai	donnerai	donne -es -e donnions -iez -ent
finir	finissant fini	finis -is -it finissons -ez -ent	finis	finirai	finisse -es -e finissions -iez -ent
vendre	vendant vendu	vends vends vend vendons -ez -ent	vendis	vendrai	vende -es -e vendions -iez -ent

(b) Irregular verbs

Infinitive	Participles	Present Indicative	Past Historic	Future	Present Subjunctive
acquérir	acquérant acquis	acquiers -s -t acquérons -ez acquièrent	acquis	acquerrai	acquière -es -e acquérions -iez acquièrent
aller	allant allé	vais vas va allons allez vont	allai	irai	aille -es -e allions -iez aillent
apercevoir: *like* recevoir					
s'asseoir	asseyant assis	assieds -s assied asseyons -ez -ent	assis	assiérai	asseye -es -e asseyions -iez -ent
atteindre: *like* craindre					
avoir	ayant eu	ai as a avons avez ont *Imperative:* aie ayons ayez	eus	aurai	aie aies ait ayons ayez aient
battre	battant battu	bats bats bat battons -ez -ent	battis	battrai	batte -es -e battions -iez -ent
boire	buvant bu	bois -s -t buvons -ez boivent	bus	boirai	boive -es -e buvions -iez boivent
concevoir: *like* recevoir					
conclure	concluant conclu	conclus -s -t concluons -ez -ent	conclus	conclurai	conclue -es -e concluions -iez -ent
conduire	conduisant conduit	conduis -s -t conduisons -ez -ent	conduisis	conduirai	conduise -es -e conduisions -iez -ent
connaître	connaissant connu	connais -s connaît connaissons -ez -ent	connus	connaîtrai	connaisse -es -e connaissions -iez -ent
construire: *like* conduire					
courir	courant couru	cours -s -t courons -ez -ent	courus	courrai	coure -es -e courions -iez -ent
couvrir: *like* ouvrir					
craindre	craignant craint	crains -s -t craignons -ez -ent	craignis	craindrai	craigne -es -e craignions -iez -ent
croire	croyant cru	crois -s -t croyons -ez croient	crus	croirai	croie -es -e croyions -iez croient
croître	croissant crû (*f* crue)	croîs croîs croît croissons -ez -ent	crûs	croîtrai	croisse -es -e croissions -iez -ent
cueillir	cueillant cueilli	cueille -es -e cueillons -ez -ent	cueillis	cueillerai	cueille -es -e cueillions -iez -ent
détruire: *like* conduire					
devoir	devant dû (*f* due)	dois -s -t devons -ez doivent	dus	devrai	doive -es -e devions -iez doivent

Infinitive	Participles	Present Indicative	Past Historic	Future	Present Subjunctive
dire	disant dit	dis -s -t disons dites disent	dis	dirai	dise -es -e disions -iez -ent
dormir	dormant dormi	dors -s -t dormons -ez -ent	dormis	dormirai	dorme -es -e dormions -iez -ent
écrire	écrivant écrit	écris -s -t écrivons -ez -ent	écrivis	écrirai	écrive -es -e écrivions -iez -ent
envoyer	envoyant envoyé	envoie -es -e envoyons -ez envoient	envoyai	enverrai	envoie -es -e envoyions -iez envoient
être	étant été	suis es est sommes êtes sont *Imperative:* sois soyons soyez	fus	serai	sois sois soit soyons soyez soient
faillir	faillant failli	—	faillis	faillirai	—
faire	faisant fait	fais -s -t faisons faites font	fis	ferai	fasse -es -e fassions -iez -ent
falloir	— fallu	il faut	il fallut	il faudra	il faille
fuir	fuyant fui	fuis -s -t fuyons -ez fuient	fuis	fuirai	fuie -es -e fuyions -iez fuient
haïr	haïssant haï	hais hais hait haïssons haïssez haïssent	haïs	haïrai	haïsse -es -e haïssions -iez -ent
joindre	joignant joint	joins -s -t joignons -ez -ent	joignis	joindrai	joigne -es -e joignions -iez -ent
lire	lisant lu	lis -s -t lisons -ez -ent	lus	lirai	lise -es -e lisions -iez -ent
mentir: *like* dormir					
mettre	mettant mis	mets -s met mettons -ez -ent	mis	mettrai	mette -es -e mettions -iez -ent
mourir	mourant mort	meurs -s -t mourons -ez meurent	mourus	mourrai	meure -es -e mourions -iez meurent
mouvoir	mouvant mû (*f* mue)	meus -s -t mouvons -ez meuvent	mus	mouvrai	meuve -es -e mouvions -iez meuvent
naître	naissant né	nais -s naît naissons -ez -ent	naquis	naîtrai	naisse -es -e naissions -iez -ent
nuire	nuisant nui	nuis -s -t nuisons -ez -ent	nuisis	nuirai	nuise -es -e nuisions -iez -ent
offrir: *like* ouvrir					
ouvrir	ouvrant ouvert	ouvre -es -e ouvrons -ez -ent	ouvris	ouvrirai	ouvre -es -e ouvrions -iez -ent
paraître: *like* connaître					
partir: *like* dormir					
plaire	plaisant plu	plais -s plaît plaisons -ez -ent	plus	plairai	plaise -es -e plaisions -iez -ent
plaindre: *like* craindre					
pleuvoir	pleuvant plu	il pleut	il plut	il pleuvra	il pleuve

Infinitive	Participles	Present Indicative	Past Historic	Future	Present Subjunctive
poindre	poignant point	il point ils poignent	il poignit	il poindra	il poigne
pouvoir	pouvant pu	peux (puis) -x -t pouvons -ez peuvent	pus	pourrai	puisse -es -e puissions -iez -ent
prendre	prenant pris	prends -s prend prenons -ez prennent	pris	prendrai	prenne -es -e prenions -iez prennent
produire: *like* conduire					
recevoir	recevant reçu	reçois -s -t recevons -ez reçoivent	reçus	recevrai	reçoive -es -e recevions -iez reçoivent
réduire: *like* conduire					
se repentir: *like* dormir					
résoudre	résolvant résolu	résous -s -t résolvons -ez -ent	résolus	résoudrai	résolve -es -e résolvions -iez -ent
rire	riant ri	ris ris rit rions riez rient	ris	rirai	rie -es -e riions riiez rient
rompre	rompant rompu	romps -s -t rompons -ez -ent	rompis	romprai	rompe -es -e rompions -iez -ent
savoir	sachant su	sais -s -t savons -ez -ent *Imperative:* sache sachons sachez	sus	saurai	sache -es -e sachions -iez -ent
sentir: *like* dormir sortir: *like* dormir					
servir: *like* dormir souffrir: *like* ouvrir					
suffire	suffisant suffi	suffis -s -t suffisons -ez -ent	suffis	suffirai	suffise -es -e suffisions -iez -ent
suivre	suivant suivi	suis -s -t suivons -es -ent	suivis	suivrai	suive -es -e suivions -iez -ent
tenir	tenant	tiens -s -t tenons -ez tiennent	tins -s -t tînmes tîntes tinrent	tiendrai	tienne -es -e tenions -iez tiennent *Imp:* tinsse -es tint tinssions -iez -ent
traduire: *like* conduire					
vaincre	vainquant vaincu	vaincs -s vainc vainquons -ez -ent	vainquis	vaincrai	vainque -es -e vainquions -iez -ent
valoir	valant valu	vaux -x -t valons -ez -ent	valus	vaudrai	vaille -es -e valions -iez vaillent
venir	venant venu	viens -s -t venons -ez viennent	vins -s -t vînmes vîntes vinrent	viendrai	vienne -es -e venions -iez viennent *Imp:* vinsse -es vînt vinssions -iez -ent
vêtir	vêtant vêtu	vêts -s vêt vêtons -ez -ent	vêtis	vêtirai	vête -es -e vêtions -iez -ent
vivre	vivant vécu	vis -s -t vivons -ez -ent	vécus	vivrai	vive -es -e vivions -iez -ent
voir	voyant vu	vois -s -t voyons -ez voient	vis	verrai	voie -es -e voyions -iez voient
vouloir	voulant voulu	veux -x -t voulons -ez veulent *Imperative:* veuille veuillons veuillez	voulus	voudrai	veuille -es -e voulions -iez veuillent

Grammatical Index

References are to the passage and grammar section:
e.g. 8.3 refers to passage 8, grammar section 3.

208